도마
안중근

도마 안중근

초판 1쇄 인쇄 2017년 6월 15일
초판 1쇄 발행 2017년 6월 20일

기 획 이동언

편 자 대구가톨릭대학교 안중근연구소

발행인 윤관백
발행처 ◆ 선인

디자인 박애리
편 집 이경남 · 박애리 · 김지현 · 심상보 · 임현지
영 업 김현주

등 록 제5-77호(1998.11.4)
주 소 서울시 마포구 마포대로4다길 4 곳마루 B/D 1층
전 화 02)718-6252/6257
팩 스 02)718-6253
E-mail sunin72@chol.com

정 가 19,000원
ISBN 979-11-6068-104-8 93990

·잘못된 책은 바꿔 드립니다.

도마
안중근

대구가톨릭대학교 안중근연구소 편

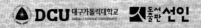

DCU 대구가톨릭대학교
DAEGU CATHOLIC UNIVERSITY

도서
출판 선인

『도마 안중근』 발간에 부쳐

　본교에 안중근연구소를 설립하게 된 것은 안중근의사가 독실한 가톨릭신앙인으로 사랑과 봉사를 실천한 귀감이었으며, 장녀 안현생 여사가 본교 불문과에 1953년부터 1956년까지 재직한 인연이 있기 때문이다. 그동안 안중근의사의 외손녀인 황은주·황은실 여사가 학교를 방문하여 학생들과 간담회를 가졌고, 증손자인 안도용 씨가 본교를 방문 연구소와 전시실을 둘러보기도 하였다.

　본 연구소는 매년 안의사 순국기념일을 맞이하여 추모식을 거행하고 있으며, 하얼빈의거일을 전후하여 국내·국제 학술심포지엄을 개최하였다. 또한 특강 및 유묵휘호대회를 통하여 안의사를 현창하는 사업을 꾸준히 진행하고 있다. 유묵 가운데 인무원려난성대업人無遠慮難成大業의 대업은 안의사의 원대한 이상인 동양평화론을 지칭하는 것이라고 볼 수 있다.

　본 연구소는 이러한 안의사의 이상을 작게나마 실천에 옮기기 위하여 안중근의사 '동양평화론 홍보대사 교육'을 실시한 바가 있으며, 여기 그동안 세미나·특강 등을 통하여 발표한 내용을 수록하고, 부록에 연구소에서 행한 제반 사업내용도 실어 독자들이 신앙의 모범이자 나라사랑을 뛰어넘어 동양의 평화를 추구하고자 했던 안중근의사를 잘 이해하는 계기가 되었으면 한다.

『도마 안중근』이 나오기까지 옥고를 내주신 분들, 기획을 해 주신 선인역사문화
연구소 이동언 소장님, 선인출판사 윤관백 대표이사님을 비롯하여 관계자 여러분
에게 지면을 통하여 감사를 표한다.

2017년 6월

금락의 연구실에서

이 경 규(대구가톨릭대 안중근연구소장) 謹識

CONTENTS

1부 | 안중근과 독립운동

안중근의 국채보상운동 참여와 활동 · 10
  1. 머리말 · 10
  2. 국채보상운동의 발단과 전개 · 11
  3. 안중근의 국채보상운동 참여와 활동 · · · · · · · · · · · · · 18
  4. 맺음말 · 23

안중근 국내에서 계몽활동과 역사적 성격 · · · · · · · · · · · · · · · 25
  1. 머리말 · 25
  2. 현실인식 심화와 민족의식 형성 · · · · · · · · · · · · · · · · · 28
  3. 민족의식 앙양을 위한 교육·계몽활동 · · · · · · · · · · · 33
  4. 진남포지역 국채보상운동을 견인 · · · · · · · · · · · · · · · 41
  5. 동지들과 민족운동사상 성격 · · · · · · · · · · · · · · · · · · · 45
  6. 맺음말 · 51

안중근의 동의회 조직과 의병활동 · 55
  1. 서언 · 55
  2. 안중근과 동의회 · 56
  3. 斷指同盟과 안중근 · 67
  4. 안중근과 전명운 · 70
  5. 결어 · 72

안중근의 동양평화사상의 재조명 · 74
  1. 안중근 像의 재구축 · 74
  2. 「동양평화론」의 제기 과정 · 75
  3. 「동양평화론」의 성격 · 77
  4. 多者主義와 共同事業 · 82
  5. 일본에 대한 기대 · 84

한국의 안중근연구에 대한 비판적 검토 · · · · · · · · · · · · · · · · 87
  1. 들어가는 말 · 87
  2. 십자가총알설과 의거성공·감사 기도설 · · · · · · · · · 89
  3. 이토 히로부미(伊藤博文) 사망 일시 안중근 사형집행설과 안우생 독살설 · · · 94
  4. 수의(壽衣) 모친 제작설과 유묵·사진 위설(僞說) · · · 97
  5. 유언 검토 · 104
  5. 맺음말 · 108

獄中肉筆을 통한 安重根 思想의 一斷 · · · · · · · · · · · · · · · · 110
  1. 安重根의 '東洋平和論' · 110
  2. 安重根의 獄中肉筆 · 116
  3. 安重根의 꿈 · 129

2부 | 안중근과 천주교

유학적 소양과 신앙에 바탕을 둔 안중근의사의 생애와 사상 · · · · · · · · · · · 132
  1. 머리말 · 132
  2. 유학적 소양에 바탕을 둔 안중근의사의 유묵 · · · · · · · · · · · 133
  3. 가톨릭신앙에 바탕을 둔 안중근의사의 행적 · · · · · · · · · · · 138
  4. 맺음말 · 144

안중근의 가톨릭 신앙 · 146
  1. 머리말 · 146
  2. 天命 인식과 人權 사상 · 153
  3. 德의 실천과 人權 운동 · 163
  4. 맺음말 · 170

중국 및 중국 천주교회의 안중근 인식 ·175
  1. 들어가는 말 ·175
  2. 하얼빈의거에 대한 시각 · 178
  3. 안중근에 대한 역사적 시각 · 183
  4. 안중근에 대한 오늘의 시각 · 196
  5. 맺음말 · 202

일본 및 일본천주교회의 · 204

안중근 인식 · 204
  1. 서론 · 204
  2. 일본의 안중근 연구개요 · 205
  3. 일본천주교회의 안중근 인식 · 212
  4. 맺음말 · 222

안중근 토마스의 죽임과 죽음에 대한 이해 · · · · · · · · · · · · · · · · · 224
  1. 시작하면서 · 224
  2. 안중근과 유딧의 살해 · 226
  3. 안중근과 일곱 아들과 어머니의 죽음과 증거 · · · · · · · · · · · 241
  4. 안중근이 하느님의 종이라 불릴 수 있는 이유 · · · · · · · · · · 249
  5. 맺으면서 · 251

일제강점기의 안중근傳記들에 기술된 안중근의거와 천주교신앙 · · · · · 252
  1. 머리말 · 252
  2. 그리스도교인 저술의 안중근전기 · · · · · · · · · · · · · · · · · · 255
  3. 김택영·박은식 저술의 안중근전기 · · · · · · · · · · · · · · · · · · 264
  4. 박은식 저술 안중근전기의 變形轉載 · · · · · · · · · · · · · · · · 270
  5. 맺음말 · 277

대구가톨릭대학교 안중근연구소 연혁 · 279

1부
안중근과 독립운동

안중근의 국채보상운동 참여와 활동

이 동 언(선인역사문화연구소장, 전 독립기념관 책임연구위원)

1. 머리말

격동과 시련의 한국근대사에서 안중근은 그의 일생을 바쳐 조국의 독립과 동양 평화를 위해 헌신하였다. 안중근은 1909년 10월 26일 하얼빈 역두에서 한국 침략의 원흉이며 동양평화의 교란자인 이토 히로부미를 처단하였다. 안중근은 하얼빈의거후 여순감옥에서 『안응칠역사』를 저술하고, 이어 『동양평화론』을 기술하다가 미완인채 순국하였다. 『안응칠역사』는 그의 자서전이고, 미완의 『동양평화론』은 안중근이 그의 동양평화를 위한 경륜과 사상을 밝히고자 하였다. 아울러 많은 유묵도 남겼다. 그동안 안중근에 관한 연구성과는 상당히 축적되었다. 수많은 논문이 발표되고 단행본과 자료집도 간행되었다.[1] 안중근관련 연구성과가 많은 만큼 그 평가도 다양하다. 의열투쟁가·사상가·시인·평화주의자·서예가 등이다. 안중근의 계몽

---

1) 안중근 관련 연구성과에 대해서는 조광, 「안중근 연구 백년 : 현황과 과제」, 『안중근연구의 성과와 과제』, 안중근의사기념사업회 편, 2010, 채륜, 20~96쪽 참조.

운동은 삼흥학교를 설립하고 돈의학교를 운영한 교육구국운동과 국채보상운동에 의 참여이다. 본고에서는 안중근의 국채보상운동 참여와 활동에 대해 살펴보고자 한다.

2. 국채보상운동의 발단과 전개

국채보상운동은 일제의 경제침략으로부터 경제권수호와 주권수호를 위한 민족 운동이다. 1906년말부터 국채보상운동이 일어난 1907년 2월 무렵 대한제국 정부 는 일본으로부터의 국채가 1,300만원에 달하였다. 당시 대한제국 정부는 국채를 상환하기 어려운 상황이었다.[2] 그리하여 金光濟·徐相敦 등 선각자들은 만일 국채 를 상환하지 못하는 경우에는 대한제국의 강토가 필경 일본의 영유가 될 것이라는 국운의 절박한 상황을 인식하고 1907년 1월 29일 대구광문사 문회 특별회에서 발 의하여 국채보상운동이 시작되었다.[3]

서상돈의 발의에 참석한 회원들은 만장일치로 찬동하고 대구광문사 사장 김광제 가 발기 연설을 마친 후 당장 실시할 것을 주창하고 자신의 연죽과 연갑을 버리고 3 개월치 담배값 60전과 의연금으로 10원을 내자 모두들 동참하여 2천여 원이 모금 되었다.[4] 모금된 2천여 원은 상당한 거금이다. 당시 물가를 예를들면 『대한매일신 보』 한달 구독료가 30전, 장례원 주사 한달 봉급이 15원, 쌀 한말이 1원 80전 정도 였다.[5]

---

2) 당시 대한제국 정부의 재정은 세입총액 1,318만 9,336원, 세출총액은 1,395만 523원으로 국 채 1,300만원은 한국정부 예산에 달하는 금액으로 1,300만원의 외채를 상환하기에는 어려운 상황이었다(정진석,「국채보상운동과 언론의 역할」,『한국민족운동사연구』8, 1993, 195~197 쪽).
3) 이동언,「김광제의 생애와 국권회복운동」,『한국독립운동사연구』제12집, 129~130쪽.
4) 『강연집(동양선생김광제강연)』, 광동서관, 1909.
5) 이동언,「김광제의 생애와 국권회복운동」, 129~131쪽.

국채보상운동은 충남 보령출신 독립운동가 김광제와 대구지역 재계 선각자 서상돈 등이 대구민의소(大邱民議所,현 대구상공회의소 전신) 회장단 재임시 일제 경제 침략으로부터의 경제권수호운동 내지는 주권회복운동의 방안으로 주창한 운동이었다. 1907년 1월 29일 대구광문사 내에 대구지역의 애국계몽운동단체인 大東廣文會가 조직되고,[6] 회장에 朴海齡, 부회장에 김광제가 취임하였다. 다음달 2월 21일 김광제 서상돈, 대동광문회 회장 박해령, 회원 김윤란((金允蘭-일명 김병순(金炳淳)).장상철·강영주·서정섭·김우근·서병오·윤하선·정재덕·이종정·길영수·이우열강신규·정규옥·천교정 등이 중심이 되어 대구민의소를 설립하고,[7] 창립총회에서 500원을 모금하였다. 그리고 같은 날 대구민의소는 북후정(北堠亭)에서 국채보상 모금을 위한 군민대회를 개최하였다.[8]

아울러 김광제·서상돈 등이 중심이 되어 '國債一千三百萬圓報償趣旨'라는 글을 『大韓每日申報』에 싣고 본격적인 모금운동을 전개하였다. 국채보상을 위한 모금운동은 전국적으로 큰 호응을 얻어 『대한매일신보』에 연일 보도되고 아울러 격려문이 실렸다. 국채보상운동취지서 내용은 다음과 같다.[9]

---

6) 대구광문사 문회는 1907년 1월 29일 특별회를 열고 문회 명칭을 대동광문회로 개칭하였다. 『大韓每日申報』 1907년 2월 23일 「連絡廣學」. "대구광문사 문회 회명은 대동광문회라 개칭하고 회장은 朴海齡氏로 부회장은 사장 金光濟씨로 추천하고 日本東亞同文會와 淸國廣學會를 連絡ᄒ야 務圖親睦ᄒ고 擴張敎育ᄒ으로 主旨를 完定ᄒ얏다더라"

7) 대구민의소 설립배경은 다음과 같다. 일제가 1905년 을사조약을 강제체결하여 통감부를 설치하고, 1906년 1월 통감부 하부조직으로 서울, 부산, 평양, 마산, 목포, 인천, 진남포, 원산, 성진 등 10개 도시에 이사청을 개청하였다. 1906년 8월 경상북도 관찰부의 정청인 선화당에 일장기를 걸고 대구이사청 개청준비에 한창일 때 대구광문사 문회 회원들이 대한제국은 있으되 국권이 없는 망국현실을 통탄하고 그 대책을 숙의한 결과 이사청에 맞서는 자치단체인 대구민의소를 조직하였다. 김광제는 대구민의소 소장에 취임하여 경고문을 발표하였다.(『大韓每日申報』 1906년 8월 26일 「경상북도대구부민의소장 김광제씨의 경고문」참조).

8) 『大韓自强會月報』 제9호, 1~3쪽.

9) 『大韓每日申報』 1907년 2월 21일 잡보 「국채일천삼백만원보상취지대구광문사장김광제서상돈씨등공함」.

삼가 아룁니다. 대저 신하와 백성된 자 충성에 따르고 의(義)를 숭상하면 그 나라가 흥하고 그 백성이 편안하며 충성하지 않고 의(義)가 없으면 곧 그 나라가 망하고 백성이 멸하게 됩니다. 이것은 고금 역사상에서 분명히 증거가 있을 뿐 아니라 현금 구주에서 부강한 자와 멸망하게 된 자 또한 충(忠)과 의(義)를 행하고 숭상하는 여하에 연유하지 않음이 없습니다. 역대의 옛일에 구주의 먼 곳은 그만두고라도 우리 동양의 가까운 이웃의 일로 더구나 눈으로 직접 본 것이 곧 일본 그것입니다.

전번 청국 러시아와 개전할 때 작은 것으로 큰 것을 이긴 것은 군사에 감사대(敢死隊)가 있어 죽기를 결심하고 혈우육풍(血雨肉風) 속을 낙지(樂地)에 나가는 것 같이 여기며 집에 있는 백성들은 신을 삼고 패물을 팔며 여자들은 가락지를 모아 군비에 보태어서, 마침내 동 서 역사상의 처음 있는 절대의 큰 공을 이루어서 위무(威武)와 광영(光榮)이 온 세계에 진동하게 되었는데, 이것은 저들 오천만 민족의 하나가 열심 혈성으로 충과 의를 따랐기 때문입니다. 어찌 흠모 감탄하여 본받을 일이 아니겠습니까?

아아, 우리 이천만 동포는 지금 백성과 나라가 위급 간난(艱難)할 때에 있어서 한사람의 결심과 한 일의 계획도 없이 다만 우리 황상(皇上)의 아침 일찍부터 밤 늦게까지 일 보시며 깊이 근심하는 것만을 바라보면서 팔짱끼고 우두커니 앉아서 멸망을 기다려야 하겠습니까?

근세의 새 역사를 찾아본다면 나라가 망하면 민족도 따라서 진멸(殄滅)된 것으로서 애급(埃及) 월남(越南) 파란(波瀾)이 모두 그랬습니다. 제 몸과 집이 있는 것 만을 알고 임금과 나라가 있는 것을 알지 못하면 이것은 스스로 함정에 빠지고 스스로 멸망하는 것입니다. 지금에 와서 정신을 가다듬고 충의를 분발함이 과연 이때가 아니겠습니까?

지금 국채 일천삼백만원(一千三百萬圓)이 있으니 이것은 우리 한국의 존망에 관계되는 일입니다. 갚으면 나라가 보존되고 못하면 나라가 망할 것은 형세 반드시 일 것입니다. 그런데 현재 국고에서는 갚을 만한 형편이 어려우니 삼천리 강토는 장차 우리나라의 것 백성의 것이 아니겠습니까? 토지가 한번 없어진다면 회복할 길이 없을 뿐만 아니라 어찌 월남 등의 나라와 같이 되지 않을 수 있겠습니까?

일반 국민으로서도 이 빚에 대하여 의무로 알지 못한다 할 수 없는 일이요, 시세로 말하여 갚지 않을 것이라 할 수 없습니다. 그런데 보상하여야 하는 길이 있으니 수고롭지 않고 손해 보지 않고 재물 모으는 방법이 있습니다. 이천만 민중으로 3개월 기한하여 담배피우는 것 폐지하고 그

대금으로 매인에게서 매달 이십전씩을 거둔다면 계산해서 거의 일천삼백만원(一千三百萬圓)이 되겠습니다. 그리고 다 차지 못하는 일이 있더라도 응당 자원해서 일원 십원 백원 천원의 특별 출연하는 사람도 있을 것입니다.

사람이 그 당연한 의무에 있어서 이런 잠시간의 결심을 가진다는 것은 저들 일본의 결사대와 신 삼는 백성, 지환거두는 여인들에 비해서 그 어느 편이 중하고 어느 편이 경하며, 어느 편이 어렵 고 어느 편이 쉬운 것이겠습니까? 우리 이천만 동포 중에서 정말 털끝만큼의 애국사상이 있는 이라면 반드시 두말하지 않을 것입니다.

저희들이 여기서 감히 발기하여 취지를 알려 드리어 혈루(血淚)로 호소합니다. 바라옵건대 우 리 대한 신민 여러분들은 보시는 대로 곧 말로 글로 서로 알리어 고해서 한 사람이라도 모르는 일이 없게 하고 기필 실시되어 위로는 우리 성상(聖上)께 보답하고 아래로는 강토를 유지하게 된다면 이 이상 더 다행한 일이 없겠나이다.

광무 11년 2월 21일
대구 광문사 사장 김광제 부사장 서상돈

『대한매일신보』에 이어『皇城新聞』『萬歲報』『帝國新聞』등 언론들이 일제히 국 채보상금 모금 캠페인을 벌이자 대구에서 일어난 국채보상운동이 전국적인 범국민 운동으로 확산되었다.[10]

1907년 2월 22일 서울에서 김성희 유문상 이필상 김주병 오영근 최병옥 김 상만 임봉래 안국선 윤병승 윤태영 윤천구 박태서 송기윤 현공렴 김대희 김 동규 이승교 신해용 최병진 한진용 이상익 주한영 고유상 등 24명이 발기하여 국채보상기성회[11]를 설립하고 전국 각 지방에서 일어나고 있는 국채보상운동의 총

---

10) 이동언,「대구에서 국채보상운동의 깃발을 세운 김광제」,『대구의 문화인물 1』, 대구광역시, 104~112쪽.
11) 국채보상기성회는 국채보상운동을 총괄하기 위한 중앙조직은 아니다. 서울지역을 대상으로 국채보상 의연금을 수합한 단체로 출발하였다. 그러나 국채보상기성회 규약에서, 본회와 동 일한 각 단회(團會)는 호상연합하여 목적을 달하기로 무도(務圖)함 이라고 하여 중앙회의 성 격을 표방하고 있다.

괄기구로서 취지서[12]와 회칙을 발표하고 합법적인 운동으로서의 체계를 갖추었다. 국채보상기성회 회칙은 다음과 같다.[13]

[국채보상기성회 회칙]

1. 본회는 일본에 대한 국채 1천 3백만원을 보상함을 목적으로 함.

1. 보상 방법은 국민의 의금(義金)을 모집함, 단, 금액은 다소를 불구함.

1. 본회에 의금을 바치는 사람은 본회의 회원으로 인정하고 씨명 및 금액을 신문에 공포함.

1. 본회와 목적을 같이하는 각 단회(團會)는 서로 연합하여 목적을 달성하는 데 힘쓰기로 함.

1. 의금은 수합하여 위의 액수에 달하기까지 신용있는 본국 은행에 임치함.

　단, 수합금액은 매월 말 신문을 통하여 포고함.

1. 본회는 위의 목적을 달성한 후에 해산함.

　한편 국채보상기성회에서는 의연금수전소로 보성관(普成), 야뢰보관(夜雷報)임시사무소, 광학서포 김상만, 도동 건재약국 유한모(劉漢模), 대한매일신보사, 상동청년학원 사무소, 서포 고유상, 서포 주한영 등 8개소를 지정하여 국채보상 의연금을 수합케 하였다.[14] 장지연은 『황성신문』에 「斷烟報國債」라는 논설을 싣고 국채보상운동에의 참여를 호소하였다.[15] 또한 서울에서 서병염·윤홍섭·박규순 등 59명이 발기하여 『國債報償佈告文』을 발표하고 國債報償中央義務社를 설립하고 모금운동을 전개하였는데 수금소는 황성신문사로 하였다.[16]

　이어 3월 9일 대구민의소에서는 대구 서문 밖 수창사(壽昌社)에서 국채지원금수

---

12) 『皇城新聞』 1907년 2월 25일 잡보 「國債報償期成會趣旨書」; 『大韓每日申報』 1907년 2월 27일 잡보 「國債報償期成會趣旨書」; 『大韓自强會月報』 제9호, pp.62~64 ; 조항래, 「국채보상운동」, 앞의 책, pp.643~645. 「국채보상기성회취지서」는 양기탁이 작성한 글이다.

13) 위와 같음.

14) 柳子厚, 「國債報償運動」, 『李儁先生傳』, 東邦文化社, 1947, 199~201쪽.

15) 『皇城新聞』 1907년 2월 25일 「斷烟報國債」.

16) 『皇城新聞』 1907년 3월 2일 잡보 「國債報償布告文」.

합사무소를 설치하고 국채보상 의연금을 모금하였다. 국채보상금 의연행렬은 줄을 이었으며 그 가운데는 행상이나 심지어 걸인까지도 동참하였다.[17] 그러나 국채보상을 위한 일련의 활동은 일경의 방해와 탄압으로 군민대회가 강제 해산당하고 연설자가 구속되기도 하였다.[18]

　아울러 각 지방에서도 국채보상회를 설립하고 취지서를 발표하였는데 전국에 27개의 보상소가 설립되었다. 1907년 3월말까지 전국 각지에 설립된 보상소는 다음과 같다. [19]

국채보상 서도의성회(西道義成會)

동래부 국채보상 일심회(一心會)

황해도 은율군 국채보상회

충남 예산군 의연금모집소

한북 국채보상 단성회(團成會)

평양 국채보상회

금산군(錦山郡) 국채보상동맹

경남애국회(慶南愛國會)

제주의성회(濟州義成會)

국채보상 경남회(慶南會)

충청남북도 국채보상 의성회(義成會)

춘천군 국채보상동맹

상무회의소(常務會議所) 단연회(斷烟會)

단천군(端川郡) 국채보상소

충북 옥천군 국채보상 단연(斷烟)의무회

---

17)『國債報償運動史』, 대구상공회의소, 1997, 42~43쪽.
18)『大韓每日申報』1907년 3월 9일 잡보「大邱西門外壽昌社國債志願收合事務所公函」.
19) 조항래, 「국채보상운동」, 『한민족독립운동사』1, 국사편찬위원회, 1987, 645~646쪽.

국채보상 해서동정회(海西同情會)

경남찬성회(慶南贊成會)

수안(遂安) 절용맹회(節用盟會)

국채보상 관서동맹(關西同盟)

한산호서(韓山湖西) 국채보상 기성의무사(期成義務社)

전북전남 국채보상의무소(國債報償義務所)

충북 영동군 국채보상회

황해도 재령군 보성소(報誠所)

청원마산항 국채보상의연소(國債報償義捐所)

대구 국채담보회(國債擔報會)

전주 국채보상회

국채보상 전북기도회(全北期圖會)

국채보상회 조직은 전국민의 새로운 이슈로 부각되었다. 서울의 국채보상기성회를 비롯하여 전국의 시·도·군 등 행정단위나 학교·회사·단체 등에 의하여 조직되었다. 취지서 발표와 동시에 부녀자들의 활동은 사회적인 반향을 크게 불러 일으켰다.[20] 이는 국채보상운동이 각계각층으로 파급되는 기폭제가 되었다. 이렇게 고조된 분위기는 특정 지역에만 한정되지 않았다. 그러나 지역 상호간의 조직적인 연대나 통일적인 계획은 거의 나타나지 않았다. 그럼에도 불구하고 국채보상금 의연활동은 통감부 당국자의 상상을 초월하여 '들불처럼' 파급되었다.[21] 국채보상을 위한 활동은 사회적인 책무를 다하는 의무로서 인식되었다. 전국민이 국난을 타개하려는 비장한 각오는 적극적인 참여로 나타났다. 군중이 운집한 '장날 빅뉴스'는 단연

---

[20] 『만세보』 1907년 3월 12일 잡보 「早春樂事」, 3월 14일 잡보 「국ᄎ보상부인회취지서」, 3월 15일 잡보 「홍씨충의」, 3월 16일 잡보 「류씨충애」, 4월 9일 잡보 「晉州報償會 詳報」 ; 박용옥, 『한국근대여성운동사연구』, 한국정신문화연구원, 1984, 121~144쪽.

[21] 『만세보』 1907년 2월 26일~4월 5일 「國債報償西道義成會趣旨書」, 3월 2일 잡보 「輿論紛紜」 ; 『황성신문』 1907년 3월 13일 논설 「警告觀察郡守」, 3월 28일 논설 「國債發起人及趣旨一束」.

국채보상과 관련된 뉴스였다.[22] 전국 각지에서 전개되는 국채보상을 위한 의연활동은 구전으로 파급되었고 소식을 전하는 전령은 바로 상인들이었다. 전국으로 연결된 場市網은 정보 전달과 교류에 적극 활용되었다.[23]

3. 안중근의 국채보상운동 참여와 활동

1907년 대구에서 시작된 국채보상운동이 국채보상회가 조직되고 전국적으로 확대되자 안중근은 국채보상운동에 적극 참여하였다. 국채보상관서동맹회(국채보상회 관서지부)를 조직하고 1천여 명의 선비들이 모인 평양 明倫堂에서 의연금을 내도록 권유하였을 뿐 아니라 자기 아내와 제수들에게도 권고하여 반지 폐물까지 헌납하도록 하는 등 열성적으로 구국을 위한 활동을 전개하였다.[24]

안중근과 그의 모친 조마리아도 국채보상운동에 적극 참여하였다. 안중근은 1906년 3월 가족들을 데리고 청계동을 떠나 진남포로 이사한 후[25] 집안 재산을 기울여 삼흥학교와 돈의학교를 설립하여 청년들을 교육하다가 학교경영이 어려워 '三合義'라는 무연탄 판매회사를 운영하다가 일본인들의 방해로 손해만 보고 폐사하였다.[26] 이때 안중근은 대구에서 김광제·서상돈 등이 중심이 되어 국채보상운동이 일어났다는 소식을 들었다. 1907년 3월 1일 국채보상관서동맹회를 설립하고[27] 같은 해 3월 8일 평양민회에서 각 사회와 학교에 통첩하여 명륜당에서 국민의무를

---

22) 김형목,「충북지역 국채보상운동의 지역운동사상 의의」,『한국민족운동사연구』69, 한국민족운동사학회, 2011, 47~49쪽.
23) 김형목,「안중근의 민족의식 형성과 교육·계몽활동」, 2011년 12월 8일~9일, 외교통상부·성균관대학교 동아시아역사연구소 공동주최 "21세기 동아시아 평화와 안중근" 국제학술회의 발표문.
24) 윤병석 편역,『안중근문집』, 부록2.「안중근 연보」, 한국독립운동사자료총서 제28집, 독립기념관 한국독립운동사연구소, 2011, 680~681쪽.
25) 일제 경찰의 조사 기록에는 移居地를 진남포 龍井洞 36統 5號로 되어있다.
26) 국사편찬위원회,「주한일본공사관기록(복명서)」,『한국독립운동사 자료』7, 339쪽.
27)『大韓每日申報』1907년 3월 31일 잡보「국채보상관서동맹취지」.

일장 연설하여 400여 원의 의연금을 거두었다.[28] 안중근은 평양 명륜당에서 국채 보상을 위하여 1,000여 명의 선비들이 모인 자리에서 일장 연설을 하였다.[29] 안중 근은 그당시 명륜당에 와서 조사하던 일본인 형사와의 일화를 그의 자서전 『안응칠 역사』에 기록하였다. 그 내용을 소개하면 다음과 같다.[30]

(중략)그 무렵 나는 재정을 마련해볼 계획으로 평양으로 가서 석탄광을 캐었는데, 일본인의 방
해로 인하여 좋은 돈 수천 원이나 손해를 보았었다.[31] 또 그때 한국 국민들이 국채보상회를 발
기하여 군중들이 모여서 회의를 하게 되었는데, 일본 별순사 1명이 와서 조사하면 묻되
"회원은 얼마이며, 재정은 얼마나 거두어졌는가"
하므로 나는 대답하되
"회원은 2천만 명이요, 재정은 1천 3백만 원을 거둔 다음에 보상하려 한다"
하였더니 일본인은 욕을 하면서 말하되
"한국인은 하등 사람들인데 무슨 일을 할 수 있을 것인가"
하므로 나는 다시 말하되
"빚을 진 사람은 빚을 갚는 것이요, 빚을 준 사람은 빚을 받는 것인데 무슨 불미한 일이 있어서
그같이 질투하고 욕질을 하는 것인가"
했더니, 그 일본인은 성을 내면서 나를 치며 달려들므로 나는 말하되
"이같이 까닭없이 욕을 본다면 대한 2천만 민족이 장차 큰 압제를 면하기 어려울 것이다. 어찌
나라의 수치를 달게 받을 수 있을 것이냐"

---

28) 『大韓每日申報』 1907년 4월 9일 「민회의연」.
29) 『大韓每日申報』 1907년 4월 9일 「민회의연」; 계봉우, 「만고의사 안중근전」(윤병석 역편, 『안중 근전기전집』, 521쪽). 안응칠역사에 기록되어 있는 명륜당건이 안중근이 국채보상을 위해 연설한 내용으로 생각된다.
30) 윤병석 편역, 국역 『안응칠역사』 9. 「구국교육과 국채보상운동」(『안중근문집』, 490~491쪽); 윤병석, 『안중근전기전집』, 국가보훈처, 1999, 157쪽; 박용옥, 「조마리아의 국채보상운동」, 『여성운동』(한국독립운동의역사 31), 독립기념관 한국독립운동사연구소, 2009, 83~85쪽.
31) 안중근은 망명하기 전에 자금을 마련하기 위해 평양에서 韓在鎬와 宋秉雲과 함께 3인이 공동 투자한 三合義라는 무연탄 판매회사를 설립하여 운영하였다. 그러나 일본인의 방해로 손해 만 보고 회사 문을 닫았다.

하고 발분하여 서로 같이 치기를 무수히 하자, 곁에 있던 사람들이 애써 말려 끝을 내고 모두들 헤어졌었다.

안중근의 국채보상운동 참여와 활동에 관해서는 다음과 같은 자료가 있다. ① 『안응칠역사』(안중근), ②「만고의사 안중근전」(계봉우), ③『駐韓日本公使館記錄』 ④『의사안중근전기』(안학식), ⑤『안중근혈투기』(이전), ⑥『대한매일신보』등 신문 보도기사이다.

『안응칠역사』는 안중근의 자서전으로 앞에서 소개한 내용과 같다. 계봉우는「만 고의사 안중근전」에서 "안중근이 1907년 2월 평양 명륜당에서 뜻있는 선비 천여 명을 모으고 의연금을 크게 거두었으니 이것은 나라를 사랑하는 충성이니라"라고 하여 안중근의 국채보상운동 활약상을 소개하였다.[32] 안학식은『의사안중근전기』 에서 "대구국채보상회 본부 서상돈 회장에게 자청하여 관서지부를 개설하고 자신 이 지부장이 되었다."라고 하였다.[33] 또한 이전의『안중근혈투기』에는 "上海서 도라 온 後 償債運動의 必要性을 痛感하고 在大邱國債報償會 本部 徐相敦會長에게 自請하여 關西支部를 開設하고 支部長이 되엿다."라고 하였다.[34]『의사안중근전 기』와『안중근혈투기』에는 "안중근이 대구국채보상회 본주 서상돈 회장에게 자청 하여 관서지부를 개설하고 자신이 지부장이 되었다"고 서술되어 있는데 이 부분은 사실과 부합되지 않고 확대 해석한 면이 있다. 서상돈은 대구광문사 부사장으로 사 장 김광제와 함께 국채보상운동을 발기한 중심인물이다. 전국 각 지역에서 전개되 고 있는 국채보상운동의 총괄기구인 국채보상기성회나 의연금 관리를 위한 국채보

---

32) 계봉우,「만고의사 안중근전」(윤병석 역편,『안중근전기전집』, 521쪽).
33) 안학식,『의사안중근전기』, 만수사보존회, 47~48쪽 : 국사편찬위원회,『駐韓日本公使館記錄 (復命書)』,『한국독립운동사자료』7, 339쪽.
34) 이전,『안중근혈투기』, 46쪽.

상지원금총합소와 국채보상연합회의소도 서울에서 조직되었다.[35] 전국 각지에서 조직된 국채보상회는 전국민이 자발적으로 조직하여 활동하였다. 그러므로 안중근이 서상돈에게 관서지부 설립을 자청할 필요는 전혀 없었다. 더욱이 당시 천주교와 기독교계의 국채보상운동에 대한 참여나 호응은 적극적이지 않았다.[36] 이들은 "서상돈이 국채보상운동 중심인물이고, 서상돈과 안중근이 천주교 신자인 점에 주목하여 확대 해석한 것으로 생각된다.

국채보상회 관서지부의 정식 명칭은 국채보상관서동맹회이다. 국채보상관서동맹회는 吳大圭·許淑·崔景植·金學善·李基世·鄭基用 등 19명의 발기인 주도로 1907년 3월 1일 조직되었다. 이들은 취지서를 통하여 "국채 1천 3백만원을 속히 갚아 이집트와 같은 노예국이 되지 말자."고 호소하였다.[37] 국채는 국민된 도리로 반드시 갚아야 할 '의무금'임을 강조했다. 발기인 명단에 안중근의 이름은 없으나 관련자료를 종합해 볼때 안중근이 국채보상관서동맹회를 조직하여 이 지역 국채보상운동을 주도한 것으로 보인다.

안중근은 국채보상운동 동참을 적극 독려하였다.[38] 제일먼저 가족들에게 "國事는 公이요 家事는 私이다. 지부장인 우리 가정이 率先垂範치 아니하고는 다른 사람을 지도할 수 없다."[39]면서 국채보상운동의 취지를 설명하였다. 먼저 "가족의 지원과 참여가 있어야 국채보상운동이 성공할 수 있으며, 일제의 경제적 침략에서 벗어날 수 있다."는 점을 강조하며[40] 부인과 두 제수에게 다음과 같이 말하였다.[41]

---

35) 이동언, 「대구에서 국채보상운동의 깃발을 세운 김광제」, 109~111쪽.
36) 한규무, 「국채보상운동과 한국 개신교계」, 『숭실사학』 26, 숭실사학회, 2011 참조.
37) 『皇城新聞』 1907년 3월 11일 잡보 「국채보상동맹취지서」, 3월 16일 잡보 「국채보상관서동맹취지서」 : 『大韓每日申報』 1907년 3월 31일 잡보 「국채보상관서동맹취지」.
38) 『大韓每日申報』 1907년 5월 12일 「국채보상의연금 4월중 수입 총액 중 4월2일자분」.
39) 이전, 『안중근혈투기』, 46쪽.
40) 『大韓每日申報』 1910년 1월 30일 「是母是子」 : 『大韓每日申報』 1910년 1월 30일 잡보 「놀나온 부인」.
41) 윤병석, 『안중근전기전집』, 국가보훈처, 1999, 434쪽.

나라꼴이 이 지경에 이르렀다. 나라를 위하는 일에 아까울 것이 무엇이 있겠는가. 시집올 때 가
저온 패물들을 국채보상에 보태자.

이에 모친 조마리아와 부인은 물론 두 제수씨들까지도 주저하지 않고 패물을 헌
납하는 등 흔쾌히 응하였다. 이소식은 곧바로 관서지역에 널리 전파되어 민중들을
감동시키는 등 이지역의 국채보상운동을 활성화시키는 계기가되었다. 「삼화항은금
폐지회부인회 제이회 의연」에서 "안중근 자친 은지환 두쌍 넉량 닷돈중은 아직 팔
리지 못하였음. 은투호 2개, 은장도 1개, 은귀이개 2개, 은가지 3개, 은부전 2개 등
합은 십종 넉량 닷돈중 대금 20원"이라고 보도하였다.[42] 여기에서 주목할 점은 안
중근의 모친 조마리아가 '삼화항패물폐지부인회'를 통하여 국채보상운동에 참여한
사실이다. 이는 스스로 단체에 가입하여 활동한 사실을 반증하기 때문이다. 당시 여
인에게 남편의 사망은 내조자로서 의무를 벗어나게 하는 일종의 '여성해방'이었다.
그녀는 삼화항에 이주한 후 안중근의 활동을 헌신적으로 지원하였다.[43]

안중근이 국채보상관서동맹회에서 어떤 역할을 하였는지 구체적인 활약상은 파
악할 수 없다. 이어 삼흥학교 교직원과 학생들도 국채보상운동에 적극적으로 동참
하였다. 1907년 4월 중순에 교장 韓在鎬, 교감 安東根(안중근의 오기-필자주), 총
무 金庚地, 찬성 高尤廷, 교사 金文奎 등과 학생 27명의 실명을 확인할 수 있다. 27
명의 학생중에는 안중근의 동생 안정근과 안공근도 포함되어 있다. 당시 모금액은

---

42)『大韓每日申報』1907년 4월 28일 「은물폐지부인회취지서」 : 『大韓每日申報』1907년 5월 29일
국채보상의연금수입광고 「삼화항은금폐지부인회」 : 이전, 『안중근혈투기』, 46~47쪽.
다른 기사에는 은지환 2쌍(4兩5錢重 尙未賣), 은투호 2개, 은귀이기 2개, 은가지 3개, 은부
전 2개, 은장도 1개로 합 4량5전중 代金 貳拾圓으로 나온다(『大韓每日申報』1907년 5월 12일
광고 「국채보상의연금(4월 22일)」). 이는 조마리아가 의연한 물품과 거의 일치하는 등 그녀의
삼화항폐물폐지부인회에서 위상과 역할을 잘 보여준다.
43) 박용옥, 「조마리아의 국채보상운동」, 『여성운동』(한국독립운동의역사 31), 독립기념관 한국독
립운동사연구소, 2009, 85~87쪽.

22

34원 60전에 달하는 거액이었다.[44] 또한 학생 명단중에 중국인 陳긔南이 눈에 띈다. 진기남이 삼흥학교에 재학하면서 국채보상 의연금도 내었다는 사실은 중요한 의미를 지닌다. 안중근의 「동양평화론」에 "삼국의 학생을 모아 교육시켜야 한다."는 논리와 맞닿아 있기 때문이다. 진기남은 일본유학생단지동맹에 대한 의연금 대열에도 동참하기도 하였다. 이는 상호 교류에 의한 국제적인 연대를 위한 기반 구축으로 근대교육에 주목한 사실과 일치한다.

안중근은 국채보상기성회 관서지부 등과 일정한 관계를 맺으며 국채보상운동을 전개하였다. 또한 민족자본 육성을 위한 미곡상도 운영했다. 경험 축적은 한재호·宋秉雲 등과 무연탄회사인 三合義 설립으로 이어졌다. 하지만 일본인 상인들 발호 등으로 계획과 달리 실패하고 말았다.

4. 맺음말

1907년 대구에서 시작된 국채보상운동이 전국적인 범국민운동으로 확대되자 안중근은 국채보상운동에 적극 참여하였다. 안중근이 국채보상운동에 참여한 이유는 국권회복의 출발점을 일본으로부터의 국채 청산이 무엇보다도 시급한다는 인식에서였다. 안중근은 1907년 3월 1일 국채보상관서동맹회를 조직하고 활동하였다. 자신뿐만아니라 모친 조마리아, 부인·형제·제수까지 온 집안이 적극 동참하였다. 또한 안중근이 설립한 삼흥학교에서도 혼연일체가 되어 참여하였다. 이는 안중근의 활동이 집안의 적극적인 후원으로 하나의 사회세력으로 확대되어 갔음을 의미한다. 안중근의 시대인식과 국권회복을 위한 대응방식을 엿볼 수 있다. 이러한 현실인식은 미곡상 운영과 1907년 7월경 평양에서의 삼합의 설립으로 이어졌다. 그러나

---

44) 『大韓每日申報』 1907년 5월 12일 국채보상의연금(4월 22일) 「三和港 私立英語三興學校」, 5월 29일 국채보상의연금수입광고 「三和港 私立英語三興學校」.

무연탄 판매회사인 삼합의는 일본의 방해로 실패하고 말았다.[45]

일제는 정미7조약과 군대해산을 감행하는 등 대한제국의 국권을 농락하였다. 안중근은 의병전쟁 등을 모색하였으나 일제 감시로 실천할 수 없었다. 더 이상 국내에서 독립운동은 불가능하다고 판단하고 서울에서 군대해산을 목격하면서 간도망명을 결심하였다.[46] 국권회복을 위한 계획과 실천방안은 만주나 연해주로 망명이었다. 국권회복을 위한 중장기적인 모색은 새로운 대안으로서 부각되었다. 안중근은 이를 실행하기 위하여 망명길에 올랐다. 만주나 연해주는 새로운 활동무대이자 독립운동방략을 모색하는 터전이었다.

---

45) 신운용, 『안중근과 한국근대사』, 채륜, 2009, 113~115쪽.
46) 국사편찬위원회, 「境경시의 신문에 대한 안응칠의 공술(제1회)」, 『한국독립운동사 자료』 7, 394쪽.

안중근 국내에서 계몽활동과 역사적 성격

김형목(독립기념관 책임연구위원)

1. 머리말

한국 침략의 원흉인 이토 히로부미를 격살한 의열투쟁 주인공은 안중근이다. 하얼빈의거 이후 중국인들도 자유와 평화를 위한 활동에 찬사와 존경심을 드러내었다. 그는 단순한 독립운동 차원을 넘어 영구적인 동양평화를 위해 殺身成仁한 선각자였다. 보편적인 가치관에 입각하여 인류평화를 위해 몸소 실행한 위대한 실천가이자 평화론자임에 틀림없다. 미완성인 『동양평화론』은 사상가로서 면모를 유감없이 보여준다. 이는 결코 과장된 표현이거나 허황된 찬사가 결코 아니다.[1] 시대상황에 적극적으로 참여한 실천가의 전형이라고 해도 과언이 아니다.

하얼빈의거는 안중근이 '대한국 의병참모중장' 입장에서 실행한 정당한 거사였다. 여순감옥에서 동포들에게 전한 유언은 이러한 사실을 잘 보여준다. "생각하건대

---

1) 김형목, 「안중근의 국내 계몽활동과 민족운동사상의 위상」, 『숭실사학』 29, 숭실사학회, 2012, 75쪽.

우리 2천만 형제자매는 각자 분발하여 학문에 힘쓰고 산업을 진흥하며 나의 유지를 계승하여 자주독립을 회복하면 죽어도 유감이 없다."[2]라는 사실에서 진정한 의도를 엿볼 수 있다. 그는 연해주에서 의병부대를 조직하여 국내진공작전을 감행하였다. 기대와 달리 의병전쟁은 참담한 실패로 끝나고 말았다. 효과적인 투쟁방략은 침략 원흉을 폭살하여 동포들에게 경각심을 일깨우기 위함이었다. 일제 침략강화로 동양평화는 크게 위협받는 절박한 상황이었다. 중대한 결단이 요구되는 순간이 다가왔다. 그는 시대가 요구하는 상황을 애써 외면하거나 회피하지 않았다. 동의단지회 결성은 이러한 결연한 의지의 역사적인 산물이다.

안중근 연구는 일제강점기 국내에서 절대적으로 금기된 주제였다. 일제는 장소와 때를 가리지 않고 가족에 대한 압박과 회유를 일삼았다. 가족들은 중국과 러시아 등지에서 추적을 피하는 유랑생활을 하지 않을 수 없었다. 국외로 망명한 한국인 역사학자나 중국인 등은 '안중근 일대기' 간행이나 연극·문작품 등을 통하여 역사적인 의의를 알리는데 노력하였다. 이는 한국인은 물론 중국인 등에게 항일투쟁을 전개하는 정신적인 유산으로 자리매김할 수 있었다. 광복 이후 추모사업 활성화와 학술적인 연구는 애국적 의거로서 높이 평가되었다. 1960·70년대 관련 자료 발굴은 '인류평화'를 갈구한 평화론자이자 사상가로서 위상을 제고시켰다.[3] 독립운동사 연구 진전은 이러한 인식 변화를 초래하였다.

---

2) 『大韓每日申報』 1910년 3월 25일 잡보 「安氏訣告」.

3) 조광, 「안중근 연구의 현황과 과제」, 『한국근현대사연구』 12, 한국근현대사학회, 2000 : 조광, 「안중근 연구 백년 : 현황과 과제」, 『안중근 연구의 성과와 과제』, 채륜, 2010 : 신운용, 『안중근과 한국근대사』, 채륜, 2009 : 최복룡, 「동아시아 맥락에서 본 안중근의 동양평화론」, 『21세기 동아시아 평화와 안중근』, 외교통상부·성균관대학교 동아시아역사연구소, 2011. 안중근 사후에 朴殷植·金澤榮·李建昇 등은 『안중근전』, 洪焉은 『大東偉人安重根傳』, 桂奉瑀는 「만고의수 안중근전』, 정원은 「안중근」이라는 제목으로 각각 편찬하였다. 계봉우는 1914년 6월 28일부터 8월 29일까지 10회에 걸쳐 『권업신문』에 연재하다가 중단됨으로 완성하지 못하였다. 1914년 8월 29일 『권업신문』은 일제의 방해공작으로 러시아 당국으로부터 폐간의 명령을 받았기 때문이다(박환, 「권업회의 기관지 『권업신문』」, 『러시아지역 한인언론과 민족운동』, 경인문화사, 2008).

반면 실력양성론에 입각한 계몽활동은 외형적인 성과와 달리 크게 부각되지 못하였다. 역사적 사실조차도 연구자 입장에 따라 해석이 다양하다.[4] 2009년 하얼빈의거 100주년과 1910년 순국 100주년에 즈음하여 개최된 국제학술회의는 그동안 성과를 정리·점검하는 계기였다. 다양한 분야에서 접근은 '인간 안중근'을 조명하는 동시에 향후 연구 방향을 모색할 수 있었다.

이 글은 안중근의 민권·민족의식 형성과 정세인식, 교육·계몽활동, 국채보상운동 참여와 역할 등을 파악하는데 중점을 두었다.[5] 민족운동 참여는 「동양평화론」을 구상·집필하는 주요한 경험적인 산물이자 사상적인 토대였다. 현실모순을 타파하려는 치열한 고민은 민지계발을 위한 교육·계몽활동을 전개하는 동안 커다란 중압감으로 다가왔다. 삼흥학교 설립과 돈의학교 인수·운영 등은 상무정신을 고취시켰을 뿐만아니라 민족지도자 양성으로 귀결되었다. '단순한' 지식 습득에 의한 능력배양이 아니라 불굴의 저항정신을 일깨우는 민족교육 현장이었다. 국채보상운동 참여와 '삼합의' 운영은 자립경제 기반을 구축하려는 의도였다.

국내에서 교육계몽운동과 경제운동에 열정적으로 투신한 안중근이었다. 국외로 망명한 후 언론활동에 잠시 관여하다가 곧바로 의병전쟁과 의열투쟁으로 '방향전환'은 많은 시사점을 던져준다. 어머니를 비롯한 전 가족 동참은 그의 적극적인 권유에서 비롯되었다. 생사를 초월하는 독립운동은 자기희생을 요구하는 '냉엄한' 현실이었나. 스스로 투신한 국권수호운동은 투철한 정세인식에 기반하고 있었다. 국내외에서 다양한 경험 축적은 이토 격살로 나아가는 버팀목이자 정신적인 지주였다.[6] 안중

---

4) 김형목, 「안중근의 국내 계몽활동과 민족운동사상의 위상」, 『숭실사학』 29, 숭실사학회, 2012, 77쪽.
5) 신용하, 「안중근과 국권회복운동」, 『한국사학』 2, 한국정신문화연구원, 1980 : 윤경로, 「안중근의 사상연구」, 『민족문화』 3, 한성대 민족문화연구소, 1985 : 윤병석, 「안중근의사 전기의 종합적 검토」, 『한국근현대사연구』 9, 한국근현대사연구회, 1998.
6) 김형목, 「안중근의 '동양평화론' 구상」, 『안중근과 동양평화론』, 안중근의사기념사업회, 2010, 164쪽 : 김형목, 「러시아 연해주 계동학교의 민족교육사에서 위상」, 『한국민족운동사연구』 74, 한국민족운동사학회, 2013, 69쪽.

근의 정세인식이나 계몽활동 등에 주목하는 이유는 이와 같은 역사적 성격을 규명하는 데 있다.

2. 현실인식 심화와 민족의식 형성

안중근은 1879년 황해도 해주읍에서 진사 安泰勳과 趙마리아 사이에 장남으로 태어났다. 조부 安仁壽는 미곡도매 등으로 상당한 부를 축적한 자산가였다. 이러한 경제적인 여유는 자식들의 사회적인 영향력 확대로 이어졌다. 부친은 황해도에서 박은식과 함께 神童으로 불렸을 만큼 한학에 상당히 조예가 깊었다.[7] 더욱이 황해도에서 갑부로 통할 만큼 상당한 재력가로서 널리 알려졌다. 변화를 모색하던 부친은 그의 나이 6세 때인 1884년 황해도 신천군 청계동으로 이사하였다.[8] 새로운 환경 변화는 어린 안중근에게 충격이자 새로움에 대한 호기심으로 충만되었다.

가문은 조선후기 이래 해주부에서 향리 직임을 대대로 계승하였다. 6대조 安起玉이 무과에 진출한 이후 7명 무과급제자와 1명 무반 직임을 배출하였다.[9] 당시 일반적인 양반가문은 경학과 사장을 중시하는 분위기였다. 반면 武를 숭상하고 武의 가치를 인정하는 상무적인 분위기는 안중근에게 크게 영향을 미쳤다. 이는 무를 절대적인 가치로서 보다 문무쌍전에 입각하여 새로운 변화를 모색하려는 현실인식과 맞물려 있었다.

我國은 文을 崇하고 武를 黜하야 民이 兵을 不知한 故로 國이 積弱하야 東學은 烏合의 衆에 不

---

7) 편집부, 「안중근공판속기록, 명치 43년 2월 7일 여순지방법원에서」, 『삼천리』 17, 1931.7 : 『동광신문』 1949년 7월 3일 「독립투쟁의 화신, 故白凡翁의 詳歷」 : 『신한민보』 1910년 3월 9일 「여순구특별통신」.
8) 이전, 『안중근혈투기』, 연백중학교기성회, 1947, 4~5쪽 : 안중근의사숭모회, 『안중근의사자서전』, 17~18쪽.
9) 『순흥안씨 참판공파족보』 5, 1998, 3913~4025쪽 : 김형목, 「안중근의 국내 계몽운동과 민족운동사상의 위상」, 『숭실사학』 29, 79쪽.

過하되 官軍이 곳 巢定치 못하고 生民을 茶毒함이 如此하얏스니 若一朝에 外强이 我의 弱을 乘하야 來하면 우리는 一彈도 相加치 못하고 土崩瓦解할지라. 至今 吾輩는 山中에 棲息하야 數가 至少하다. 恒常 砲射를 練習하야 武氣를 培養하며 我國民을 導하야 文弱의 習에서 移하야 武强의 風에 趣케 하면 이 엇지 陰雨의 備가 아니리오.[10]

　부친은 전통적인 유학과 서양의 근대적인 지식 등을 과감하게 수용하였다. 복잡다단한 상황만큼 안태훈은 스스로 경험을 자녀교육에 그대로 적용할 정도로 유연한 사고를 지녔다. 개방적인 분위기는 안중근의 자유분방한 기질을 길러주었다.[11] 근대사상이나 근대의식 형성에는 할아버지의 영향과 더불어 부친의 지대한 영향을 엿볼 수 있다. 인물 연구에서 어린 시절 가정 환경에 주목하는 이유도 바로 여기에 있다. 중대한 결정을 할 때마다 부친에게 자문을 구한 사실은 당시로서 '파격적인' 관계임을 그대로 보여준다. 전통적인 가문과 달리 부자 사이는 수직적인 관계보다 수평적인 관계였다.

　지역적인 특성은 그의 상무적인 기질 형성 등에 크게 작용하였다. 원래 청계동은 전국 각지에서 포수들이 들어와 사냥에 종사하는 산촌이었다. 근대교육을 가르칠 수 있는 학교나 교육기관은 전혀 없었다. 1906년까지 신천군에 설립·운영된 근대교육기관은 사실상 전무할 정도였다.[12] 다만 각지에서 모여든 사람들을 통해 세상사 흐름은 전해들을 수 있었다. 공부보다도 사냥 등에 더 많은 관심을 가졌다는 회고에서 이러한 일단을 엿보게 된다.[13] 이는 민족의식 형성이나 현실인식과 관련하여 시사해주는 바가 크다.

---

10)『독립신문』1920년 6월 22일「안중근전(3)」.
11) 정영희,「안중근의 현실인식과 국권수호운동」,『교육입국론과 항일독립운동』, 경인문화사, 2009 참조.
12)『만세보』1907년 3월 10일 잡보 :『大韓每日申報』1907년 5월 16일 잡보「西校運動」, 6월 8일 잡보「六郡學徒運動」.
13) 안중근의사숭모회,『안중근의사자서전』, 4~21·36쪽 : 국사편찬위원회,『한국독립운동사자료』7, 1977, 274~275쪽 : 이전,『안중근혈투기』, 2·6쪽.

그는 부친과 주변 사람들을 통해 시세 변화를 부분적이나마 파악하기에 이르렀다. 새로운 변화를 수용하려는 노력도 병행하는 등 매사에 혼신을 다했다. 근대문물이나 근대사상은 신문이나 서적 등을 통해 별다른 거부감 없이 수용했다.[14] 후일 『태서신사』를 읽고 민족주의적 애국사상이나 민권의식 등도 심화될 수 있는 자양분을 스스로 수용하는데 앞장섰다. 『대한매일신보』·『황성신문』·『제국신문』·『공립신보』·『경향신문』과 각종 서적 등은 현실인식 심화와 더불어 '개방된' 민족의식을 형성하는 요인이었다.[15] 신문이나 잡지 등 독서와 약육강식이 지배하는 현실을 목도하면서 국제질서도 어느 정도 간파할 수 있었다.

국가계약설은 신문·잡지를 통하여 널리 소개되는 가운데 안중근도 크게 공감하였다. 동학농민군을 진압하는 과정에서 개화세력의 입장을 지지하게 되었다고 밝힌 사실은 이를 반증한다.[16] 그는 부친을 도와 황해도 동학농민군을 진압하는데 앞장섰다. 이들 부자는 전통적인 유학자나 개화사상가처럼 동학농민군을 '폭도'로 규정할만큼 충군애국적인 입장이었다.[17]

근대사회 도래와 더불어 이와 같은 인식은 변화를 거듭하였다. 부친의 권유로 천주교에 입교하면서 근대사상과 민권의식은 더욱 확대·심화되어 나갔다.[18] 1897년 세례(Thomas·도마·多默)를 받으면서 근대의식은 진취적인 방향으로 형성되었다. 안태훈의 천주교 입교는 義旅隊가 동학농민군을 진압하는 과정과 맞물려 있었다. 부친은 정부미 상환문제를 수습하는 과정에서 입교하였다.[19] 이때 부친은 천주교당

---

14) 강명관, 「근대계몽기 출판운동과 그 역사적 의의」, 『민족문학사연구』14, 민족문학사연구소, 1999.

15) 조광, 「안중근의 애국계몽운동과 독립전쟁」, 『교회사연구』9, 75~76쪽 : 최혜주, 「백범 김구의 신민회 시기의 교육사상과 교육운동」, 『백범과 민족운동연구』5, 백범학술원, 2007.

16) 계봉우, 「만고의소 안중근전」, 『권업신문』1914년 7월 5일자 : 국사편찬위원회, 「安應七第一會訊問調書」, 『한국독립운동사자료집』6, 1976, 5~6쪽과 「第一回公判始末書」, 『한국독립운동사자료』7, 310쪽.

17) 국사편찬위원회, 『한국독립운동사자료』6, 224쪽 : 이전, 『안중근혈투기』, 20쪽.

18) 오영섭, 「개화기 안태훈(1862-1905)의 생애와 활동」, 『한국근현대사연구』40, 한국근현대사학회, 2007.

19) 국사편찬위원회, 『한국독립운동사자료』7, 292~293쪽.

(명동성당)으로 피신하여 신변보호를 요청하면서 인연을 맺게 된 빌렘(J.Wilhelm, 洪錫九) 신부로부터 세례를 받았다. 李保祿과 함께 청계동으로 돌아와 천주교 분당도 세우는 등 선교활동에 주력하였다.[20] 그는 전도에 앞서 안중근을 먼저 입교시켰다고 짐작된다. 1896년 이곳 신도수는 600여 명에 불과하였다. 1902년에는 무려 7,000여 명으로 증가한 사실은 저간 상황을 잘 보여준다.[21]

천주교도 증가는 지방 관료들과 마찰로 이어질 수밖에 없었다. 대표적 사례는 1902년 발생한 해서교안이다.[22] 이때 안중근은 대다수 신도들의 주장과 다른 입장이었다. 해서교안이 발생한 배경은 지방관리들 수탈에 항거하던 천주교도에 대한 탄압이었다. 또한 난동패들이 천주교도를 칭탁한 데도 적지 않은 원인임을 지적했다.[23] 천주교인의 護敎論에 비판을 가하는 등 민족주체성에 입각한 종교관도 제시하였다. 모순된 현실에 대한 비판적인 인식은 종교 차원을 벗어나 국가적인 차원에서 종교문제를 판단할 수 있는 요인이었다.[24] 이는 지배층의 가렴주구에 대한 실상과 현실모순을 타파하려는 방안에서 모색되었다. 민권의식과 더불어 국가나 민족을 초월한 종교관은 보다 객관적인 자세를 견지할 수 있는 밑거름이었다.[25]

한편 안중근은 서울 천주교구장에게 포교에 도움이 될 인재를 양성하자고 건의하였다. 천주교단에 이른바 대학 설립 요청은 대표적인 사례이다.[26] 민주교는 "한

---

20) 윤선자, 「'한일합병' 전후 황해도 천주교회와 빌렘 신부」, 『한국근현대사연구』 4, 한국근현대사학회, 1996.
21) 윤병석 편역, 『안중근문집』, 한국독립운동사연구소, 2011, 472쪽.
22) 『황성신문』 1903년 3월 10일 잡보「美人急往」, 4월 24일 잡보「按使復命」, 7월 31일 잡보「教案促妥」, 8월 24일 별보「海西教案」, 10월 14일 잡보「照促審案」 ; 윤경로, 「초기 한국 기독교 관계사 연구;『해서교안』과 『문서논쟁』을 중심으로」, 『논문집』 9, 한성대학, 1985 ; 박찬식, 「해서교안」, 『한국 근대 천주교회와 향촌사회』, 한국교회사연구소, 2007.
23) 안중근의사숭모회, 『안중근의사자서전』, 87쪽.
24) 안중근의사숭모회, 『안중근의사자서전』, 94쪽. "홍신부는 언제나 교인들을 압제하는 폐단이 있었기 때문에 니는 여러 교인들과 …(중략)… 기어이 이러한 폐습은 막도록 하는 것이 어떻겠소."라고 상의하자, 모두들 그대로 따르기로 했다.
25) 김형목, 「안중근의 국내 계몽활동과 민족운동사상의 위상」, 『숭실사학』 29, 82쪽.
26) 안중근의사숭모회, 『안중근의사자서전』, 56쪽 ; 김형목, 「안중근의 국내 계몽활동과 민족운동

국인들이 학문을 하게 되면 믿음이 좋지 않을 것이니, 다시는 그런 의론을 하지 마라"며 이를 받아들이지 않았다. 2-3차례 권고에도 반응이 없었다. "천주교 진리는 믿을 수 있으나 신부의 말은 믿을 것이 못 된다."라고 비판적인 입장을 토로할 만큼 선교사에 대한 강한 불신감을 드러내었다.[27] 홍신부에게 배우던 프랑스어 교습도 중단하고 말았다.

> 일본말을 배우는 자는 일본의 종놈이 되고, 영어를 배우는 자는 영국의 종놈이 된다. 만일 내가
> 계속 불어를 배우다가는 프랑스의 종놈 신세를 면치 못할 것이니 그래서 그만두었다. 만일 우리
> 한글이 세계에 위력을 떨친다면 세계 사람들이 우리 한국말을 통하게 될 것이니 그대는 조금도
> 걱정하지 말게.[28]

그는 외국어 교육이 지닌 제국주의적 속성을 어느 정도 간파하고 있었다. 한글을 중시하고 소중한 문화적인 유산으로 인식은 이를 반증한다. 천주교에 입교·활동과 더불어 현실인식은 보다 객관적인 생활태도를 견지하는 기반이었다. 그는 후일 천주교리를 통해 "천명의 본성이란 것은 그것이 바로 지극히 높으신 천주께서 사랑을 대중들에게 불어 넣어 주신 것"임을 깨닫게 되었다. 인간의 평등과 존엄성을 지키기 위한 민권투쟁의 전면에 나선 이유도 여기에서 실마리를 찾을 수 있다. 이때부터 '국가 앞에서는 종교도 없다.'[29]라면서 종교관과 신앙에 우선한 민족의식 강조로 이어졌다.

안중근은 신문·잡지 구독과 개화파 인사들과 교류하면서 근대적인 사유의 폭을

사상의 위상」, 『숭실사학』 29, 83쪽.

27) 윤병석 편역, 『안중근문집』, 473쪽 : 한상권, 「안중근의 국권회복운동과 정치사상」, 『한국독립
  운동사연구』 21, 한국독립운동사연구소, 2003, 49쪽.

28) 안중근, 『안응칠역사』, 23쪽 : 신운용, 「안중근의 민권·민족의식과 계몽운동」, 『안중근과 한
  국근대사』, 108~109쪽.

29) 국사편찬위원회, 「피고인 안응칠 제십회신문조서」, 『한국독립운동사자료』 6, 284쪽.

확대하여 나갔다. 천주교리를 통한 근대의식은 민족·민권의식이나 항일사상으로 승화되었다. "어떻게 하면 문명한 독립국가를 이룩할 수 있으며, 민권의 자유를 획득할 수 있겠는가."라는 의문을 풀기 위한 항일의병투쟁 전면에도 직접 나섰다. 실패하여 생명을 위협받는 고난 속에서도 좌절하거나 낙담하지 않았다. 당당한 공판투쟁과 옥중투쟁은 자신의 신념에 따라 운명을 스스로 결정한 결과였다.[30]

3. 민족의식 앙양을 위한 교육·계몽활동

일제는 러일전쟁에서 승리를 발판으로 본격적인 한국 식민지화에 착수했다. 을사늑약 체결과 이어 통감부 설치, 1907년 고종강제퇴위와 '정미7조약' 체결, 마지막 보류인 군대해산 등은 대표적인 폭거였다. 안중근은 '청나라 의사 서원훈과 안태훈 충돌사건'을 수습하기 위하여 서울에서 분주한 나날을 보냈다.[31] 그는 어느 날 保安會를 방문했다. 목적은 한국침략의 선도자인 林權助 대리공사와 친일파 처단을 제안하기 위함이었다. 보안회 회원들은 그의 50명 決死隊 조직 제안을 일언지하에 거절하였다.[32] 회원으로서 가입을 단념한 채 그들의 무력함을 책망하는데 주저하지 않았다. 실천력보다 명분에 안주하는 모습에서 실망감과 아울러 심한 '배신감'마저도 느꼈다. 이는 국외이주계획을 추진하는 배경 중 하나로서 작용하였다.[33]

그는 강력한 항일운동 전개를 모색하는 동시에 국제정세를 파악하기 위하여 1905년 상하이로 건너갔다. 외국인 신부를 통한 일제의 한국침략 실상과 한국인의

---

30) 한상권, 「안중근의 하얼빈거사와 공판투쟁(1)-검찰관과의 논쟁을 중심으로-」, 『역사와 현실』 54, 한국역사연구회, 2004 ; 김형목, 「안중근의 국내 계몽활동과 민족운동사상의 위상」, 『숭실사학』 29, 85쪽.
31) 윤병석 편역, 『안중근문집』, 484쪽.
32) 『대한매일신보』 1909년 12월 3일 잡보 「안중근리력」 ; 국사편찬위원회, 「헌기 제2634호」, 『한국독립운동사자료』 7, 243쪽.
33) 윤선자, 「안중근의 계몽운동」, 『한국근대사와 종교』, 217쪽.

국권회복을 도모하려는 활동상을 널리 알리려는 목적도 있었다. 부친과 상의한 내용은 당시 인식과 목적을 그대로 보여준다.

> 현재 들으면 山東과 上海 등지에 한인이 많이 살고 있다고 하니 우리 집안도 역시 그곳으로 옮겨가 살다가 선후방책을 도모한다면 어떻겠습니까? 그러면 제가 먼저 그곳으로 가서 살펴본 뒤 돌아올 것이니, 아버지께서는 그동안 비밀히 짐을 꾸린 뒤에 식구들을 데리고 진남포로 가서 기다리시다가 제가 돌아오는 날 다시 의논해서 행하도록 하시죠.[34]

안중근은 상하이에서 국내외 항일세력 연대에 의한 국권회복의 구체적 방법을 찾고자 동분서주하였다. 먼저 閔泳翊을 몇 번이나 찾아갔으나 문전박대를 당하고 말았다. 문지기는 "대감은 한국인을 만나지 아니하오."[35]라고 말했다. 말 그대로 너무나 충격적이었다.

그는 "공은 한국에서 여러 대에 걸쳐 國祿을 먹은 신하로서 이러한 어려운 때를 만나, 전혀 사람 사랑하는 마음이 없이 베개를 높이고 편안히 누워 조국의 흥망을 잊어버리고 있으니, 세상에 어찌 이 같은 도리가 있을 것인가. 오늘날 나라가 위급해진 것은 그 죄가 모두 공들과 대관들한테 있다. 민족의 허물에 달린 것이 아니기 때문에 얼굴이 부끄러워서 만나지 않는 것인가."[36]라고 민영익을 책망하였다. 실망을 거듭하는 참담한 심정이었으나 다른 방도는 없었다. 무력감이 엄습할 정도로 혼미하였다.

상인 徐相根을 찾아가 도움도 요청하였으나 역시 마찬가지였다. 한국의 장래는 자기와 전혀 상관없다는 입장이었다. 이에 "만일 국민이 국민된 의무를 행하지 아니하고서 어찌 민권과 자유를 얻을 수 있으리오."라고 충고하였다. "지금은 민족세계인데 어째서 홀로 한국 민족만이 남의 밥이 되어 앉아서 멸망하기를 기다리는 것이

---

34) 안중근의사숭모회, 『안중근의사자서전』, 79~80쪽.
35) 윤병석 편역, 『안중근문집』, 486쪽.
36) 안중근의사숭모회, 『안중근의사자서전』, 153쪽 : 윤병석 편역, 『안중근문집』, 486쪽.

옳겠소."라고 서상근을 타일렀다.[37] 상하이 한인들은 기대와 달리 자신들 안위에만 전전긍긍하고 있었다. 국외 한인들과 연대는 사실상 불가능하다는 냉혹한 현실을 직접 체험하였다.

현지 천주교당에서 우연히 르각(Le Gac) 신부를 만났다. 그는 한국의 국권회복을 위하여 교육발달·사회단체 확장·민심단합·실력양성 등에 노력하기를 당부하였다.[38] '政敎分離'에 입각한 계몽주의적 입장은 천주교 교단이 취한 기본정책이었다. 빌렘 신부처럼 교단은 의병활동을 매우 부정적으로 보았다.[39] 폭력을 수반한 민족운동은 교단 지도자들에게 금기사항이나 마찬가지였다. 이들은 일제의 식민지배보다 한국인의 무력적인 활동을 오히려 경계하는 입장이었다. 프랑스와 일제의 외교적인 마찰을 최소화하는데 선교사들은 중점을 두었다.

'음주가무를 즐기는' 호방한 안중근도 중대 결심을 한다. 일생을 독립투쟁에 바치겠다는 자신의 의지도 새롭게 다짐하였다. 진남포는 교육·계몽운동에 진력할 수 있는 환경을 두루 갖춘 지역이었다. 1898년 부윤 鄭顯哲이 存道學校를 설립한 이래 得英學校·保東學校(후일 一光學校 또는 日光學校로 개칭 : 필자주)·야소교학교 등 수많은 사립학교가 운영되는 등 진남포는 근대교육과 상업 중심지였다.[40] 난국을 타개하는 첩경은 올바른 민족의식을 일깨우는 근대교육 시행에서 찾았다. 이후 뮈텔 주교에게 대학 설립을 요구하였다가 거절을 당했을 정도로 교육에 남다른 관심을 기울였다.[41]

---

37) 안중근의사숭모회, 『안중근의사자서전』, 154쪽 : 국사편찬위원회, 「경 경시의 신문에 대한 안응칠의 공술(제5회)」, 『한국독립운동사자료』 7, 415쪽.
38) 안중근의사숭모회, 『안중근의사자서전』, 103~109쪽 : 안중근, 『안응칠역사』, 154~155쪽 : 이전, 『안중근혈투기』, 35~36쪽 : 조광, 「안중근의 애국계몽운동과 독립전쟁」, 『교회사연구』 9, 76쪽.
39) 윤선지, 『한국근대사와 종교』, 232~238쪽.
40) 김형목, 「안중근의 국내 계몽활동과 민족운동사상의 위상」, 『숭실사학』 29, 87쪽.
41) 안중근의사숭모회, 『안중근의사자서전』, 56쪽 : 국사편찬위원회, 「피고인 안응칠 제8회 신문조서」, 『한국독립운동사자료』 6, 233쪽.

귀국 후 사태를 관망하는 가운데 서북지역 재경 인사들은 서우학회(후일 한북흥학회와 통합하여 서북학회로 개칭 : 필자주)를 조직하였다.[42] 언론은 이러한 사실을 상세하게 보도하는 등 상당한 기대감을 나타내었다.

近日發起ᄒᆞᆫ 西友學會ᄂᆞᆫ 其趣旨를 槪聞ᄒᆞᆫ 則西道文明을 啓發ᄂᆞᆫ기 爲ᄂᆞ야 西道人士의 在京ᄒᆞᆫ 者ᄂᆞᆫ 無論官民ᄂᆞᆫ고 擧皆該會에 叅入ᄂᆞ야 一中央部를 成立ᄂᆞ고 西道靑年의 學問을 開導ᄂᆞᆫ 機關이된다ᄂᆞᆫᄃᆡ 昨日에 總會를 承洞 金達河氏家에 開ᄂᆞ고 會員百餘名이 集合ᄂᆞ야 任員을 組織ᄒᆞ다더라.[43]

김달하 집에서 개최된 총회에는 100여 명이나 참석하였다. 발기인 박은식을 비롯한 김달하·金秉壽·申錫廈·張應亮·金允五·金秉一·金明濬 등은 취지서를 발표하는 등 참여를 호소했다.[44] 이어 시급한 교사양성을 위한 사범학교 설립도 알렸다. 서북출신 재경유학생을 위한 강연회·토론회·운동회 개최는 애향심을 고취시키는 자극제이자 정보를 교류하는 교육현장이었다.[45] 안중근은 회원으로 가입하는 등 교육구국운동을 전개할 수 있는 기반 구축에 나섰다. 특히 서북인들은 새로운 변화에 부응하려는 방안 중 하나로서 민지계발을 위한 근대교육 시행에 앞장섰다.

그는 "교육을 미리 대비하여 훗날을 위한 준비를 하고, 갖가지 일에 힘을 써서 실력을 기른다면 대사라 해도 쉽게 이룩할 것"[46]이라는 신념으로 교육구국운동을 전개하였다. 직접 사립학교를 설립하거나 기존 설립된 사립학교를 인수·운영하는 등 근대교육 보급에도 적극적이었다. 진남포성당 부설인 영어야학에 대한 후원은 이를

---

42) 『황성신문』 1906년 10월 24~26일 광고, 11월 21~26일 광고, 12월 24일 잡보 「三會相見」, 12월 29일 광고.

43) 『황성신문』 1906년 10월 27일 잡보 「西友開會」, 1907년 5월 14일 논설 「西北兩學會」, 1908년 1월 1일 잡보 「兩會團合」.

44) 『황성신문』 1906년 12월 1일 잡보 「西友學會趣旨書」.

45) 『황성신문』 1906년 12월 24일 잡보 「西友師校」, 12월 25일 잡보 「西友設校」, 12월 29일 잡보 「西友開會」.

46) 국사편찬위원회, 「안응칠 제일회신문조서」, 『한국독립운동사자료』 6, 5~6쪽.

36

반증한다.[47] 교인들은 성당 부설인 영어야학에 대한 후원을 아끼지 않았다. 해관에 근무하는 吳日煥은 명예교사로서 활동하는 등 열성을 다하였다. 40여 명에 달하는 재학생은 이를 반증한다. 안중근은 교사인 오일환에게도 "한국의 장래를 위해서 공부를 해야 한다."고 학문의 중요성을 강조했다.[48] 또한 운영비도 지원하는 등 어학교육 특히 영어 보급에 적극적이었다. 삼흥학교를 '영어삼흥학교'라는 보도는 이와 관련하여 많은 시사점을 던져준다.[49] 국제연대를 위한 어학교육 중시는 여기에서 엿볼 수 있다. 이는 한중일 3국공동체를 위한 동양평화론에 반영되었다.

1906년에는 진남포로 이사하여 어느 정도 안정을 이루자 三興學校를 설립했다.[50] 진남포성당에서 운영하던 敎義學校 제2대 교장에 취임하여 교사 증축과 학생들에게 학비를 지원해주는 등 육영사업에 전념하였다. 안중근의 3형제가 가산을 털어 삼흥학교를 설립한 사실은 대표적인 경우이다.

> 三和港寓居 安重根 三兄弟가 私立三興學校ᄒ고 前後經費를 自擔한지 有年에 斗居中 五六十名 生徒가 難容其膝이라. 安氏가 勉勵學徒日 天이 幸感則 將有大廈ᄒ야 必有吾徒成就之日이라 ᄒ며 撫胸痛泣을 無時不然터니 何幸安氏妻男 載寧居 金能權氏가 聞學校之情形ᄒ고 不勝感慨之心ᄒ야 所有田與沓을 一幷賣ᄒ여 葉一萬五千兩으로 買得 三十餘間 互家一座하여 義附三興ᄒ얏다더라.[51]

기사에 나타나듯이 동생 등과 더불어 삼흥학교를 설립하였다. 그는 하늘이 다행

---

47) 『경향신문』 1907년 4월 1일 평안보 「학교설시」 : 김형목, 『대한제국기 야학운동』, 경인문화사, 2005, 290·320쪽.
48) 국사편찬위원회, 「경비 제317호」, 『한국독립운동사자료』 7, 196쪽.
49) 『大韓每日申報』 1907년 5월 29일 국채보상의연금수입광고 「三和港 私立英語三興學校」.
50) 국사편찬위원회, 『駐韓日本公使館記錄(高秘發 제342호) 1909년 11월 2일』·「(機密統發 제1982호) 1909년 11월 18일」·「(機密統發 제111호) 1910년 1월 20일조」, 『한국독립운동사자료』 7, 15·201·293쪽.
51) 『大韓每日申報』 1907년 5월 31일 잡보 「賣土寄校」 : 국사편찬위원회, 『한국독립운동사자료』 7, 201~205쪽과 292~294쪽.

히 감복한다면 장차 좋은 일이 있을 것이므로 반드시 우리의 뜻을 성취하는 날도 있을 것이라며 학생들을 격려하는 가운데 어려움 타개에 전력을 기울였다.[52] 문무 쌍전에 입각한 인재양성은 이상적인 지향점이나 마찬가지였다. 상무정신 고취를 통하여 장차 구국간성인 독립군을 양성하려는 의도는 이러한 인식에서 비롯되었다. 곧 삼흥학교는 士興·民興·國興을 지향한 민족교육기관이었다.[53] 단순한 지식 배양에 그치지 않고 민족위기를 극복하려는 강력한 의지와 더불어 자주적인 독립국가를 건설하려는 궁극적인 지향점은 여기에서 찾아진다.

동생 안정근도 형의 뒤를 이어 삼흥학교 부설인 오성학교에서 근대교육에 종사했다.

> 증남포 삼흥학교는 영어야학을 ᄒᆞᄂᆞᄃᆡ 경비가 군졸홈으로 폐지홀 디경이옵더니 신상회샤의셔 임원들이 ᄌᆞ긔월은으로 쇼학교를 셜립ᄒᆞ고 학교일홈은 오성학교라 ᄒᆞ고 삼흥학교를 쎠셔 영어ᄂᆞᆫ 야학ᄒᆞ고 쇼학교는 놋에 빈호ᄂᆞᄃᆡ 신상회샤 시무원 열사롬은 톄번ᄒᆞ야 명예로 ᄉᆞ무를 보ᄂᆞᄃᆡ 믜일 항ᄂᆡ 집집이 ᄃᆞ니며 학도를 모집ᄒᆞᄂᆞᄃᆡ 불과 수일에 학도가 팔십여명이라. 항ᄂᆡ 인민들이 칭숑ᄒᆞ고 음삼월 삼일에 긔학례식을 ᄒᆞᄂᆞᄃᆡ 항ᄂᆡ 각 학교와 인민이 구름굿히 모혓ᄉᆞᆸ데다.[54]

신상회사 임원은 주학인 오성학교를 설립하였다. 이들 10명은 명예교사로서 활동하는 한편 집집마다 방문하여 입학을 권유하는 등 근대교육 확산에 나섰다. 개학한 지 불과 몇 일만에 80여 명이나 출석하는 등 상당한 호응을 받았다.[55] 개학날에는 하례객이 구름과 같이 모여들 만큼 지대한 관심을 보여주었다.

1907년 4월에는 돈의학교를 인수하여 청소년들에게 근대교육의 기회를 넓혀주었다. 이 학교는 원래 프랑스인 포리에(Faurie, Jean Bpt, 方소동) 신부가 운영하던 사

---

52) 김형목, 「안중근의 국내 계몽활동과 민족운동사상의 위상」, 『숭실사학』 29, 91쪽.
53) 최서면, 『새로 쓴 안중근의사』, 집문당, 1994, 70~71쪽.
54) 『경향신문』 1908년 4월 14일 「학교셜시홈」 : 국사편찬위원회, 『한국독립운동사자료』 7, 275~276쪽 : 유경환, 『안중근』, 태극출판사, 1975, 181~182쪽.
55) 김형목, 『대한제국기 야학운동』, 187~188쪽.

립학교였다. 방신부가 떠나면서 신신부(프랑스인)에게 운영권을 맡겼지만, 부실하게 운영되는 등 사실상 방치된 상태였다. 이 학교를 인수하여 校舍 확장과 동시에 교원과 학생도 증원하였다. 초대 교장은 李平澤, 제2대 교장은 자신이 맡을 정도로 열성을 다했다.[56] 교사는 任安當 부자와 진남포 外査警察 '순검 정씨' 등과 동지들로 충원되었다. 이들은 명예교사로서 봉사활동을 최소한 '사회적인 책무'라고 인식할 만큼 고조된 분위기였다.[57] 삼화항부두청에서도 관내 사립학교에 대한 후원하였다. 임원진은 돈의학교 10원과 비석동 여학교 5원 등 55원에 달하는 거금을 기부했다.[58] 진남포는 삼흥학교와 돈의학교는 물론 기독교에서 세운 사립학교가 우후죽순처럼 운영되고 있었다. 서북지역이 대한제국기 근대교육 중심지로서 부각될 수 있었던 배경도 안중근의 교육활동과 무관하지 않았다.

교육방침은 국권수호를 위한 무력투쟁의 중요성을 인식시키는데 역점을 두었다. '순검 정씨'는 명예교사로서 체조를 가르치는 등 이에 호응하였다. 그는 교련시간에 木銃과 나팔·북 등을 활용하여 체력단련에 역점을 둠으로써 학생들에게 상무정신을 고취시켰다.[59] 사실상 군사훈련에 버금가는 강도 높은 육체적인 단련에도 노력하였다. 이러한 교육활동은 곧바로 대단한 성과로 이어졌다. 1908년 9월 15일 평안도와 황해도에 소재한 80여 개교 연합운동회에서 돈의학교는 우등을 차지하였다. 당시 참가한 학생은 3천여 명, 학교 관계자는 1천여 명 등이었다. 관람객은 1만여 이상에 달할 정도로 인산인해를 이루었다.[60] 그야말로 평안남도와 황해도 초유의 대

---

56) 만주일일신문사, 『安重根 事件公判 續記錄』, 1910 : 『경향신문』 1907년 10월 16일 잡보 : 『계봉우, 『만고의스 안중근면(4)』, 『권업신문』 1914년 7월 19일자 : 이전, 『안중근혈투기』, 38쪽 ; 김삼웅, 「제4장 민권·민족의식에 눈뜨고 구국운동 나서」, 『안중근 평전』, 시대의창, 2009. 평남관찰사 조민희가 전통교육기관을 사립학교로 전환하면서 세운 돈의학교도 있다. 이 학교는 명칭은 같으나 다른 사립학교이다(『황성신문』 1899년 1월 11일 잡보 「西城飛鴻」 참조).
57) 『경향신문』 1907년 7월 20일 잡보 「증남포쇼학교」.
58) 『大韓每日申報』 1907년 10월 13일 잡보 「捐助繼續」.
59) 『조선중앙일보』 1933년 9월 23일 학교순례기(3) 「千餘無産兒童의 唯一한 樂園 授業料의 減免이 特色, 復興一新한 海星校의 面彩, 진남포지국 南海生」 : 안학식, 『의사안중근전기』, 44~50쪽.
60) 『경향신문』 1908년 10월 16일 잡보 「진남포학교 대운동」 : 이전, 『안중근혈투기』, 37~38쪽 :

광경을 연출하고 있었다.

육영사업과 교육활동을 지원한 인물 중 처남 金能權은 절대적인 지지자였다. 그는 15,000냥을 들여 30여 간에 달하는 기와집을 삼흥학교 교사로 제공하였다. 1909년까지 오성학교를 운영하는 등 안중근 육영사업을 이어받았다.[61] 뿐만 아니라 안중근 가문에 대한 사실상 경제적인 후견인이었다. 안중근 동생들에 대한 학비 지원은 물론 부인과 자녀들의 블라디보스톡로 망명비용까지도 제공했다.

> 今日까지의 生活費는 金能權 卽 重根 妻兄과 公同으로 산 水田의 收穫을 基礎로 하고 또 恭根의 月給 每月 二十圓이 있다. 나의 學費는 恭根의 月給 若干과 妻의 鄕里에서 若干을 合하여 充當하고 있었다. 這回의 家族의 出發旅費는 當地 林君甫로부터 恭根의 名義로 五十圓을, 重根의 妻側 金能權으로부터 三十圓을 借入 計 八十圓이나 能權으로부터 二十圓을 餞別金으로 贈與받으므로써 都合 百圓을 鄭大鎬에게 주어 블라디보스톡까지 同行할 것을 依賴하였다. 一人當 旅費가 三十圓이 所要되므로 途中 雜費와 發病時 準備金을 생각하여 以上의 金額을 準備한 것이다.[62]

이처럼 안중근 일가의 생활비와 동생 학비까지 지원하기를 마다하지 않았다. '전별금'은 도중에 일어날 수 있는 상황에 대처하려는 '비상금' 성격을 지닌다.

안중근은 젊은이들에게 애족애국정신은 물론 민족의식과 근대사상을 일깨워 줌으로써 국권수호의지를 고취시켰다. 상무정신 앙양은 장차 독립군 지도자로서 자질 도모에 주안점을 두었다. 연해주로 떠나면서 돈의학교 운영은 임안당·李在杰 등에게 인계하였다. 그는 "斧鉞當前臨亡必踐鼎 在後見義必往"라는 의미심장한 고별사를 남겼다.[63]

　　조광, 「안중근의 애국계몽운동과 독립전쟁」, 『교회사연구』 9, 77쪽.
61) 국사편찬위원회, 「기밀통발 제111호」, 『한국독립운동사자료』 7, 293~294쪽.
62) 국사편찬위원회, 「복명서」, 『한국독립운동사자료』 7, 343쪽.
63) 『경향신문』 1907년 7월 20일 잡보 「진남포쇼학교」 : 이전, 『안중근혈투기』, 44쪽.

4. 진남포지역 국채보상운동을 견인

국채보상운동은 일제가 대한제국정부에 제공한 국채 1,300만 환을 상환한다는 목적에서 국민들 스스로 모금활동을 시작한 자립경제를 지향한 민족운동이었다. 1907년 1월 대구광문사 사장 金光濟와 부사장 徐相燉 등을 발의로 시작되었다. 이들은 「국채일천삼백만환보상취지서」라는 격문을 돌리면서 전국적인 관심사로 부각시켰다.[64] 온 국민들의 전폭적인 지지와 참여 속에서 거국적 항일민족운동으로 확산되었다. 신문·잡지 등 선전활동은 큰 역할을 담당한 대표적인 매체였다.[65]

국채보상회 조직은 새로운 국민적인 관심사로 부각되었다. 서울의 국채보상기성회를 비롯하여 도·군·면 등 행정단위나 학교·회사·상인단체 등에 의하여 조직되는 분위기였다. 취지서 발표와 동시에 부녀자들에 의한 활동은 사회적인 반향을 크게 불러 일으켰다.[66] 이는 각계각층으로 파급되는 '기폭제이자 전주곡'이었다. 고조된 분위기는 특정한 지역에만 한정되지 않았다. 국채보상을 위한 활동은 사회적인 책무를 다하는 '의무'로서 인식되는 분위기였다. 국난을 타개하려는 비장한 각오는 적극적인 참여로 귀결되었다. 군중이 운집한 '장날 빅뉴스'는 단연 국채보상과 관련된 내용이었다.[67] 전국적으로 연결된 장시망은 보다 많은 미담사례의 전달·교류에 적극적으로 활용되는 계기를 맞았다.

이때 안중근은 국채보상기성회 관서지부를 조직하여 국채보상운동에 참여하였다고 한다.[68] 물론 사실과 부합되지 않는 부분이다. 국채보상운동 전반에 대한 이

---

64) 김형목, 「나랏빛은 망국임을 일깨운 선각자, 김광제·서상돈」, 『순국』 242, 대한민국순국선열유족회, 2011, 56~57쪽.
65) 김형목, 『김광제, 나랏빛 청산이 독립국가 건설이다』, 선인, 2012, 109~119쪽.
66) 『만세보』 1907년 3월 12일 잡보 「早春樂事」, 3월 14일 잡보 「국치보상부인회취지서」, 3월 15일 잡보 「홍씨충의」, 3월 16일 잡보 「류씨충애」, 4월 9일 잡보 「晋州報償會 詳報」 : 박용옥, 『한국근대여성운동사연구』, 한국정신문화연구원, 1984, 121~144쪽.
67) 김형목, 「충북지역 국채보상운동의 지역운동사상 의의」, 『한국민족운동사연구』 69, 한국민족운동사학회, 2011, 47~49쪽.
68) 안학식, 『의사안중근전기』, 47~48쪽 : 국사편찬위원회, 『駐韓日本公使館記錄(復命書)』, 『한

해 부족과 안중근 활동을 강조하려는 의도임에 틀림없다.[69] 즉 국채보상운동을 견인한 중심단체는 수직적이고 체계적인 관계로 운영되지 않았다. 그는 가족들에게 "國事는 公이요 家事는 私이다. 지부장인 우리 가정이 率先垂範치 아니하고는 다른 사람을 지도할 수 없다."[70] 면서 이 운동의 취지를 설명했다. 가족들 동참이 우선적인 문제였다. 먼저 "가족의 지원과 참여가 있어야 국채보상운동이 성공할 수 있으며, 일제의 경제적 침략에서 벗어날 수 있다."라는 점을 강조하였다.[71]

이에 모친과 부인은 물론 제수까지도 주저하지 않고 패물을 헌납하는 등 적극적으로 후원했다. 소식은 곧바로 관서지역에 널리 전파되는 가운데 국채보상운동을 활성화시키는 기폭제였다. 「삼화항은금폐지회부인회 제이회 의연』에서는 "안중근 자친 은지환 두쌍 넉량 닷돈중은 아직 팔리지 못하였음. 은투호 2개, 은장도 1개, 은귀이개 2개, 은가지 3개, 은부전 2개 등 합은 십종 넉량 닷돈중 대금 20원"이라고 보도했다.[72] 여기에서 주목되는 점은 모친 조마리아가 삼화항패물폐지부인회를 통하여 의연한 사실이다. 이처럼 그녀는 삼화항에 이주한 후 아들의 활동을 헌신적으로 지원하였다.[73] 안중근은 가족들에게 국채보상운동 참여를 권유했다.

    …(상략)… 년전에 국치보상금을 모집홀 씨에도 그쳐와 슈씨의 시집올 씨 픠물 등을 모다 글너

국독립운동사자료』7, 339쪽.
69) 김형목, 「안중근의 국내 계몽활동과 민족운동사상의 위상」, 『숭실사학』 29, 95~97쪽.
70) 이전, 『안중근혈투기』, 46쪽.
71) 『大韓每日申報』 1910년 1월 30일 「是母是子」 : 『대한매일신보』 1910년 1월 30일 잡보 「놀나온 부인」.
72) 『대한매일신보』 1907년 4월 28일 「은물폐지부인회취지서」 : 『大韓每日申報』 1907년 5월 29일 광고 「삼화항은금폐지부인회」 : 이전, 『안중근혈투기』, 46~47쪽. 다른 기사에는 은지환 2쌍 (4兩5錢重 尚未賣), 은투호 2개, 은귀이기 2개, 은가지 3개, 은부전 2개, 은장도 1개로 합 4 량5전중 代金 貳拾圓으로 나온다(『大韓每日申報』 1907년 5월 12일 광고 「국채보상의연금(4월 22일)」). 이는 조마리아가 의연한 물품과 거의 일치하는 등 그녀의 삼화항폐물폐지부인회에 서 위상과 역할을 잘 보여준다.
73) 박용옥, 「조마리아의 국채보상운동」, 『여성운동-한국독립운동의 역사 31』, 한국독립운동사편 찬위원회, 2009, 85~87쪽.

닉여 연금에 봇틴라 ᄒ여 왈 나리이 임의 망ᄒ게 된 지라. 무엇을 가히 익기리오 ᄒᄆᆡ 그 여러

슈씨도 다 흔연 낙죵ᄒ야 그 뜻을 조금도 어긔지 못ᄒ엿다 ᄒ며 안씨의 력ᄉ를 은휘홈이 업시

셜명ᄒᄆᆡ 슌사 헌병들도 셔로 도라보며 칙칙 칭션ᄒ여 왈 안즁근 힝ᄉᄂᆞᆫ 오졔가 임의 크게 놀닉

ᄂᆞᆫ 바어니와 그 모씨의 위인도 한국에 드믄 인물이라 ᄒ엿다더라. [74]

결국 아들의 자립경제를 위한 국채보상운동 참여 권유는 가족들 적극적인 동참으로 이어졌다. 미주 한인사회에서 평가는 열성적인 활약상을 엿볼 수 있는 대목이다.

주지하듯이 국채보상관서동맹회는 許淑·吳大圭·崔景植·金學善·李基世·鄭基用 등 19명의 발기인 주도로 3월 1일 조직되었다. 이들은 취지서를 통하여 "국채 1천 3백만원을 속히 갚아 이집트와 같은 노예국이 되지 말자."고 호소하였다.[75] 국채는 국민된 도리로 반드시 갚아야 할 '의무금'임을 강조했다. 발기인 명단에는 안중근이 없으나 국채보상운동에 열성적으로 참여하였다.

삼흥학교 교직원과 학생들도 국채보상운동에 적극적으로 동참하는 상황이었다. 1907년 4월 중순에 교장 韓在鎬, 교감 安東根(안중근의 오기 : 필자주), 총무 金庚地, 찬성 高尤廷, 교사 金文奎 등과 학생 27명의 실명을 확인할 수 있다. 모금액은 34원 60전에 달하는 거액이었다. 특히 학생 중 중국인 陳긔南이 재학한 사실은 중요한 의미를 지닌다.[76] 「동양평화론」에는 "삼국의 학생을 모아 교육시켜야 한다."는 논리와 맞닿아 있기 때문이다. 진기남은 일본유학생단지동맹에 대한 의연금 대열에도 동참하는 등 일회성에 그치지 않았다. 그의 1원을 비롯하여 모금된 의연금은 38원70전이라는 거금이었다.[77] 상호 교류에 의한 국제적인 연대는 근대교육에 의해

---

74) 『신한국보』 1910년 2월 22일 「시모시즈」.
75) 『황성신문』 1907년 3월 11일 잡보 「국채보상동맹취지서」, 3월 16일 잡보 「국채보상관서동맹취지서」 ; 『大韓每日申報』 1907년 3월 31일 잡보 「국채보상관서동맹」.
76) 『大韓每日申報』 1907년 5월 12일 국채보상의연금(4월 22일) 「三和港 私立英語三興學校」, 5월 29일 국채보상의연금수입광고 「三和港 私立英語三興學校」.
77) 『大韓每日申報』 1907년 4월 18·30일 광고 「단지학생에 대하야 구휼금광고」.

실현되고 있었다. 시세 변화에 부응하는 동시에 사회적인 책무를 다하는 건전한 국민상 구현은 그의 궁극적인 지향점이었다.[78]

일제가 대한제국의 국권을 농락하자 안중근은 즉시 상경하여 동지 규합에 나서는 한편 이들과 의병을 조직하여 강력한 국권회복운동 전개를 제의했다. 그는 동지들에게 의병조직의 당위성과 국권수호 방략을 다음과 같이 제시하였다.

① 일본제국주의는 팽창과정에서 3국(청·러시아·미국)과 전쟁을 일으키게 된다.
② 3국 전쟁이 발발하면 일본은 힘들겠지만 한국은 국권을 수호할 수 있는 기회가 될 수 있다.
③ 한국민의 준비가 없으면 일본이 패전해도 한국은 또 다른 외국 도적의 손아귀로 들어가게 된다.
④ 한민족은 의병을 일으켜 스스로 힘을 길러야 국권수호는 물론 독립을 공고히 할 수 있다.
⑤ 한민족은 스스로 힘을 길러 독립투쟁을 전개해야만 패전이라는 최악의 경우에도 세계 각국의 公論으로 독립을 보장받을 희망이 있다.[79]

안중근은 국채보상기성회 관서지부 등과 일정한 관계를 맺으며 국채보상운동을 전개하였다. 또한 민족자본 육성을 위한 미곡상도 운영하는 등 경제활동에 치중했다. 한재호·宋秉雲 등과 무연탄회사인 三合義(일명 삼합회 : 필자주) 설립도 모색하는 등 다양한 자본축적에 지대한 관심을 기울였다. 자금 조달 방법과 운영권을 둘러싼 갈등으로 계획에 따라 진전되지 못하였다. 더욱이 일본인 상인들 발호 등으로 계획과 달리 실패하고 말았다. 이후 한재호 동생인 韓相鎬(유력한 미곡상 : 필자주)와 공동으로 개업하였으나 역시 마찬가지였다.[80]

궁지에서 허둥거리는 상황에 일제는 정미7조약과 군대해산을 감행하는 등 대한

78) 김형목, 「안중근의 국내 계몽활동과 민족운동사상의 위치」, 『숭실사학』 29, 98쪽.
79) 안중근의사숭모회, 『안중근의사자서전』, 108~109쪽.
80) 국사편찬위원회, 「주한일본공사관기록(복명서)」, 『한국독립운동사자료』 7, 339쪽 : 통감부, 「安重根의 素行 및 犯行動機 등 調査復命書 提出 件[別紙 ; 平壤에서의 安重根 安定根의 口述][1909.11.5]」, 『統監府文書』 7.

제국의 국권을 농락하면서 위기로 몰아넣었다. 그는 의병전쟁 등을 모색하였으나 일제 감시로 전혀 실행할 수 없었다. 국내에서 국권회복운동은 물론 사회활동마저도 여의치 않은 상황에 직면하였다. 난관을 타개하기 위한 방안을 강구하는데 지혜도 발휘하였다. 국권회복을 위한 계획과 실천적인 대안은 만주나 연해주로 망명이었다. 독립군기지 건설에 의한 중장기적인 모색은 새로운 대안으로서 부각되었다. 마침내 안중근은 망명길에 올랐다.[81] 북간도와 연해주는 새로운 독립운동방략을 모색하는 역사적인 무대이자 현장이었다.

5. 동지들과 민족운동사상 성격

다양한 국권회복운동 추진은 집안의 경제적인 여유와 부친 안태훈의 절대적인 지원으로 가능하였다. 천주교 입문을 통하여 세계사적 안목을 키우는데 절대적인 지원은 아버지의 배려였다. 상무정신을 중시하는 가풍의 영향도 이러한 분위기 속에서 가능할 수 있었다. 『태사신서』나 당시 국내에서 발간되던 각종 신문·잡지 등 구독은 현실인식을 심화시키는 요인이었다. 특히 상하이 등지로 해외시찰은 안중근에게 국내외 현실을 되돌아보게 하는 커다란 자극제였다.[82]

교육·계몽활동 등은 동지들의 후원에 힘입은 바가 적지 않았다. 국내 계몽운동은 물론 가족들 망명을 적극적으로 지원한 주요 동지들은 다음과 같다.

오일환은 진남포에 설립된 삼흥학교와 영어야학 명예교사로서 활동하였다. 그는 1895년 4월 관립한성영어학교에 입학하여 4년간 수학한 후 1899년 5월 졸업과 동시에 量地衙門 견습생으로 피선되었다. 동년 12월 20일 견습과정을 수료한 후 양지아문 技手補로 첫 관직을 발령받았다. 1901년 地契衙門 技手로 승진했다. 1903년 2월

---

81) 윤병석 편역, 「북간도 · 연해주 망명과 구국계몽운동」, 『안중근문집』, 492~496쪽
82) 통감부, 「安重根의 素行 및 犯行動機 등 調査復命書 提出 件[別紙 ; 平壤에서의 安重根 安定根의 口述][1909.11.5]」, 『統監府文書』7.

인천해관 서기를 거쳐 동년 11월에는 탁지부관제정리 업무를 담당하는 등 재정 관련 부서에서 근무했다. 1904년 7월에는 농상공부임시박람회사무소 주사로 임명되었다가 다시 1906년 진남포 해관 주사로 승진·전보되었다. 1908년 관제개혁에 의해 8월 사직하였다가 9월 재원조사국 주사에 임명되었으나 얼마 후 사직하고 말았다.[83] 그는 이후 천주교 단체 등에서 활동하는 신앙심이 돈독한 교인이었다. 1909년 8월에는 西學峴 영국교당 내에 성경·영어·일어·산술 등을 가르치는 聖公開進夜學을 설립하였다. 李源昶·金汶植·崔彼得 등과 명예교사로서 활동하는 등 교육활동가로서 명성을 얻었다.[84]

정대호는 1884년 1월 2일 서울 종로구 중학동에서 부친 鄭繼聖과 모친 김씨 사이에서 태어났다. 1893년부터 한학을 공부하다가 1895년 4월부터 오일환과 관립한성영어학교에 입학·수학하면서 인연을 맺었다. 그는 흥화학교 야학과에도 재학하는 등 근대교육 수용에 열성적인 인물이었다.[85] 1903년 8월부터 진남포 해관에서 근무하다가 오일환 소개로 안중근을 만났다. 1908년 8월 31일자로 세무주사에서 면직되었다. 9월부터 다시 綏芬河 세관에 재직하면서 이듬해 10월 안중근의 부탁을 받고 그의 가족을 만주까지 안전하게 망명시켰다. 이로 인하여 일경에 체포되어 옥고를 치루었다. [86]

김능권은 안중근의 처남으로 가장 열성적인 경제적·정신적인 후원자였다. 삼흥학교가 경비난에 직면하자, 15,000냥에 달하는 기와집 30칸을 구입 교사로 제공하였다. 교육시설 확충과 더불어 교육내실화를 도모할 수 있었던 이유도 여기에서 찾아진다. 그는 서북학회 회원으로 계몽운동을 위한 의연금 모금에 적극적이었다.[87] 안

---

83) 김형목, 「안중근의 국내 계몽운동과 민족운동사상의 위상」, 『숭실사학』 29, 100쪽.
84) 『황성신문』 1909년 7월 31일 잡보 「聖公夜學新設」.
85) 『황성신문』 1899년 1월 25일 잡보 「學優施賞」.
86) 김형목, 「안중근의 국내 계몽운동과 민족운동사상의 위상」, 『숭실사학』 29, 101쪽.
87) 김형목, 「안중근의 국내 계몽운동과 민족운동사상의 위상」, 『숭실사학』 29, 100쪽.

중근 두 동생에 대한 학비와 생활비 지원도 그의 몫이나 마찬가지였다. 안중근 가족이 하얼빈으로 이주하는데 필요한 모든 경비는 그의 경제적인 후원에 의하여 가능할 수 있었다. 해방 이후 안중근추모사업에도 적극 참여하는 등 '안중근 정신'을 널리 선양하는데 앞장섰다.[88]

김문규는 천주교 신자라는 인연과 상기 2명과 같은 직장 동료라는 인연으로 안중근과 인간적인 관계를 맺었다.[89] 정대호가 수분하로 간 뒤 김문규를 통하여 가족과 서신연락을 할 수 있었다. 두 아들과 부인 등 가족을 안전하게 하얼빈으로 망명시키는데 필요한 서신도 그를 통하여 이루었다. 두 사람은 아주 절친한 관계로 흉금을 터놓는 사이였다. 안중근도 교인 중 김문규에게 편지를 보낼 정도로 긴밀한 유대 관계에 있었다. 이는 삼흥학교 교사로 재직하면서 상호 신뢰를 바탕으로 동지적인 관계로 발전하였다.[90]

김경지는 삼흥학교 총무(일명 주무원 : 필자주)로서 학교 설립과 운영 실무를 맡았다. 본명은 金浩根이었는데, 1903년 3월 김경지로 개명하였다. 삼화항 신상회사 사원으로 재직하던 중 『황성신문』 속간에 즈음하여 5원을 의연하는 등 계몽운동에 적극적이었다.[91] 『대한매일신보』 한글판 발간에 대하여 기고문을 투고하는 등 한글 보급에도 지대한 관심을 보였다. 조영태와 함께 투고한 다음 글에서 이러한 의도를 엿볼 수 있다.

대뎌 학문이라ᄒᄂ거슨 잘비홧스면 보비로운거시나 그러ᄒ나 비호기가 극난ᄒ야 수십년 지리

ᄒ 셰월을 보내며 만흔 졍신과 젼직를 허비ᄒᄂ고로 통달ᄒᄂ쟈 젹으니 우리한국 녀ᄌᄂ 물

---

88) 『자유신문』 1946년 3월 27일 「屠倭先驅에 民族의 感謝, 內外要人들 參列로 盛大히 擧行 安重根義士追悼會」.

89) 국사편찬위원회, 「복명서」, 『한국독립운동사자료』 7, 345쪽.

90) 국사편찬위원회, 「기밀통발 제1982호」·「기밀통발 제111」, 『한국독립운동사자료』 7, 203～204쪽 · 286쪽.

91) 『황성신문』 1903년 3월 11～27일 광고, 3월 25일 기서.

론ᄒᄀ고 일쳔만되는 남ᄌ즁에 유식ᄒᆞᆫ 쟈가 십분의 일이 못되고 그ᄂᆞᆷ아는 다 무식을 면치 못ᄒ

쟈ㅣ라.

사ᄅᆞᆷ이 되여셔 글이 업스면 눈이 업는 것과 다름이 업셔 글과 말ᄒᄀ는 길이 쳔착ᄒ고 문견이 좁

아 의리를 아지 못ᄒᄀᄂ지라. 우리대한 국문은 나라의 본문일ᄲᆞᆫ더러 빈ᄒ기가 용이ᄒ야 이삼일

이면 능통ᄒᄀ는고로 녀ᄌ식지라도 보통ᄒᄀ는 글이라. 이거슬 즁히 녁여 슝상ᄒ면 이쳔만 동포의

보ᄂᆡ로운 거울이 아니되리오

다ᄒᆡᆼ이 귀샤에서 국문으로 신보를 발간ᄒ야 문명을 ᄀᆞᄅ쳐 보이니 우리 동포의 ᄒᆡᆼ복이라 만만

하례ᄒ오며 칭등의 쳔단ᄒᆞᆫ 지식의 두어 글ᄌ로 고ᄒ야 원ᄒ기는 귀샤에서 본국 디지와 력ᄉ와

법국 미국 ᄉ긔와 파란과 월남과 이급ᄉ긔와 각국 력ᄉ를 귀샤에서 국문으로 번역ᄒ야 발간ᄒ

시면 실노 이쳔만 남녀 동포의 보통지식을 발달ᄒ고 문명의 도음이 잇겠다ᄒ엿더라.[92]

한글 교육에 대한 강조는 근대교육 보급과 활성화를 도모하려는 의도였다. 이후 金貞鉉·金相燦 등과 진남포공립보통학교 교원과 학무위원으로 활동하는 등 교육가로서 명성을 얻었다. 1920년대에는 과수원 재배자로 변신하는 등 새로운 재배법 개발 등으로 농가부업에 많은 도움을 주었다.[93]

삼흥학교 교장을 역임한 한재호는 1900년 侍從院 分特御에 임명된 지방유지였다. 1903년 3월에는 中樞院 議官에 올랐다. 당시 『황성신문』 속간에 즈음하여 삼화항 증남포신상회사 사원들과 함께 의연금을 내는 등 문명사회 건설에 노력을 아끼지 않았다.[94] 1906년 6월에는 吳潤民 등과 平壤手形組合鎭南浦支所를 설립하여 金永權과 평의원에 피선되었다. 이는 민족자본을 육성하기 일환에서 비롯되었다. 안중근은 진남포 이거한 이후 그와 친분관계를 맺었다. 삼흥학교 설립과 동시에 교

92) 『대한매일신보』 1907년 8월 30일 긔셔 「삼화항 거ᄒᄀ는 죠영태 김경디 량씨가 본샤에 긔셔가 이ᄀᆞᆺ더라」.
93) 『황성신문』 1909년 11월 14일 관보 「학사」 ; 『동아일보』 1927년 1월 2일 「사업성공자열전(2) 네 번이나 실패 다섯 번째 성공」, 1930년 12월 20~21일 「내고장 명산 지상품평」 ; 김형목, 「안중근의 국내 계몽운동과 민족운동사상의 위상」, 『숭실사학』 29, 104쪽.
94) 김형목, 「안중근의 국내 계몽운동과 민족운동사상의 위상」, 『숭실사학』 29, 103쪽.

장을 맡는 등 민족교육 시행에도 적극적이었다. 그는 안중근의 민족교육이념을 교육현장에서 실천하였다. 교직원과 학생들의 일본유학생 단지동맹에 대한 의연과 국채보상운동 참여는 이를 반증한다. 보동학교나 야소교심상소학교 후원도 이러한 목적을 관철하기 위함이었다.[95]

이들은 안중근의거 이후 가족들 안전과 경제적인 후원을 위한 다양한 활동을 벌였다. 나아가 국제적인 연대 등을 통한 동양평화론 실천에도 동참하기를 주저하지 않았다.[96] 이후 국내외에서 전개한 민족해방운동은 바로 이러한 인연에서 비롯되었다고 해도 과언이 아니었다.

삼흥학교는 한재호·김능권·오일환·김경지 등과 신상회사의 경제적인 후원 등에 힘입어 안중근 형제들이 1906년 9 10월경에 설립했다. 그의 두 동생은 학교 설립자이자 재학생이었다. 국채보상 의연금 명단에는 교직원과 학생으로 구분·게재하였다. 안정근과 안공근은 모두 학생으로 나온다.[97] 삼흥학교가 근대교육사에서 차지하는 위상은 다음을 통하여 엿볼 수 있다.

三和港 龍井동에 創一私立學校허니 名曰三興이라. 校長 韓在호 校監 安東根(安重根의 오기 : 필자주) 主務員 金庚地 三氏가 多少學費를 隨力捐助而得一貰家허야 創立學校에 嚴立課程허야 使此一港 聰俊子弟로 入學四朔에 望有將進者 乃爲五十名也라. 敎師 吳日煥氏는 以本港海關 幇判으로 事務를 隨時畢了後에 不憚苦勞허고 卽入학校허고 多數學徒를 熱心敎授허는되 至若敎師之月料도 辭却不受허고 但以名譽로 晝宵勸課허야 養成人才허니 該氏는 可謂世界上 罕見之師表也로다. 今於陽曆 一月初吉에 該四氏가 帶同諸班學徒而先次試驗허고 次第演說中 彼盛我衰가 本非地育之不靈이며 亦非人材之不美라. 惟我는 膠守舊學之皮穀허고 昧沒新學之肯죠허야 前

---

95) 『大韓每日申報』1907년 4월 30일 광고 「斷指學生에 對허야 救恤金廣告」, 5월 12일 국채보상의연금(4월 22일) 「三和港 私立英語三興學校」, 6월 28일 광고 「鎭南海碑石동耶蘇敎高等尋常小學校建築義捐」, 1908년 2월 12일 잡보 「三港一光」.
96) 김형목, 「안중근의 '동양평화론' 구상」, 『안중근과 동양평화론』, 175~177쪽.
97) 『大韓每日申報』1907년 5월 29일 국채보상의연금수입광고 「三和港 私立英語三興學校」.

進發達이 今在人後ᄒ니 豈不 慨嘆哉아. 望須吾徒은 奮勵心志ᄒ야 勇往銳進에 諸般課條를 期圖
造詣즉 今日後立이 明日前進ᄒ야 此世界上 文明列國으로 於養義刮目相對를 功齒深望云云ᄒ니
其時傍聽本港府尹及 各官人 紳商諸氏가 莫不動心而感淚가 交丁ᄒ엿다더라.[98]

임원진은 교장 한재호, 교감 안중근, 총무 김경지, 명예교사 오일환 등이었다. 여기에서 안중근이 지향하는 교육관도 엿볼 수 있다. 국민국가 수립을 위한 인재 양성과 더불어 문명사회 건설의 역군을 양성하려는 의도였다. 교육시설로 천주교당 활용과 후원자·명예교사 등은 교인들로 천주교와 밀접한 관련성을 갖는다. 그럼에도 선교사업인 '종교계학교'라는 성격에서 벗어나 민족의식을 일깨우는 교육활동을 전개하였다. 교육적인 성과는 삼흥학교 교직원과 학생들 국채보상운동과 일본유학생단지동맹의연금 동참으로 나타났다.[99] 이는 학생들에게 시세변화를 절감시키는 교육현장이었다.

일본유학생의 '단지동맹'에 대해 자신도 3원을 의연하는 등 깊은 관심을 보였다. 교직원과 학생 등은 의연금 모집에 적극적이었다.[100] 단지동맹사건은 동학과 일진회에서 파견한 유학생 중 32명에 대한 학비 지원을 중단하면서 발생했다. 이들 중 22명은 단지동맹을 결행하여 해결책을 강구하고 나섰다. 이는 국내외적으로 커다란 반향을 불러 일으켰다. 노백린·유동열·이갑 등은 「의연금모금취지서」를 광고하는 등 적극적인 활동에 나섰다. 이는 1907년 2 4월 국채보상운동 모금과 더불어 중요한 사회문제였다. 각종 신문에 보도된 이와 관련된 수많은 기사는 이를 반증한다.[101] 유학에 의한 중등교육·고등교육에 대한 관심은 이를 계기로 크게 증폭되었다.

---

98) 『大韓每日申報』 1907년 2월 9일 잡보 「三興將進」.
99) 김형목, 「안중근의 국내 계몽활동과 민족운동사상의 위상」, 『숭실사학』 29, 106쪽.
100) 『大韓每日申報』 1907년 4월 30일 광고 「斷指學生에 對ᄒ야 救恤金廣告」.
101) 이용창, 「동학교단과 (합동)일진회의 일본 유학생 파견과 '단지동맹'」, 『동학학보』 22, 동학학회, 2011.

다양한 경험은 국외로 망명한 후 항일투쟁에 전념할 수 있는 든든한 기반이었다. 사립학교 설립이나 후원 등 교육활동과 국채보상운동 참여는 현실적인 현안을 보다 객관적으로 파악할 수 있었다. 서우학회나 서북학회 등에서 계몽활동은 인적 유대관계를 돈독하게 하는 요인이었다. 학회 임원진 대부분은 대표적인 비밀결사체인 신민회 회원이었다. [102]

하얼빈의거 이후 이토 죄상 15조 중 교육권 박탈과 경제권 침탈 등 지적은 경험적인 산물이었다. 교과서 압수 소각, 내외국 신문 구독금지, 교육 방해, 외국유학금지, 제일은행권 강제발행, 국채 강제부담, 철도·광산·산림·천택 등 강탈은 올바른 지적이다. 교육·계몽운동과 경제운동 참여는 세계사적 안목을 넓히는 토대였다. 나아가 『동양평화론』으로 승화되는 등 현실인식 심화로 이어졌다.[103] 다양한 경험은 현실인식 심화와 더불어 하얼빈의거를 결행할 수 있는 정신적인 지주나 다름없었다. 곧 계몽운동은 세계사적 흐름에 편승하는 동시에 시대소명을 실천하는 에너지원이었다.

6. 맺음말

안중근은 유복한 환경 속에서 출생·성장하였다. 부친 안태훈은 백암 박은식과 대등할 정도로 유명한 학자였다. 어린시절 신천군 청계동으로 이사는 많은 변화를 초래하였다. 지리적인 위치 등으로 포수들 내왕이 빈번한 이곳은 활달한 성격인 안중근에게 적절한 환경이었다. 무를 숭상하는 가풍으로 사냥을 즐기는 등 상무정신은 고조되었다. 후일 이토를 정확하게 저격할 수 있는 '출중한' 사격술은 이와 무관하지 않다.

천주교 세례와 각종 서적·신문·잡지 등 구독은 시세 변화를 심층적으로 절감하는

---

102) 유영렬, 『애국계몽운동 Ⅰ(정치사회운동)-한국독립운동의 역사 12』, 한국독립운동사편찬위원회, 2007, 271~277쪽.
103) 한상권, 「안중근의 국권회복운동과 정치사상」, 『한국독립운동사연구』 21, 54쪽.

밑거름이었다. 더줄어 신앙생활과 새로운 세계관에 입각한 현실문제를 파악하는 능력을 배양시켰다. 지적 호기심은 신·구 학문에 대한 균형적인 자세를 견지하는 원천이나 마찬가지였다. '해서교안' 등에 대한 好敎論 입장에서 벗어난 투철한 국가의식은 민권의식 확대로 이어졌다. 이는 동학농민군 진압 당시 가졌던 충군애국적인 인식에서 과감하게 탈피할 수 있었다. '열린 민족주의'에 입각한 정세 인식은 세계사적 흐름을 이해하는 에너지원으로 작용했다.

1905년 말경 상하이 등지로 유람은 국내외 정세에 대한 판단력 제고는 물론 현실인식을 심화시키는 결정적인 계기였다. 민영익이나 서상일과 만남은 국외에서 항일운동의 시기상조임을 절감시켰다. 르각 신부와 우연한 만남은 국권회복을 위한 첩경으로서 실력배양임을 다시 한 번 느끼지 않을 수 없었다. 부친 사망에 즈음하여 귀국한 후 진남포에서 전개한 육영사업이나 민족자본 육성을 위한 '삼합의' 운영 등은 원대한 계획을 실행한 현장이었다. 일제의 방해책동에 의한 사업 실패는 더욱 항일의식을 배가시키는 가운데 국권회복의 중요성을 절감하는 결정적인 계기였다.

1906년 봄 몇 개월 동안 서울에서 생활은 선각자들과 교류하는 기반을 구축할 수 있었다. 안창호·이갑·이동휘·김종한·유동렬 등은 이후 항일운동 전개에 많은 도움을 주었다. 안창호와 함께 한 연설회는 일제침략의 실상을 체험하는 생활현장이었다. 교육구국운동 일환으로 삼흥학교와 돈의학교를 설립·인수하는 등 민족교육에 매진하였다. 군사훈련에 버금가는 교육은 장차 독립군 간부를 양성하려는 일환이었다. 상무교육 실시는 선구적인 사례로서 주목되는 부분이다. 돈의학교는 1908년 9월 황해도와 평안도에 소재한 80여 개교 연합대운동회에서 당당히 우승을 차지하는 성과를 거두었다.

안중근은 상하이 등지로 유람하기 이전부터 근대교육에 높은 관심을 보였다. 삼화항 천주교당 내에 설립된 오성학교나 영어야학에 대한 후원은 이러한 인식에서 비롯되었다. 학교 운영 경험은 대학 설립에 의한 고등교육에 대한 관심으로 이어졌다. 그는 실제로 주교에게 대학 설립을 건의하였으나 거절당했다. 일본 유학생단지동맹에 대한 의연금 기부는 이러한 인식의 일단에서 찾아진다. 특히 중국 학생 진긔남 동참은 『동양평화론』에서 국제적인 연대를 강조하는 배경 중 하나였다.

'삼합의'라는 회사 운영은 일제의 경제적인 침략과 민족자본에 대한 탄압이 얼마나 집요하고 노골적으로 자행되는가를 체험하는 현장이었다. 국채보상운동에 적극적인 참여는 이와 무관하지 않았다. 온 가족의 동참은 진남포 주민들의 경쟁적인 참여를 유인하는 모범적인 사례로서 주목된다. 삼흥학교 교직원과 학생들 동참도 사회적인 책무를 일깨우는 교육현장이었다. 더욱이 모친인 조마리아의 의연금 모금에 적극적인 참여는 여성들의 경쟁적인 동참을 견인하는 요인이었다.

근대교육운동과 국채보상운동의 경험은 그의 현실인식을 심화시키는 요인 중 하나였다. 일제의 침략 강화는 무력에 기초한 독립전쟁을 모색하는 결정적인 계기였다. 연해주로 망명과 그곳 애국지사들과 연대한 의병전쟁은 이를 반증한다. 특히 진정으로 동양평화를 갈구한 사상가로서 진면목은 이러한 경험적인 산물에서 비롯되었다. 안중근 교육·계몽활동이나 국채보상운동에 주목하는 이유도 여기에 있다.

【참고문헌】

『대한매일신보(한글판)』, 『大韓每日申報(국한문혼용판)』, 『황성신문』, 『경향신문』, 『만세보』, 『해조신문』, 『권업신문』, 『신한민보』, 『독립신문(상해판)』, 『동아일보』, 『자유신문』, 『대한자강회월보』, 『서우』, 『서북학회월보』.

국사편찬위원회, 『대한제국관원이력서』, 1972.

_____, 『한국독립운동사자료집』 6~7, 1976~1977.

윤병석 편역, 『안중근전집』, 한국독립운동사연구소, 2011.

한국독립운동사연구소, 『안중근의사자료집』, 국학자료원, 2000.

김형목, 『대한제국기 야학운동』, 경인문화사, 2005.

_____, 『김광제, 나랏빚 청산이 독립국가 건설이다』, 선인, 2012.

신운용, 『안중근과 한국근대사』, 채륜, 2009.

안중근의사기념사업회, 『안중근과 그 시대』, 경인문화사, 2009.

_____, 『안중근 연구의 성과와 과제』, 채륜, 2010.

_____, 『안중근과 동양평화론』, 채륜, 2010.

안중근의사숭모회, 『안중근의사자서전』, 1979.

안학식, 『의사안중근전기』, 만수사보존회, 1964.

이 전, 『안중근혈투기』, 연천중학교기성회, 1947.

최서면, 『새로 쓴 안중근의사』, 집문당, 1994.

현광호, 『한국근대사상가의 동아시아 인식』, 선인, 2009.

김현철, 「개화기 한국인의 대외인식과 '동양평화' 구상」, 『평화연구』 11-1, 고려대
　　　평화연구소, 2003.

김형목, 「안중근의 '동양평화론' 구상」, 안중근의사기념사업회, 『안중근과 동양평
　　　화론』, 채륜, 2010.

_____, 「안중근의 동양평화론과 그 의미」, 『군사연구』 128, 육군본부 군사연구소,
　　　2010.

_____, 「안중근의 국내 계몽활동과 민족운동사상의 위상」, 『숭실사학』 29, 숭실
　　　사학회, 2012.

신용하, 「안중근의 생애와 사상」, 『한국사학』 2, 한국정신문화연구원, 1980.

정영희, 「안중근의 현실인식과 국권수호운동」, 『교육입국론과 항일독립운동』, 경인
　　　문화사, 2009.

조 광, 「안중근 연구 백년 : 현황과 과제」, 『안중근 연구의 성과와 과제』, 채륜,
　　　2010.

한상권, 「안중근의 국권회복운동과 정치사상」, 『한국독립운동사연구』 21, 한국독
　　　립운동사연구소, 2003.

안중근의 동의회 조직과 의병활동

박 환(수원대 사학과 교수)

1. 서언

안중근은 주지하는 바와 같이 20세기 한국민족운동사에 있어서 항일투쟁을 전개한 대표적인 인물로서 널리 알려져 있다. 뿐만 아니라 민족의 자존을 지킨 인격자로서 아울러 동양평화를 사랑하고 국제적 안목과 학문적 능력을 갖춘 인물로서 남북한뿐만 아니라 해외에서도 존경의 대상이 되고 있다. 그 결과 국내에서 뿐만 아니라 중국, 일본 그리고 최근에는 러시아지역에서도 그에 대한 연구가 활성화되어 안중근의 생애와 활동, 동양평화론 등에 대한 구체적인 내용들이 알려졌으며, 독립기념관, 국사편찬위원회, 국가보훈처 등에서 자료집 또한 출간되어 학계에 크게 기여하고 있다.

그러나 이러한 활발한 움직임은 대체로 안중근 개인에 초점이 맞추어져 있는 관계로 주변과의 관계 속에서 안중근을 바라보는 면이 부족하지 않나 하는 느낌이다. 즉 안중근을 논하기 위해서 무엇보다 중요한 것은 그의 러시아에서의 활동부분이라고 생각한다. 특히 그가 참여했던 同義會, 斷指同盟(同義斷指會) 등과의 관련이 주목되며,[1] 아울러 그의 활동에 밀접한 영향을 주었던 崔在亨, 嚴仁燮, 金起龍, 田明雲, 李剛 등 여러 인물에 좀 더 주목해야 하지 않을까 한다.

이에 본고에서는 안중근이 1907년 군대해산 이후 러시아 연해주로 이동하여 활동하였던 동의회, 단지동맹 등에 주목하여 러시아지역 민족운동선상에서 안중근의 위상에 대하여 살펴보고자 하는 것이다. 동의회는 1908년 연추(러시아명: 노우끼예프스크, 현재명: 크라스키노)에서 조직된 구한말 국권회복운동을 주도한 단체이다. 그러므로 스티븐스를 저격한 전명운 의사도 1908년 9월 블라디보스톡으로 와 이 단체에 가입하여 활동하였다.[2] 안중근 역시 동의회의 발기인이자 평의원으로서 활발한 국내진공작전을 전개하였던 것이다. 그러므로 안중근의 의거를 이해하기 위해서는 동의회에 대하여 조망하는 작업이 필요하다고 생각된다. 아울러 단지동맹 역시 안중근 의거에 직접적으로 영향을 미치고 있다. 이에 본고에서는 동의회, 단지동맹과 안중근과의 관계에 대하여 주목하고자 하는 것이다.

2. 안중근과 동의회

1) 재러한인의 민족의식 성장과 동의회의 결성

일본은 1905년 11월 을사늑약을 체결하여 한국의 외교권을 박탈하였다. 아울러

---

1) 이와 관련된 대표적 연구성과로는 다음의 것을 들 수 있다. 신운용, 「노령 한인을 중심으로 본 안중근」, 『21세기와 동양평화론』, 1996. 윤병석, 「안중근의 연해주 의병운동과 단지동맹회」, 『한국독립운동사연구』 14, 2000. 박민영, 「안중근의 연해주 의병투쟁연구」, 『한국독립운동사연구』, 독립기념관, 2010.

2) 안중근은 의거 후 체포된 후 가진 제2회 供述에서 블라디보스톡에서 전명운 의사와 3·4회 의견을 교환하였다고 언급하고 있다(국사편찬위원회, 『한국독립운동사-자료 7』, 1978, p.408) 전명운과 안중근은 같은 동의회 소속이었으므로 서로 동지적 결속을 가졌을 것이며, 전명운은 안중근이 의거를 일으키는데 직간접으로 많은 영향을 주었을 것으로 생각된다.

1907년 6월에 헤이그에서 개최된 만국평화회의에서 高宗이 파견한 李相卨, 李儁, 李瑋鍾 등 3인이 한국의 억울한 사정을 국제사회에 호소하려 하자 오히려 이를 기화로 고종을 강제로 퇴위시키고 황태자로 하여금 그 뒤를 잇게 하였다.[3] 또한 일본은 고종의 양위에 만족하지 않고 한일신협약(丁未七條約)을 체결하여 통감정치를 강화해 나갔다. 그로써 統監은 한국의 내정에 일일이 간섭할 수 있는 권한을 갖게 되었다. 이어 1907년 8월에 일본은 純宗의 허락을 얻어 군대를 아주 해산해 버렸다. 그리고 이에 저항하는 군인들은 2시간 여의 전투 속에서 진압되고 말았다.[4]

이에 안중근은 국내에서 8월 16일 두만강 건너 北間島 龍井으로 이동하여 의병투쟁을 전개하고자 하였다. 그러나 북간도 용정지역에도 일본군이 진출하여 통감부 파출소를 설치했기 때문에 행동이 자유롭지 못하였다.[5] 이에 안중근은 각 지방을 시찰한 후 10월 20일 경[6] 러시아지역으로 이동하였다. 즉 국경지대인 연추를 지나 블라디보스톡(해삼위)에 도착하였다. 당시 블라디보스톡에는 한인들이 4-5천명 정도 거주하고 있었으며, 학교도 두어 군데 있었고, 청년회도 조직되어 있었다. 안중근은 그곳에서 청년회에 가담하여 臨時査察로 활동하였으며,[7] 또한 국권회복을 위해서는 학교교육의 필요성을 강조하였다.[8]

그러나 안중근의 기본 생각은 무력을 통한 일제의 구축이었다. 그러므로 안중근은 당시 블라디보스톡에 있던 李範允을 찾아가 의병항쟁을 촉구하였다.[9] 이범윤은 北間島管理使로 활동하며 청국 병정들과 수없이 교전을 하였으며, 러일전쟁 당

---

3) 헤이그 밀사 사건 이후 고종의 강제퇴위, 군대해산 등에 대한 일제의 정책에 대하여는 러시아측 자료에 구체적으로 잘 나타나 있다. 플란손의 비밀 지급전보, 서울 1907년 7월 26일 No 46(독립기념관 소장)
4) 플란손의 비밀 지급 전보 서울 1907년 7월 26일 No. 46
5) 『권업신문』 1914년 7월 19일 「안중근전」
6) 위와 같음.
7) 『안중근의사자사전』, 안중근의사숭모회, 1990, p. 61
8) 『권업신문』 1914년 7월 19일자 「안중근전」
9) 국사편찬위원회, 『한국독립운동사- 자료 7』, p.396

시에는 러시아군을 도와 일본군과 전투를 벌인 후 러시아군이 패전하자 러시아군과 함께 러시아영토로 이동하여 활동하고 있는 인물이었다. 그러나 이범윤은 안중근의 의견은 원칙론적인 입장에서는 옳으나 재정과 무기 등을 마련할 수 없으므로 일단 사태의 추이를 보아가며 활동을 전개하고자 하였다. [10] 이에 안중근은 연해주에서 만난 동지 嚴仁燮과 金起龍과 의기투합하여 의형제를 맺었다. 엄인섭이 제일 큰형이 되고, 김기룡이 막내가 되었다.

안중근과 의형제를 맺은 엄인섭은 字는 鎭衡이고, 1877년 7월 24일생이다. 러시아에서 출생하였으며[11] 원적은 함북 鏡城이다.[12] 한국어는 잘하지 못하나 러시아어와 중국어에 능통한 인물이다.[13] 최재형의 생질이며, 1900년 의화단 사건시 러시아군에 종군하여 남만주에서 군사적인 공로를 세워 훈장을 탔다.[14] 러일전쟁 시에는 하얼빈 주둔 러시아 제1군단 본부의 통역으로 활동하였으며, 그 공으로 훈장을 받았다.[15] 1907년 헤이그밀사 사건시 이범진, 이범윤의 사자로서 서울에 가서 고종황제와 밀회하고 밀서를 봉정하였으며, 처음에는 이범윤, 이범진 등과 가까이 지내다 최재형의 세력이 된 인물이다.[16] 1908년 최재형의 부하이던 엄인섭은 귀화한인으로부터 금전을 징수하는 일을 담당하였다. 그러던 중 귀화한인을 일본 밀정이라 하여 살해하였기 때문에 러시아 관헌에 쫓기게 되었다.[17] 일제 측 정보에 의하면, 1910년 5월 현재 엄인섭 휘하에는 총 263명이 있었는데, 鹿坪(연추부근) 21명, 지신사(허) 13명, 수청 48명, 연추 일대 60명, 블라디보스톡 36명, 추풍 84명, 니꼴리스

10) 위의 책, pp. 62-63
11) 국가보훈처, 『아주 제일의협 안중근』 3, pp.398-399
12) 정태수, 「국치직후의 신한촌과 한민학교 연구」, 『수촌박영석교수화갑기념논총』, 1992, p. 1194.
13) 국가보훈처, 『아주 제일의협 안중근』 3, pp.398-399
14) 『한인신보』 1917년 9월 17일 강동쇤해
15) 국가보훈처, 『아주 제일의협 안중근』, pp388-399.
16) 국가보훈처, 『아주 제일의협 안중근』, pp.398-399.
17) 국사편찬위원회, 『한국독립운동사-자료 12』, 1908년 11월 23일, p.500.

크 51명 등으로 되어 있다.[18] 1910년대에는 6의형제 및 21형제, 그리고 권업회 경찰부원 등으로 활동하였다.[19]

안중근과 의형제를 맺은 동생인 김기룡의 이명은 金泰龍, 金泰勳 등이다. 1909년 당시 36세이며, 평남 평양 출생이며, 단지동맹원의 한사람이다.[20] 서울 보성학교를 졸업하였다.[21] 1907년 안중근과 함께 서울에서 블라디보스톡으로 왔으며[22] 안중근과 함께 연추에서 블라디보스톡으로 와 안중근의 이등박문 사살이 실패할 경우 블라디보스톡에서 거행하려고 하였다.[23]

안중근과 엄인섭, 김기룡 등은 서로 의병을 일으킬 것을 도모하고 연해주 각지를 다니며 의병봉기에 참여해줄 것을 호소하였다. 이에 다수의 동포들이 의병에 참여도 하고 군자금을 제공하기도 하였다. [24]

그러한 가운데 1908년 3월 연해주 지역의 의병이 최재형에 의해 주도적으로 전개되고 있었다. 아울러 뻬쩨르부르크에 있는 전주러한국공사 李範晉이 그의 아들 이위종을 연추로 보내어 군자금 만환을 기부하고 최재형, 이범윤 등과 함께 동의회를 조직하고자 하였다.[25] 이에 안중근은 이범윤, 최재형, 이위종 등과 함께 연추에서 조직되던 동의회의 발기회에 참여하게 되었다.[26]

동의회의 발기인 명단을 보면 지역적으로는 연추지역과 蘇城 즉 水淸(현재 빠르

---

18) 국사편찬위원회, 『한국독립운동사-자료 18』, p.263.
19) 『明治45年 6月調 露領沿海州 移住鮮人ノ狀態』(일본외무성사료관 소장 문서번호 3-8-2-267 제3권), p.138
20) 『明治45年 6月調 露領沿海州 移住鮮人ノ狀態』(일본외무성사료관 소장 문서번호 3-8-2-267 제3권), p.157
21) 『재외배일선인유력자명부』 김기룡조(하와이대 소장)
22) 국가보훈처, 『아주 제일의협 안중근』 3, p.398
23) 『明治45年 6月調 露領沿海州 移住鮮人ノ狀態』(일본외무성사료관 소장 문서번호 3-8-2-267 제3권), p.157
24) 위의 책, pp. 64-70.
25) 『권업신문』 1914년 8월 29일 「안중근전」;박환, 「구한말 러시아 연해주 최재형 의병연구」, 『한국독립운동사연구』 제13집, 1999.
26) 불령단관계잡건, 조선인부, 『재서비리아 5』, 「배일선인 이위종에 대하여」(국사편찬위원회 소장)

띠잔스크)지역, 그리고 이위종으로 대표되는 빼쩨르브루크세력을 들 수 있다. 연추
세력은 안중근을 비롯하여 최재형, 이범윤, 지운경, 장봉한,[27] 전제익, 전제악, 이승
훈, 이군포, 엄인섭, 백규삼, 강의관, 김길룡 등이며, 수청세력은 조순서, 장봉금, 백
준성, 김치여 등을 들 수 있다. 그리고 빼쩨르부르크 세력으로는 이위종과 그의 부
친 이범진 등을 들 수 있다. 즉 동의회는 빼쩨르부르크 세력의 후원하에 연추 지역
을 중심으로 해서 수청지역의 인물들이 가담하여 조직된 것이라고 할 수 있다.[28]

안중근 등 동의회 발기인들은 1908년 4월 연추 얀치혜 최재형 집에서 회의를
개최하고, 동의회를 조직할 것을 결의하였다. 이어서 그들은 수백 명이 참석한 가운
데 총회를 개최하고, 총장, 부총장, 회장, 부회장, 기타 임원의 선거를 시행하였다. 회
장 이하임원의 선거를 행한 결과 총장 최재형, 부총장 이범윤, 회장 이위종, 부회장
엄인섭, 서기 白圭三 등으로 되었으며, 안중근은 평의원으로 선출되었다.[29]

1908년 4월 동의회는 조직을 내외에 널리 알리기 위하여 블라디보스톡에서
간행되던 한글 민족지인 『해조신문』에[30] 그 취지서를 게재하였다.[31] 「동의회취지
서」에서는 당시의 조선의 상황에 대하여 위로는 국권이 소멸되고 아래로는 민권이
억압되고 있다고 통탄하고 있다. 이에 안중근 등은 나라의 독립을 이루고자 할 때
는 몸과 마음을 바쳐 단체를 조직하여 의기를 떨쳐야 함을 주장하였던 것이다. 아
울러 동의회에서는 단체를 조직한 후에는 교육을 통하여 민족의식을 고양시키고,
지식을 밝히며 실력을 길러 단체를 일심동맹하는 것이 가장 바람직한 길이라고 강
조하였던 것이다. 또한 동의회에서는 조국을 구하기 위하여 민족정신의 함양, 지식

---

27) 백두산정계비 문제에 관여하였고, 을사조약이후에는 의병으로 그리고 그 이후에는 러시아지
    역에서 독립운동을 전개하다가 1920년 블라디보스톡 러시아병원에서 병으로 사망하였다(『자
    유보』 3호 1920년 10월 3일자, 대한국민의회 발행, 「쟝최량씨별세」)
28) 박환, 「구한말 러시아 연해주 최재형의병 연구」, 『한국독립운동사연구』 13, 1999 참조
29) 『재서비리아 5』, 「배일선인 이위종에 대하여」
30) 박환, 「해조신문」, 『러시아한인민족운동사』, 탐구당, 1995 참조
31) 『해조신문』 1908년 5월 10일 별보

을 통한 실력양성, 단체조직을 강조하였다. 이러한 동의회의 정신은 일찍이 안중근이 『해조신문』 1908년 3월 21일자에 기고한 「인심을 결합하여 국권을 회복하자」라는 글에서,

> 우리동포들아! 각각 「불화」 두 자를 깨뜨리고 「결합」 두 자를 굳게 지켜 자녀들을 교육하며 청년
> 자제들을 죽기를 결심하고 속히 우리 국권을 회복한 뒤에 태극기를 높이 들고 처자권속과 독립
> 관에 서로 모여 일심단체로 육대주가 진동하도록 대한독립만세를 부를 것을 기약하자

라는 내용과 일맥상통한다고 볼 수 있다.

안중근은 동의회의 목적은 患難相救에 있으나 同會員 중에는 의병에 가담한 자가 많다고 하여 의병적 성격이 강하였음을 밝히고 있다.[32] 그리고 일본측 첩보기록에,

> 동회원의 주된 자는 嚴仁燮, 安應七, 白圭三, 李京化, 金起龍, 姜昌斗, 崔天五 등 모두 폭도두목이
> 다.[33]

라고 하여 안중근, 엄인섭, 백삼규, 이경화, 김기룡, 강창두, 최찬오 등을 모두 "폭도두목"이라고 지목하고 있는 점을 통해서도 그 의병적 성격을 파악할 수 있다.

동의회는 1905년 이후 러시아지역에 있는 모든 항일의병세력의 결합이라는 측면에서 중요한 의미를 갖는 것이라고 생각된다. 이 단체는 이범윤 중심의 의병세력이 그 모태가 되었으며, 여기에 더하여 최재형의 자금과 인적자원(귀화한인, 러시아인), 그리고 이범진, 이위종 부자의 외교적인 노력과 자금 지원이 중요한 역할을 하였다. 지역적으로는 연추를 중심으로 이루어졌으나, 수청의 의병도 다수 가담하고

---

32) 박민영, 『대한제국기 의병연구』, 한울, 1998, p.293
33) 국사편찬위원회, 『한국독립운동사-자료 7』, 1909년 11월 29일, p.218

있다. [34) 즉 동의회는 연추세력을 정점으로 수청 등 연해주 일대의 한인세력을 바탕으로 조직된 것이라고 할 수 있다.

동의회 결성에 있어서 중요한 역할을 한 인물은 최재형과 이범윤, 이범진 등이었다. 동의회의 결성은 최재형으로 대표되는 재러한인사회와 이범윤으로 대표되는 이주세력과의 결합이라는 측면에서 중요한 의미를 지닌다고 할 수 있다. 그리고 러시아 중앙 당국과의 교섭 등 중요한 부분은 주러 한국공사였던 이범진이 주로 담당하였던 것 같다. 그러나 이들 3세력의 공통점은 그들이 親露派였다는 점과 조선에 대한 강한 애국심을 갖고 있다는 점이다. 이들 가운데 가장 강력한 세력은 최재형세력이었다.

최재형은 연해주에 있던 한인운동 세력 중 가장 강력한 세력으로 일본측에 의하여 평가된 인물이다.[35) 그는 주지하는 바와 같이 함경북도 출신으로 1860년대 러시아에 이주한 인물로서 러시아에 귀화한 귀화한인이다. 그는 귀화한인 중 가장 대표적인 자산가 중의 한 사람이며, 러시아의 신임도가 두터운 인물로서 연추지역의 행정책임자인 都憲이었다.

즉 안중근은 최재형 세력이었던 것이다. 그러므로 유인석은 "안중근은 崔都憲의 領兵이었으며, 도헌가에 머물기도 하지 않았습니까"라고[36) 하였던 것이다. 또한 안중근은 이등박문의 포살을 하기 전에도 최재형가에 머물고 있었다. 우덕순은 자신의 회고, 「우덕순선생의 회고담」에서,

거기서(블라디보스톡-필자주) 한 육칠백 리 떨어져 있는 연추라는 곳에는 아마 조선인 중에 제일 유력한 최재형이라는 사람이 있어 우리 일을 많이 돌보아주었는데 안중근은 그때 거기 가서 있다가 전보를 받고 8일 저녁에 돌아왔습니다

---

34) 국사편찬위원회, 『한국독립운동사-자료 13』, 1909년 2월 23일, p.470
35) 국사편찬위원회, 『한국독립운동사-자료 7』, 1910년 1월 11일, p.284
36) 『毅菴集』 상권 p. 308. 與崔, 1909년 10월(음)

라고 하고 있는 것이다.[37]

2) 同義會의 의병활동과 안중근

러시아지역에서의 한인들의 의병활동은 1907년 군대해산 이후 본격적으로 전개되기 시작하였을 것으로 추측된다. 그리하여 남우수리지방 러시아 국경전권위원 스미르노프가 연해주 군무지사 플루크에게 보낸 보고서에 따르면, 1908년 4월까지 연해주로부터 약 1천명의 의병이 북한으로 넘어 들어갔다고 밝히고 있다.[38] 이러한 보고를 통해서 볼 때 동의회는 활발한 국내진공작전을 전개하기 시작하였던 것으로 보인다. 동의회는 부대를 100명 내외의 소부대로 나누어 비교적 일본수비대의 경비가 취약한 지점을 골라 산발적인 도강 상륙작전을 전개하였던 것이며, 국내진공에 성공한 각 부대는 함경도 甲山, 茂山 등 예정 지점에 집결하여 장기적이며 항구적인 국내항쟁을 시도하고자 하였다.[39] 이러한 동의회의 의병활동은 한국의 북부지역에서의 한인의병활동에서 큰 영향을 받은 것으로 생각된다. 러시아측 1908년 5월 14일자 보고에서도,[40] 북한지역 한인들의 의병활동이 활발함을 알려주고 있을 뿐만 아니라, 이들의 활동이 만주와 러시아지역에 있는 의병들의 국내진공을 고무시키고 있음을 보여주고 있다.

이처럼 국내에서 의병활동이 성공적으로 진행되고 러시아 지역에서도 국내진공작전이 활발히 전개되기 시작하자 이위종은 연추 지역의 최재형을 방문하여 국내진공작전에 대하여 논의하였다. 이에 러시아 지방당국은 이위종에게 즉각적인 추

---

37)「우덕순선생의 회고담」, p.206.
38) 1908년 4월 5일자로 남우수리스크 지역 국경수비위원이 연해주 군총독께 보낸 보고서
39) 정제우,「연해주 이범윤 의병」,『한국독립운동사연구』11, 독립기념관 한국독립운동사연구소, 1997, p.13
40) 1908년 5월 14일 남우수리스크 지역 국경수비위원회가 연해주 군총독께 보낸 보고문(국사편찬위원회,『한국독립운동사–자료 34』러시아편 1)

방을 요청하였다. 그리고 뽀시에트 경찰서장에게 최재형을 소환하여 그에게 러시아 공민으로서 한인애국자들의 활동에 개입하지 말도록 설명하게끔 지시하였다.[41]

한편 한인들의 국내진공활동 및 준비에 국경지대의 일본인들은 이를 크게 두려워하였으며, 러시아 지역에 밀정을 파악하는 한편 군대를 전진 배치하여 재러 의병들의 국내진공에 대비하고자 하였다.[42]

일본측의 이러한 대비에도 불구하고 최재형이 이끄는 동의회와 이범윤이 이끄는 彰義會 등 연해주의병들은 6월말과 7월 초에 두만강 하류에 있는 일본 소규모부대를 궤멸시켰다. 그리고 그 이후에도 계속적으로 일본군을 공격하였다.[43]

당시의 상황을 안중근은 자신의 자서전 『안응칠역사』에서,

> 그때 金斗星과 이범윤이 모두 함께 의병을 일으켰는데 그 사람들은 전일에 이미 總督과 大將으로 피임된 이들이요, 나는 參謀中將의 책으로 피선되어 의병과 군기 등을 비밀히 수송하여 두만강 근처에서 모인 다음 큰 일을 모의하였다.(중략) 그때 여러 장교들을 거느리고 두만강을 건너니 때는 1908년 6월이었다. 낮에는 엎드리고 밤길을 걸어 함경북도에 이르러 몇 차례 충돌하여 피차간에 혹은 죽고 상하고, 혹은 사로잡힌 자도 있었다

라고 하였다. 또한 자신이 김두성과 이범윤 휘하의 참모중장임을 밝히고 있다. 특히 안중근은 러시아 블라디보스톡에서 간행된 한글 민족지 『대동공보』 1910년 4월 28일자에 실린 「안의사중근 공판기」에서, "나는 의병 총대장은 강원도 김두성인데 그 부하는 각지에 이범윤 등 부장이 있으며 나는 김대장의 직속한 특파독립대장

---

41) 위와 같음
42) 일본은 일찍이 1907년 8월 5일 러시아국경과 가까운 함경도 회령과 나남에 두 개의 요새를 건설하기로 결정하였으며, 요새 건설에는 1,000 만엔이 소요될 예정이라고 한다.(플란손의 비밀지급전보 서울 1907년 7월 26일 No.46)
43) 1908년 7월 15일자 노보키예브스크 국경수비위원이 보낸 한국과 만주 국경에 대한 보고(국사편찬위원회, 『한국독립운동사—자료 34』 러시아편 1)

이다"고 하고 있다. 1908년 7월 7일 안중근은 최재형이 이끄는 동의회와 이범윤이 이끄는 창의회 등 동지 300여명과 함께 右令將으로서 포병사령관 鄭警務(鄭濟岳, 前城津 경무관), 左令長 엄인섭 등과 함께 두만강 연안 新阿山 부근 洪儀洞을 공격하였다.[44] 그리고 경흥군 수비대 병사 2명과 헌병 1명을 사살하였다.[45] 당시 홍의동 전투에 대하여 『권업신문』 1914년 8월 29일자 「안중근전」[46]에는 다음과 같이 묘사하고 있다.

> 6월 초나흗날(음력-필자주)에 군사를 거느리고 두만강을 건너갈 제공은 우영장이 되었더라. 목허우(뽀시에트-필자주)에서 어둡기를 기대하여 목선을 타고 경흥군 호의동에 이르러 상륙하니 밤이 이미 깊은지라. 일제히 산협사이에 숨었다가 동방이 훤하야 올 제 남방으로 오는 일 군사를 엄습하여 처음으로 승전하고

이처럼 활발한 활동을 전개하던 안중근 등 연해주 동의회 의병은 1908년 7월 19일 회령 靈山에서 일본군에게 패배하고 말았다.[47] 그 후 8월 4일 엄인섭이 이끄는 부대 20-30명이 두만강을 건너 西水羅의 일인어장 大成組를 습격, 일본인 10여명을 살상하는 성과를 거두기도 하였으나 연해주의병은 영산 전투를 계기로 그 세가 꺾이고 말았던 것이다.[48]

특히 안중근이 이끄는 부대의 경우 안중근이 포로를 국제공법에 따라 석방하였다가 오히려 역공을 당하여 국내진공작전에 큰 차질을 빚게 되었다. 그리하여 안중

---

44) 박민영, 앞의 논문, pp.307-308;국사편찬위원회, 한국독립운동사 자료 7, p.244
45) 국사편찬위원회, 『한국독립운동사- 자료 11』, pp.462-463
46) 윤병석, 「안중근의사 전기의 종합적 검토」, 『한국근현대사연구』9, 1998 참조
47) 박은식, 『안중근전』(『한국학연구』4, 별집, 인하대학교 한국학연구소, 1992), p.133;『권업신문』 1914년 8월 23일, 「안중근전」 9회에서는 안중근이 동의회를 모집하여 영산전투에 참여하였음을 밝히고 있다.
48) 국사편찬위원회, 『한국독립운동사-자료 14』, pp.689-691;『한국독립운동사 -자료 11』, p.597, 『한국독립운동사- 자료 7』, p.276

근은 동료들로부터 배척 당하였으며, 연추로 돌아온 후에는 블라디보스톡, 하바로
브스크, 수청 등지를 전전하여 재기를 모색하였다. [49]

이러한 가운데 안중근은 수청에서 혹은 교육에 힘쓰기도 하고 사회 단체도 조직
하며 재기를 모색하고 있었다.[50] 즉, 1909년 음력 1월 25일에 안중근은 김기룡 등과
함께 연추 한인 一心會를 조직하였다. 그리고 그는 평의원으로서 최행륜, 박준보, 김
윤삼, 오영근, 김병낙, 고문약, 이차서 등과 함께 활동하였다. 회장은 김길량, 부회장 김
지창, 평의장 김병호, 사찰 박이완, 박창순, 박이근, 김도현, 김기풍, 서기 김기룡 등이
었다. 이 연추 한인 일심회에서는 그 규칙으로서 다음과 같은 것을 주장하였다.

1. 본회의 목적은 우리 한국인이 일심단체하여 동종을 상보하며 아무쪼록 문명에 인진하여 외
국인의 수모를 면케할 사.
1. 우리동포 중에 아편을 엄금할 사

즉 연추 한인 일심회에서는 우리 한국인이 일심 단체할 것, 아편을 금지할 것 등
을 주장하였던 것이다. 아울러 입회금은 1원으로 하였다.[51]

또한 1909년 1월 수청에서 朴春成, 韓起洙 등과 함께 주도하여 30여 명의 의병
들을 데리고 연추로 이동하여 연해주 의병을 재기하고자 노력하였다.[52] 이처럼 수
청지역에서 활발한 활동을 전개하던 안중근은 一進會 회원들에게 체포되어 죽을
고생을 겪기도 하였다.[53]

---

49) 『안중근의사자서전』, pp.72-87
50) 위의 책, p.87
51) 국사편찬위원회, 『한국독립운동사-자료 13』, 1909년 2월 23일, p.470;『대동공보』 1909년 3
월 17일 잡보, 「연추한인일심회 취지서, 규칙대개」
52) 국사편찬위원회, 『한국독립운동사- 자료 13』, pp.469-470
53) 『안중근의사자서전』, pp. 87-89.

3. 斷指同盟과 안중근

연주 지역에서 동의회 조직이 가능하였던 것은 최재형이라는 큰 부자가 연주 지역에 거주하였기 때문에 가능하였다. [54] 최재형은 많은 자산의 소유자였으므로 동의회의 조직과 운영, 활동에 드는 비용 대부분을 지출하였을 것으로 생각된다. 또한 국경을 넘어 러시아로 이동하는 대부분의 항일운동가 역시 거의 모두 최재형의 신세를 졌던 것이다. 여기서 물론 안중근도 예외일 수 없다. 안중근 역시 최재형의 재정적인 후원을 받을 수 있는 연주 지역을 중심으로 거주하였으며, 활동하였던 것이다.

최재형의 휘하세력인 안중근은 1909년 2월 7일[55] 연주 근처 카리(下里)[56] 김씨 성을 가진 사람의 여관에서[57] 김기룡, 백규삼 등은 의병활동에 대하여 협의하고 단지동맹(同義斷指會)를 결성하였다.[58] 아울러 안중근은 엄인섭과 함께 이등박문을, 그리고 김기룡 등은 李完用, 朴濟純, 宋秉峻 등을 암살하기로 하고 하늘에 제사를 지냈던 것이다.[59]

안중근은 단지동맹 결성에 대하여 다음과 같이 자신의 자서전에서 언급하고 있다.

이듬해(1909년) 己酉 연추 방면으로 돌아와, 동지 12인과 상의하되,

「우리들이 전후에 전혀 아무 일도 이루지 못했으니 남의 비웃음을 면하기 어려울 것이요. 뿐만

---

54)『재시비리아 2』,1911년 4월 29일 浦鹽지방 선인 상황의 건
55)『권업신문』1914년 8월 23일자「안중근전」9회
56)『대동공보』1910년 4월 28일자「안의사중근씨공판」, '카리'는 '가리'라고도 하며 러시아명으로는 '옌치아 다지치프'라고도 한다고 한다(윤병석, 위의 논문, p. 122. 주 24번 참조) 그러나 1908년도에 제작된 당시 지도(1908년도 연해주 남부 우스리스크지도, 독립기념관 소장)의 마을 명칭에 나타나고 있지 않으며, 2001년도 7월 18일 현지 답사 중 쥬카노바 마을 면장인 갈리나 표도로부나 역시 이 지명에 대하여 모르고 있었다. 앞으로 좀더 검토의 여지가 있지 않나 한다.
57) 국사편찬위원회,『한국독립운동사- 자료 7』, p.400
58) 국사편찬위원회,『한국독립운동사-자료 13』, 1909년 3월12일, p.803
59) 국사편찬위원회,『한국독립운동사-자료 7』, p.276

아니라 만일 특별한 단체가 없으면 어떤 일이고 간에 목적을 달성하기가 어려울 것인 즉, 오늘 우리들은 손가락을 끊어 맹서를 같이 지어 증거를 보인 다음에, 마음과 몸을 하나로 묶어 나라를 위해 몸을 바쳐, 기어이 목적을 달성하는 것이 어떻소

하자, 모두가 그대로 따르겠다 하여, 마침내 열 두 사람이 각각 왼편 손 藥指를 끊어, 그 피로서 태극기 앞면에 글자 넉자를 크게 쓰니 대한독립이었다.

쓰기를 마치고, 대한독립만세를 일제히 세 번 부른 다음 하늘과 땅에 맹세하고 흩어졌다. [60]

라고 하여 각기 무명지를 끊어 맹세한 후에 그 피로서 태극기에 '대한독립' 네 글자를 쓰는 상황을 상세히 묘사하고 있다. 이때 안중근이 태극기에 쓴 "大韓獨立" 4글자는 『권업신문』 1914년 8월 23일자에 게재되어 있어 한인들의 민족의식 고취에 크게 기여하였다.

또한 안중근은 직접 맹약의 취지서를 작성하였는데[61] 『권업신문』 1914년 8월 23일자 「안중근전」에 실린 그 내용을 보면 다음과 같다.

오늘날 우리 한국인종이 국가가 위급하고 생민이 멸망할 지경을 당하여 어찌하였으면 좋을 방법을 모르고 훗날 좋은 때가 되면 일이 없다 하고 혹은 왈 외국이 도와주면 된나 하나 이 말은 다 쓸 때 없는 말이니 이러한 사람은 다만 놀기를 좋아하고 남에게 의뢰하기만 즐겨하는 까닭이라.

우리 二천만 동포가 일심 단체하여 생사를 불고한 연후에야 국권을 회복하고 생명을 보전할지라. 그러나 우리 동포는 다만 말로만 애국이니 일심단체이니 하고 실지로 뜨거운 마음과 간절한 단체가 없으므로 특별히 단체를 조직하니 그 이름은 同義斷指會라.

우리 일반 會友가 손가락 하나씩 끊음은 비록 조그만 한 일이나 첫째는 국가를 위하여 몸을 바치는 빙거요. 둘째는 일심단체한 표라.

오늘날 우리가 더운 피로써 청천백일지하에 맹세하오니 자금 위시하여 아무쪼록 이전 허물을 그치고 일심 단체하여 마음을 변치 말고 목적을 도달한 후에 태평동락을 만세로 누리 옵시다.

---

60) 『안중근의사 자서전』, p.89
61) 『대동공보』 1910년 4월 28일자 「안의서중근씨공판」

즉 안중근은 우리 이천만 동포가 일심 단체하여 생사를 무릅쓰고 투쟁을 전개하여야 조선의 독립을 달성할 수 있다고 믿고 이를 이루기 위하여 동지 11명과[62] 함께 단지동맹을 조직하였던 것이다. 이 단지동맹의 결성은 회령 영산 전투 패배이후 자신과 동지들의 위상 회복과 국권회복을 위한 강한 의지를 반영한 것이라고 볼 수 있다. 즉 안중근이 공술에서 "단지한 당시는 민심이 산란하고 또 나를 믿는 자가 없으므로 나는 국가를 위해 진력하는 열심을 타인에게 보이어 민심을 수습하기 위해 단지한 것이다"[63] 라고 언급하고 있는 점은 당시의 심정을 잘 반영한 것이라고 생각된다. 안중근이 특히 12인의 동지를 중심으로 소규모로 결사대를 조직하여 항전하고자 한 것은 당시 의병전쟁의 분위기가 점차 식어 가는 가운데 이루어진 투쟁 방략의 일환이었다고 볼 수 있다.

---

62) 11명의 동지명단은 자료에 따라 약간 차이가 있다. 앞으로 보다 면밀한 검토가 필요할 것 같다. 엄인섭, 김기룡 등이 포함된다는 기록이 있고(국사편찬위원회, 『한국독립운동사 −자료 7』, p.279), 안중근의 6회 공술에서는 지금까지 단지동맹에 대한 것은 모두 허위이다. 진실을 진술하겠다고 하고 11명의 동지의 이름과 역할, 나이, 출신지 등을 언급하고 있다. 이를 보면 이들은 모두 의병출신이며, 20대와 30대 중심을 이루고 있다. 안중근이 맹주이며, 김기룡이 경무관을 맡고 있다. 안중근, 김기룡, 姜起順(姜基順), 鄭元桂(鄭元柱), 朴鳳錫(朴周錫), 柳致弘, 曹順應, 黃吉秉, 白南奎, 金伯春, 金天化, 姜計瓚 등이 그 명단이다. 이 중 백남규는 '白南圭' 또는 '白南垓'이라고도 하며 서울출신으로 이범윤의 부하였다는 기록이 있다. 또한 유치홍은 신한촌 거주자로 청부업 재산가로 알려져 있고, 정원주는 서울 출신으로 1904년경 미국에 가 회사원으로 일한 지 2년후에 한국에 돌아온 인물로 알려져 있다. 또한 白元甫도 단지동맹원으로 알려져 있는데 그는 李甲派로 대동공보 비밀 통신원, 자선공제회 회원으로 활동하였으며, 황길병은 '黃吉腰'로도 알려져 있다. 강기순은 안중근의 동생 安定根과 동거한 인물로 알려졌고, 조응순은 함경도 갑산출신으로 1912년 3월 중국인을 살해한 혐의를 받기도 하였다. 韓宗浩도 단지동맹의 일원으로 알려졌으며, 안중근이 이등박문사살을 실패할 경우 김기룡과 함께 거사할 인물로 파악되었다(『明治45年 6月調 露領沿海州 移住鮮人ノ 狀態』(일본외무성사료관 소장 문서번호 3-8-2-267 제3권) 즉 위의 자료들에서 보는 바와 같이 단지동맹의 인적구성에 대하여는 차이가 있음을 알 수 있다. 즉 백원보, 한종호 등도 단지동맹원으로 거론되고 있는 것이다. 한편 단지동맹원의 일원으로 알려진 趙應順이 1922년 체포되어 공술한 내용에 따르면 현존자로서는 자신과 우수리방면의 姜順圭(경기도), 흑하의 김기룡(평안도), 姜昌斗(평양), 葛化千(강원도)등을 언급하고 있다(불령단관계잡건 조선인부 조선인과 과격파 2(문서번호 432-2-1-11, 일본외무성살간소장), 조응순공술개요)

63) 국사편찬위원회, 『한국독립운동사− 자료 7』, p.401

안중근이 단지동맹을 결성했던 장소는 연추 카리(下里)이다. 이곳은 현재 크라스키노 쮸카노바 마을에서 훈춘 방향 산중으로 추정된다. 카리에 대하여 안중근은 供述에서,

카리(연추와 훈춘의 사이에 있다. 러시아와 청국의 국경이라 한다)는 山中의 寒村으로 5,6호의 韓家가 있다. 아마 러시아령일 것이다. [64]

라고 언급하고 있다.

안중근은 그 후 연추에 집을 지어 살며, 1909년 음력 7월 10일 경부터[65] 블라디보스톡에서 간행되고 있던 한글 민족지인 대동공보의 探訪員을 하며 또한 대동공보의 중간판매인으로 배달부 2·3명을 거느리며 [66] 앞일을 모색하고 있었다.

4. 안중근과 전명운

1908년 3월 23일 전명운, 장인환 등이 샌프란시스코에서 친일인사인 미국인 스티븐슨을 저격하였다는 소식이 러시아에도 전해졌다. 『해조신문』 1908년 4월 4일자, 1908년 4월 5일, 4월 7일자에 이 내용이 소개되고 있었다. 또한 1908년 4월 21일자 『해조신문』 1면 별보에도 「須知分氏의 砲殺詳報」가, 5월 7일자에도 별보에서 1면 전체에 「須知分砲殺詳報」가 보도되고 있었다. 당시 국내의병운동에 실패한 안중근 역시 전명운 의사의 스티븐슨 포살 소식을 접하였을 것이다.

이에 블라디보스톡에 살고 있는 洪順日, 黃鳳龍, 이형욱 등 재러 한인들도 전명운, 장인환 두 의사를 돕는 의연금 모금발기회를 결성하고 의연금 모금에 앞장섰다.

---

64) 국사편찬위원회, 『한국독립운동사－ 자료 7』, pp.398-399
65) 국사편찬위원회, 한국독립운동사－ 자료 7, p.397
66) 국사편찬위원회, 『한국독립운동사－ 자료 7』, p. 263

해조신문 1908년 4월 7일자 「의연금 모집발기문」에서는,

> 미국 각 지방에 있는 동포들이 양군의 의거를 흠모하므로 각기 의연금을 모집하여 옥중에 든 양군을 구제코자 한다하니 슬프다 양군의 의거는 가히 일월과 빛을 다툴 만 하니 어찌 사랑하고 흠탄하지 않으리오. 우리들도 또한 타국 영토에 있을 지라도 조국에 대한 정신은 그 동포와 일반이라. 아라사 영토에 있는 우리들이 수십 만 명에 이르니 저 양군과 같은 충의지사가 어찌 없으리요. 그러하니 우리도 면목이 있으면 우리의 의무를 다해야 하는 지라. 그럼에 본인 등이 양군을 위하여 의연금 모집함을 발기하고 이에 공포하나니(후략)

라고 하여 우리 러시아지역에서도 장인환, 전명운 같은 의사가 나와야 함을 강조하고 있다.

이처럼 당시 러시아지역에서도 친일파 또는 일본의 중심인물을 저격하고자 하는 분위기가 있었을 것이며 이러한 움직임은 1908년 10월 6-7일경 전명운 의사가 블라디보스톡으로 옴으로써[67] 더욱 고양되었을 것으로 보인다. 전명운이 블라디보스톡에 오자 그의 의거를 칭송하는 환영회가 수 차례 열렸으며[68] 이를 통하여 많은 애국지사들이 저격을 통하여 일제의 중심인물을 제거하고자 하는 느낌을 받았을 것으로 보인다.

안중근 역시 예외는 아니었을 것이다. 그러므로 안중근은 블라디보스톡 한인 개척촌에 있는 李治坤 경영의 하숙집에 기거하고 있는[69] 전명운을 3-4차례 만나 의견을 교환하였다. 특히 안중근은 그와 만나 조국의 독립을 위한 민족의식 고취와

---

67) 1908년 재미국제국대사관고겸한국의정부고문 스티븐슨씨조거일건 4-2-5-233(일본외무성 사료관) 명치 41년 12월 21일 전명운 소재의 건.
68) 1908년 재미국제국대사관고겸한국의정부고문 스티븐슨씨조거일건 4-2-5-233(일본외무성 사료관) 명치 41년 12월 1일 접수.
69) 1908년 재미국제국대사관고겸한국의정부고문 스티븐슨씨조거일건 4-2-5-233(일본외무성 사료관) 명치 41년 12월 21일 전명운 소재의 건.

일제와의 투쟁 방법에 대하여 논의하였다. 안중근은 전명운 의사를 만남 소감을 일제경찰조사에서 "나이는 어렸으나 心事가 强情한 청년이었다"고 술회하고 있는 것이다. 한편 전명운은 블라디보스톡에 머물고 있으면서 안중근이 참여한 동의회에 참여하기도 하였다[70] 이러한 여러 점으로 보아 안중근 의거는 전명운의 영향을 많이 받은 것으로 추정된다.

5. 결어

1905년 이후 러시아 연해주지역에서 일제에 대항하여 의병투쟁이 전개되기 시작하였다. 특히 1908년에 연추에서 조직된 동의회는 그 중추적인 역할을 담당하였다.

1908년 7월 7일 안중근은 최재형이 이끄는 동의회와 이범윤이 이끄는 창의회 등 동지 300여명과 함께 우영장으로서 포병사령관 정경무, 좌영장 엄인섭 등과 함께 두만강 연안 신아산 부근 홍의동을 공격하였다. 그리고 경흥군 수비대 병사 2명과 헌병 1명을 사살하였다.

이처럼 활발한 활동을 전개하던 안중근 등 연해주 동의회 의병은 1908년 7월 19일 회령 영산에서 일본군에게 패배하고 말았다. 특히 안중근이 이끄는 부대의 경우 안중근이 포로를 국제공법에 따라 석방하였다가 오히려 역공을 당하여 국내 진공작전에 큰 차질을 빗게 되었다. 그리하여 안중근은 동료들로부터 배척 당하였으며, 연추로 돌아온 후에는 블라디보스톡, 하바로브스크, 수청 등지를 전전하여 재기를 모색하였다.

이러한 가운데 안중근은 수청에서 혹은 교육에 힘쓰기도 하고 사회 단체도 조직하며 재기를 모색하고 있었다. 즉, 1909년 음력 1월 25일에 안중근은 김기룡 등과

---

70) 장일백, 『의사 전명운』, 집문당, 1997, p.187.

함께 연추한인 일심회를 조직하였다. 그리고 그는 평의원으로서 최행륜, 박준보, 김윤삼, 오영근, 김병낙, 고문약, 이차서 등과 함께 활동하였다.

또한 1909년 1월 수청에서 박춘성, 한기수 등과 함께 주도하여 30여 명의 의병들을 데리고 연추로 이동하여 연해주 의병을 재기하고자 노력하였다. 이처럼 수청지역에서 활발한 활동을 전개하던 안중근은 일진회 회원들에게 체포되어 죽을 고생을 겪기도 하였다.

최재형의 휘하세력인 안중근은 1909년 2월 7일 연추·근처 카리 김씨성을 가진 사람의 여관에서 김기룡, 백규삼 등과 의병활동에 대하여 협의하고 단지동맹을 결성하였다. 아울러 안중근은 엄인섭과 함께 이등박문을, 그리고 김기룡 등은 이완용, 박제순, 송병준 등을 암살하기로 하고 하늘에 제사를 지냈던 것이다. 또한 안중근은 직접 맹약의 취지서를 작성하였다. 이 단지동맹의 결성은 회령 영산전투 패배이후 자신과 동지들의 위상 회복과 국권회복을 위한 강한 의지를 반영한 것이라고 볼수 있다.

안중근의 동양평화사상의 재조명

김 영 호(한국학중앙연구원 석좌교수)

1. 안중근 像의 재구축

일본에서 안중근은 근대 일본의 거인인 이토 히로부미(伊藤博文)를 사살한 테러리스트로 알거나 한국의 독립운동의 영웅 정도로 알려져 왔다. 그러나 실상 그는 진정한 동아시아 평화주의자였다. 19세기 말부터 20세기 초에 걸쳐 일본, 중국, 한국에서 유행하였던 동양평화론자 중에서도 가장 걸출한 평화사상가의 한 사람이면서 그 사상의 실천에 목숨을 던진 행동인이었다. 그리고 그것은 근대 일본과 이토 히로부미를 비추이는 국제적 내지 아시아적 거울이었다. 일본은 일본의 근대화와 근대화의 중심인물인 이토 히로부미의 대외적 내지 대아시아적 모습을 보기 위해서도 안중근 연구가 중요하다고 생각한다.

그는 1909년 10월 26일, 중국 하얼빈역에서 이토를 사살하고 즉시 체포되어 1920년 3월 26일 중국 여순(旅順)형무소에서 사형 당하였다. 한국에서는 '의거 100주년 순국 100주년'을 기념하는 일련의 행사가 열리고 있으며 「동양평화의 칸트」, 「동아시아공동체의 잔 마네」 등으로 일컬어지고 있다. 안중근의 像이 동양평화주의자로서 재발견, 재구축되고 있는 것이다.

2. 「동양평화론」의 제기 과정

그는 자신의 이토 사살을 사사로운 감정에서 행한 개인적 살인이 아니라 한국 의병 참모중장 자격으로 동양평화의 적인 이토를 공적으로 처벌한 「동양평화의 의전(義戰)」이라고 규정하였다. 그는 거사 후 왜 도망가려 하거나 자살하려 하지 않았느냐는 검찰 심문에 대해 "동양 3국과 세계의 관심이 집중되는 장에서 이토와 일본 침략주의의 죄상을 폭로할 수 있게 되었는데 왜 자살하겠느냐"고 대답했다. 그리고 "내가 이토를 죽인 것은 이들이 있으면 동양의 평화가 어지럽혀지고 한일 간을 소격(疏隔)시키므로 한국의 의병 중장의 자격으로 주살하였다"고 하였다.

그는 검찰 심문에서 이토의 죄상 15개 조를 지적했다. 그것은 명성황후 시해, 강압적 조약 체결, 군대 해산 등과 동양평화 교란이었다. 한국 침략 과정의 죄상들을 구체화시킨 항목이 13개 조로 15개 죄상의 대부분을 차지하고 동양평화 교란은 전체의 1개 조에 불과하지만 이것은 한국에 중점을 두어 답변했던 상황의 경우이고 그외 다른 상황에서의 대부분의 답변에서는 동양평화론의 일부로서의 혹은 동양평화론과 불가분의 관계로써 한국 독립에 관하여 언급하고 있다. 말하자면 한국 문제도 일본 문제도 보다 큰 동양평화라는 큰 틀로 접근하려는 입장이다.

그는 "이토를 20세기의 영웅이며 위대한 인물이라고 칭찬하는 이들이 있는데 내가 보기로는 小人에 지나지 않고 간악하기 짝이 없는 자라고 할 수밖에 없다. 청일, 러일, 한일 관계를 보아도 이토의 정책이 옳지 않기 때문에 총소리가 하루도 그칠 날이 없었다"고 하고, "동양의 한 분자인 나로서 이런 악한을 제거하는 것은 당연한 의무라고 믿고 있다"고 말하기도 하였다. 그는 "나는 삼 년 전부터 처자는 없는 셈

치고 동양의 평화만을 위해 온힘을 다하고 있었다"(제2회 신문조서)고 술회하고 있으며, 국채보상운동이 시작하는 1907년경부터는 동양평화라고 하는 개념을 집중적으로 연구하고 그 실현을 위해 투쟁해왔다고 생각되어진다.

그는 사형선고를 받고 난 후 일본 관동도독부(關東都督部) 히라이시(平石義人) 고등법원장과 면담한 내용이 「청취서(聽取書)」란 기록으로 남아있다. 이 청취서에 의하면, 그때 이미 옥중에서 쓰고 있는 「동양평화론」의 대강의 구상을 설명하고 공소하지 않을 테니 그 대신 저술을 완성할 시간을 달라고 요구했다. 재판에서 당연한 권리인 공소를 「동양평화론」의 집필 시간과 교환하자는 제의를 한 것이다. 사실 공소를 한 후의 재판 과정에서 만일이라도 사형이 아닌 판결이 날까 하여 염려하던 차에 안중근의 이러한 제의는 매우 반가웠을 것임에 틀림없다. 히라이시 법원장은 "어찌 일 개월뿐이겠는가. 설사 수 개월이 걸리더라도 특별히 허가될 수 있으니 걱정하지 말라"고 약속했다. 그러나 이 약속은 지켜지지 않았다. 사형집행 며칠 전 「동양평화론」의 완성을 위해 15일 정도 연기를 요청하는 청원서를 제출했지만 그것도 허가되지 않았다. 결국 『동양평화론』의 앞부분도 완성되기 전에 사형이 집행되고 말았다.

그는 사형장에서 마지막 소원으로 '동양평화 만세'를 부르고 싶다고 했으나 그것마저 허용되지 않았다. 「동양평화론」은 원래 서문(序文), 전감(前鑑), 현상(現狀), 복선(伏線), 문답(問答)으로 구상되었는데, 그 중 서문과 전감 일부만 집필되었을 뿐이다. 그리고 이 미완의 원고마저도 역사의 어둠 속에 까맣게 사라지고 말았다. 이것이 발견된 것은 1차세계대전도, 2차세계대전도, 6.25전쟁도, 베트남전쟁도 끝난 1979년 일본 동경에서였고 『청취서』가 발견된 것도 1995년 일본 동경에서였다. 세상에 이 같이 기구한 운명의 글이 어디 또 있을까.

3. 「동양평화론」의 성격

일본의 메이지유신(明治維新) 초기의 후쿠자와 유끼치(福澤諭吉)의 「아세아연대론」(1863), 다루이 토우치(樽井藤吉)의 「대동합방론(大東合邦論)」(1885), 그것에 이은 이토 히로부미(伊藤博文)의 만주 연설인 「동양평화론」 등이 한국에 영향을 주고, 또 경계와 반발을 사면서 김옥균의 「삼화론(三和論)」, 장지연의 「삼국제휴론(三國提携論)」 혹은 이기(李沂)의 「삼정론(三鼎論)」 등이 나왔다. 이기의 「삼정론」은 솥의 세 다리처럼 삼국이 자주독립을 굳건히 하면서 그 세 다리 위에 공통의 솥의 공간이 있는 것과 같은 형태의 동양주의와 독립투쟁론의 결합모델이다.

그러나 한말의 민족사학자 신채호(申采浩)는 당시의 동양주의를 장차 서양 「도적」의 침입을 경계한다는 명분으로 오늘 한국에 침입해 들어오는 일본 「도적」들에 대한 경계 심리를 제거하려는 속임수라고 비판하면서 마치 폴란드가 독일의 침략을 당하면서 서양주의를 이야기하는 것과 같다고 야유하였다.(『대한매일신보』, 1090년 8월 10일, 참조)

안중근의 「동양평화론」은 「삼정론」의 전통을 계승하면서 신채호 류의 비판을 수용하는 사상적 공간에서 실천적으로 전개되었다. 여기에서 '실천적'이라고 한 것은 러일전쟁 이후, 일본의 러일전쟁 때 제시한 동양평화와 한국의 독립이라는 명분이 한갓 외교적 술수에 불과했다는 것을 통절히 깨달은 안중근이 대일 의병전쟁 노선으로 기울면서 의병전투 과정에 확립된 사상이기 때문이다. 연구실에서 학술적으로 연마한 머리의 사상이 아니라 의병전투 과정에 실천적으로 고민하고 체득한 몸의 사상이다.

당시는 역사적 과도기였다. 전통과 근대의 갈등, 서양과 동양의 갈등, 애국계몽주의와 식민지주의의 갈등이 중첩되어 사상적 복잡계의 소용돌이는 안중근의 동양평화론 속에도 나타나고 있다. 그러나 그 속에서 치열한 사상적 고투의 결과, 동양평화의 논리와 길을 확실히 찾아가고 있었다.

안중근의 「동양평화론」은 일본의 「동양평화론」과 이름은 같지만 그 구조와 성격은 전혀 다를 뿐만 아니라 대립적이다. 일본의 「동양평화론」은 탈아론(脫亞論)의 입장에 서서 아시아의 일원이 아니라 서양제국주의의 일원이 되어 서양제국주의가 아시아에 침략해 들어오는 것처럼 일본도 아시아에 침략해 들어오며 침략에 대한 경계심을 없애기 위하여 아시아주의를 표방하고 나온 논리이다. 말하자면 침략의 사상적 도구로써의 동양평화론이다. 그에 대하여 안중근의 「동양평화론」은 일본을 '탈아론'의 세계로부터 입아론(入亞論)의 세계로 끌어들이면서 이웃나라의 독립을 무시하고 국권을 짓밟는 침략주의 혹은 팽창주의를 동양평화의 틀로써 묶고 억누르면서 협력과 평화체제를 만들려는 사상체계이다. 말하자면 침략을 구제하고 제휴와 연대의 사상적 도구로써의 동양평화론이다.

그는 "한 나라라도 자주독립하지 않으면 동양평화라고 말할 수 없는 것"(제6회 심문조서)이라고 하고 "모두가 자주독립할 수 있는 것이 평화이다."(제6회 신문조서)고 말한다. 민족독립이 전제가 되어 그것을 촉진하고 보장하는 동양평화이며 동시에 동양평화가 전제되어 그것을 촉진하고 보장하는 민족독립이다. 여기에서 민족주의와 동양평화론의 일체화의 길이 열린다. 앞서 필자가 이토 사살의 15개 조의 대부분이 한국에 관한 것이지만 그것은 그의 「동양평화론」의 일부이며 불가분의 관계를 가진다고 한 것도 이 때문이다.

한편 서양에 대해서는 어떠한가? 그는 서세동점(西勢東漸:서방의 동양침략) 이후 서양침략주의에 대한 경계를 누그러뜨리지 않고 있고, 황백(黃白)전쟁론의 흔적도 보이지만, 기본적인 문제는 서양인 그 자체가 아니라 그들의 횡포성에 있다는 점을 강조하고 있다. 그리고 그 횡포성은 러시아가 심하고 재한 일본인이 더욱 심하다고 하여 인종주의를 탈피하고 있다. 그는 서양 침략주의와 서양의 천주교도를 비롯한 일반 시민을 구별하여 동양 3국의 5억 인구가 단결하여 서양 침략주의를 물리쳐야 하지만 일본의 침략주의를 서양의 시민들에게도 알리고 그들의 지원을 받아 일본 침략주의를 물리쳐야 할 것이라고 인식하고 있다. 여기에서 안중근의 동양평화론은 서양 그 자체가 아니라 서양의 침략주의를 막으려는 열린 지역주의이며 세계평화론과 일체화될 수 있는 논리를 갖고 있었던 것이다.

제2차 세계대전 후, 서유럽제국은 유럽통합으로 밖으로 미소의 도전에 대응하고 안으로 독일의 잠재적 패권주의의 위협을 억제하려고 했던 것처럼 안중근은 그보다 약 반세기 전에 밖으로 서양 침략주의에 공동 대응하고 안으로 일본의 침략주의를 억제하는 양날의 칼을 가진 틀로써 동양평화론을 제시했던 것이다. 그리고 이 틀은 민족독립과 동양지역 협력과 세계평화가 불완전하게나마 통합되는 문맥을 갖고 있었던 것이다. 이러한 문맥에서 안중근 자신을 「인류사회대표중임(人類社會代表重任)」이라고 하는 유묵을 남겼다.

그가 이토를 제거한 것은 한국독립을 위해서 라고도 하고 동양평화를 위해서 라고 하고 세계평화를 위해서 라고도 했던 것도 이 때문이다. 또 이 거사로 「세계 각국이 우리 민족의 뜻을 알게 된 것이다」고 한 것도 이 때문이다.

여기에서 한 가지 주목해야 할 것은 당시 국권론(國權論)과 민권론(民權論)중에 어느 것이 먼저냐 하고 대립하던 상황에서 안중근은 국권론과 민권론을 통합하는 차원에 서 있었다는 점이다. 그는 민권 개념으로 계몽된 새로운 인민을 국권을 지키는 국권 담당 세력으로 세우는 입장이다. 이것은 애국계몽운동 우선이냐 국권회복운동 우선이냐의 노선투쟁 상황에서 통합의 차원에 서 있었다는 말로 바꿀 수 있다. 그는 기본적으로 애국계몽운동으로 개발된 인민을 국권회복운동의 담당세력으로 세우는 입장에 서 있었던 것이다. 따라서 인민에 대한 신뢰와 기대가 높다. 16세 때 동학농민군 진압에 앞장섰던 안중근이지만 애국계몽운동 과정에 민권 개념에 계몽되고 또 그 운동에 앞장서면서 인민 혹은 민중에 대한 인식 전환이 있었던 것으로 보여 진다. 여기에서 말하는 인민, 민중 혹은 신민(新民)은 상공인, 직업인, 지식인, 학생, 노동자 등의 초기적 시민세력을 의미한다. 이러한 시민세력은 정부에 대하여 의견을 말할 수 있는 「권리」를 가지면서 역사와 사회에 대하여 「의무」 혹은 「책임」을 지는 역사의 새로운 담당층이면서 일본의 식민지화라고 하는 새로운 위험에 부딪쳐 애국계몽운동, 국채보상운동, 일본제품 불매운동 등을 벌이는 주체로 활약한다. 이제 의병운동 또는 국권회복운동은 귀족 구 지배계층을 중심으로 한 위정척사(衛正斥邪論)의 틀을 점차 벗어나 애국계몽운동의 세례를 받은 인민 혹은 민중이라고 하는 초기적 시민들이 중심이 되어 시민적 민족주의론의 틀을 형성하면서 진행되고 있었던 것이다. 그리고 한국에서 새로 형성되는 초기 시민층을 보면서 일본에서 새로 형성되는 시민층을 보았던 것이고 중국에서 새로 형성되는 시민층을 보았던 것이다. 이들 삼국에서 형성되고 있던 시민층의 연대와 협력을 꿈꾸면서 그 연대의 틀로써 동양평화론이 모색될 수 있었던 것이다.

시민세력에 대한 신뢰와 기대로 황제에 대한 존중은 일정하게 남아 있으나 지배세력에 대한 비판과 저항은 매우 강하다.

그는 「동양평화론」에서 "지난 갑오년의 청일전쟁을 말할지라도 당시 조선에 쥐 같은 도적배들이 동학당의 소요를 계기로 청일 양국의 병사를 끌어들여 까닭 없이 싸움을 벌여 서로 충돌하게 되었다"고 하여 정치권력을 잡고 있는 세도세력을 '쥐 같은 도적배'로 표현한다. 그는 공판과정에 "현재 독립과 자위를 말할 수 없는 것은 상층 위정자들 때문이지 아래 민중들의 책임은 아니다"고 한다. 그는 황실에 대한 불경한 일은 할 수 없지만 자신의 의견을 말하는 것은 상관없다고 생각한다. 또 "정부에 대해 의견을 말하는 것은 권리이다"라고 말한다. 그는 아직 미성숙한 시민세력과 황제 권력의 일정한 제휴를 기대하고 있는 듯하지만 "독립해서 스스로를 지킬 수 없는 것은 한국이 군주국이라는 점에 기인한다"고 하여 기존의 군주국의 한계에 대한 인식을 명백히 하고 있다. 일본에 대해서도 일본의 새로운 시민세력과 천황권력의 공존 내지 제휴를 전제로 이토 히로부미를 중심으로 하는 지배세력이 위로 천황을 속이고 아래로 시민층을 파멸로 몰아가는 존재로 보고 있는 것이다.

그리고 일본의 천황과 초기적 시민층 사이의 현존 지배권력과 한국의 황제와 초기적 시민층 사이의 현존 지배권력 간의 상호 타협과 제휴에 대응하여 그리고 중국의 잠재적 유사구조도 염두에 두고 양국 혹은 3국 인민의 연대 가능성의 지평을 보았던 것이다.

그러나 당시 일본과 한국 사이에는 초기적 시민세력의 성장의 차이가 존재하는 것도 사실이다. 그러한 차이를 엿볼 수 있는 것으로 당시 한국에서 전국적으로 전개되었던 국채보상운동(1907-1908)을 들 수 있다. 이는 일본이 한말 정부에 제공한 외채 1300만 엔에 대하여 정부가 갚을 능력이 없게 되자 일반시민들이 궐기하여 성금을 모아 외채를 갚자는 전국적 운동이다. 외채의 담보로 경제적 이권들이 속속 넘어가고 일본제품이 시장을 잠식하게 되자 한국 상공인들, 지식인들, 학생들 등을 중심으로 이 운동이 펼쳐졌던 것이다. 이것은 양반지배층에 의한 국가운영이 마침내 외채문제에 걸려 지속불가능하게 되자 새로운 계층이 국가와 역사를 주도하게 되는 주도계층의 교체현상을 보여주는 운동이다. 안중근은 국채보상운동에 적극 참여하였다. 평양 명륜당에 천 여 명을 모아 의연금을 거출하고 국채보상운동 관서지부를 조직하였으며 온 집안이 패물을 모아 함께 참여하고 삼흥학교 학생들도 함께 참여하였다. 그 자신도 3원을 내었다고 한다. 이때의 경험이 중요하다. 그는 새로운 역사의 주인공으로 등장한 신민 혹은 인민과 함께 열어갈 새 역사를 예견하고 있었던 것이다. 일반 시민들이 자발적으로 성금을 내어 국채를 보상하는 경험에서 나중 동양평화론에서 각국의 시민대표를 모아 회의를 구성하고 그 경비는 일반이

성금을 내어 운영한다는 구상을 하게 된다. 그러면서도 동양 삼국의 경제개발에 있어서 일본의 선도적 역할을 인정하는 입장이다.

동양 3국의 지배권력 간의 타협체제의 형성에 대응하여 안중근은 3국의 민중 혹은 시민층의 연대와 협력 가능성을 내다보고 황인종 아시아를 넘어선 시민아시아(Civil Asia)를 실현시킬 틀로써 「동양평화론」을 제시했던 것이다. 그는 동양평화의 「잔 마네」 혹은 동양평화의 「칸트」로 재구성되고 있다.

4. 多者主義와 共同事業

「동양평화론」은 전체 구상의 서설 부분만 쓰는데 그쳤지만 고등법원장과의 면담 내용을 기록한 『청취서』에는 그의 구상의 대강이 서술되어 있다.

그는 「새로운 정책」을 제안하고 그 새로운 정책의 하나로 "여순을 개방한 다음 일본, 청국, 그리고 한국이 공동으로 관리하는 군항으로 만들어 세 나라에서 대표를 파견해 평화회의를 조직한 뒤 이를 공표하는 것이다. …… 여순은 일단 청국에 돌려주고 그것을 평화의 근거지로 삼는 것이 가장 현명한 방법이라고 생각한다."

여기에서 여순을 왜 동양 삼국의 공동관리 하로 하고 여기에 동양평화회의 본부를 두자는 것인가. 당시 여순은 동북아의 최대의 분쟁지였다. 중국의 동북3성(東北三省)의 출입구인 천혜의 항구로써 일본의 대륙침약의 교두보이며 러시아가 가장 탐내는 부동항이었다. 한국으로서는 고구려 구토로 지금도 고구려 성지가 남아있는 곳이다. 러시아가 점령하고 있다가 러일전쟁으로 일본에 뺏긴 항구이기도 하다. 이 분쟁의 항구를 '평화의 근거지로 삼자'는 것이다. 이것은 마치 주지하는 바와 같이 유럽분쟁의 씨앗이었던 철과 석탄의 보고 루르 지방, 자르 지방이 제2차 세계대전 후 유럽철강석탄동맹으로 공동 관리 하에 됨에 따라 유럽통합의 길이 열리게 되었다. 안중근은 서유럽보다 반 세기를 앞선 동양 최대의 분쟁지를 이해관계자의 공동 관리 하에 두어 동양평화를 만드는 거점으로 역전시키는 모델을 제시했던 것이다.

동양평화회의의 재정 확보에 대하여 다음과 같이 서술하고 있다. "여순에 동양평화회의를 조직하여 회원을 모집하고 회원 한 명 당 회비로 1원씩 모금하는 것이다. 일본, 청국, 그리고 한국의 인민 수 억이 이에 가입하는 것은 의심할 여지가 없다." (『청취서』 인용)

여기에서 동양평화회의를 구성하는 각국 대표가 각국 정부대표인지 시민대표인지 분명하지 않다. 그러나 각국의 회원 수 억 명이 참여하여 1원씩 돈을 내는 형태라면 그 문맥으로 보아 각국의 시민대표라고 보는 것이 순리일 것 같다. 아무튼 각국의 시민대표이든 각국 정부의 대표이든 이들 다자(多者) 대표들로 구성되는 동양평화회의는 각국 정부에 대하여 상위의 기관이라는 성격을 갖게 된다. 그리고 중요한 곳에 동양평화회의 지부를 두어 국가권력을 경유하지 않고 각지에서 작동할 수 있게 된다. 동양평화회의가 정착되면 점차 동남아 국가들의 가입을 받아 확대할 수 있으리라고 했다.

그리고 원만한 금융을 위하여 공동의 은행을 설립하고 각국이 함께 쓰는 공용화폐를 발행하도록 하며 그리고 지역에 은행의 지부를 설치할 것을 서술하고 있다. 은행 설립도 어느 한 나라가 주도권을 갖고 각국에 걸쳐 세우는 것이 아니라 多者가 함께 공동은행을 세우도록 하자는 것이며 화폐 또한 공용으로 쓰는 제3의 화폐를 발행하자는 것이다.

또한 3국의 청년들로 공동의 군단을 만들고 그들에게 2개 국 이상의 어학을 배우게 하여 우방 또는 형제의 관념을 높일 것을 언급하고 있다.

아울러 일본의 지도하에 한청 두 나라는 상공업의 발전을 도모해야 한다고 언급한다. 일본의 경제적 선진성과 그 이니셔티브를 인정하는 공동경제발전의 논리이다.

끝으로 한·중·일 세 나라의 황제가 로마교황을 방문하여 협력을 맹세하고 왕관을 받을 것을 권유한다. 그래야 세계민중의 신뢰를 받을 수 있다는 것이다. 그런데 그의 통역사 역할을 했던 소노키(園木)의 기록에는 동양평화회의가 동쪽 끝에 있는 점을 감안하여 로마 교황청도 이곳에 대표를 파견하게 하여 서양 개별국가의 승인 없이도 국제적 승인 효과를 거두려 했다고 적고 있다고 한다. 이 두 가지 서술 가운데 소노키씨의 기록이 그가 안중근과 가장 친밀하게 접촉한 인물이었다는 점에서 기록의 신빙성이 높고 또 내용으로 보아 보다 타당성이 있는 것으로 보인다.

5. 일본에 대한 기대

일본에서 안중근은 반일 테러리스트라는 인상이 강하지만 실상은 정반대로 보는 것이 옳다. 그는 동양 삼국인은 형제라는 인식을 갖고 있었고 일본인과 한국인의 우호에 각별한 관심을 갖고 있었다. 이토를 사살한 이유의 하나도 "한일 간을 소격시키기" 때문이었다. 그는 '일한교의선작소개(日韓交誼善作紹介)'(역주:한일간의 교의는 소개가 잘 되어야 한다)라는 유묵을 남기고 있다. 실제 그는 진정한 친일가(親日家)였다.

그는 근대일본의 등장을 높이 평가하였지만 그 당시 이토 히로부미를 비롯한 집권세력의 대외 패권주의 노선에 대해서는 매우 비판적이고 저항적이었다. 그의 대외 패권주의는 한국과의 갈등과 멸망, 중국과의 갈등과 멸망, 러시아와의 갈등, 그 다음에는 미국과의 갈등을 가져오고 마침내 일본의 대외 팽창정책에 부딪치고 피해를 본 국가들이 연합전선을 펴 일본과 싸우면 마침내 일본도 멸망할 것에 틀림없다고 확신했다.(『안응칠역사』참조) 뿐만 아니라 일본의 대외 팽창주의는 군비확장으로 재정 부담을 증가시키고, 재정확장은 증세를 불러오고, 증세는 시민생활의 압박을 가중시킬 수밖에 없다. 결국 시민사회는 군역과 증세로 위축 내지 후퇴가 불가피하게 된다. 그 뒤 역사는 안중근이 전망했던 대로 흘러갔다. 그러므로 안중근은 이토를 제거하는 것은 한국독립과 동양평화 그리고 세계평화를 위한 것일 뿐만 아니라 일본과 일본의 시민을 위한 것이었다. 사실 일본의 다이쇼우(大正) 데모크라시, 그리고 전후 평화헌법체제, 그리고 최근의 동아세아공동체의 형성 과정은 어느 면에서는 이러한 안중근의 논리와 닿고 있다.

1908년 안중근이 의병 대장으로 활약할 때 잡힌 일본군 포로들이 "오늘 이렇게 된 것은 다른 때문이 아니라 이것은 전혀 이토의 허물입니다. 천황의 거룩한 뜻을 받들지 않고 제멋대로 권세를 주물러서 일본과 한국 두 나라 사이에서 귀중한 생명을 무수히 죽이고 저는 편안히 누워 복을 누리고 있으므로 우리들은 분개한 마음이 있지만 정세가 어찌할 수 없어 이 지경에 이르렀습니다...... 이 같이 나라에 폐단이 생기고 백성들이 고달픈데 전혀 동양평화를 돌아보지 않을뿐더러 일본 국세가 편안하기를 어찌 바랄 수 있겠습니까......"(『안응칠역사』)고 호소했다.

이 호소를 들은 안중근은 "그대들을 놓아 보내줄 터이니 돌아가거든 그 같은 난신적자(亂臣賊子)를 쓸어버려라. 만일 또 그 같은 간당(奸黨)들이 까닭 없이 동족과 이웃나라 사이에 전쟁을 일으키고 침해하는 언론을 제출하는 자가 있거든 그 이름을 좇아가 쓸어버리면 10명이 넘기 전에 동양평화를 도모할 수 있을 것이다."하고는 모두 풀어준다.(『안응칠역사』)

다른 의병들이 일본군 포로를 죽이지 않고 석방하는 것을 항의하자 안중근은 "적들이 그렇게 폭행하는 것은 하나님과 사람들이 다 함께 노하는 것인데 어찌 우리들마저 그들과 같은 야만의 행동을 하고저 하는가. 또 일본의 4천만 인구를 모두 다 죽인 후에 국권을 다시 회복하려는 것인가" 하고 타일렀다.

안중근은 일본의 선량한 시민들은 모두 이토 히로부미와 같은 침략노선을 싫어하며, 따라서 한국의 시민들과 연대할 수 있으리라는 기대를 가지고 있었던 것이다.

안중근은 사형선고를 받고 난 후 감옥에서 독백한다. "내가 생각했던 것에서 벗어나지 않았다...... 이제 내가 동양의 대세를 걱정하여 정성을 다하고 몸을 바쳐 방책을 세우다가 끝내 허사로 돌아가니 통탄한들 어이하랴. 그러나 일본국 4천만 민족이 「안중근의 날」을 크게 외칠 날이 멀지 않을 것이다."(『안응칠역사』)

사형장에서 간수가 최후로 남길 말이 무엇인가 라고 묻는 말에 "나 자신의 의거는 동양평화를 위해 한 것이니 한일 양국인 서로 일치 협력해서 동양평화의 유지를 도모하길 바란다"고 답하였다.

그는 일본의 시민층에서 멀지 않은 장래에 「안중근의 날」을 외칠 날이 있으리라고 확신하였다. 인간의 염치와 공정한 마음으로 보아도 그렇고, 동양과 세계의 정략으로 보아도 그렇다는 것이다. 안중근은 자신이 내건 「새로운 정책」, 그것을 체계화한 「동양평화론」을 죽음을 넘어서도 한 점 흔들림 없이 일본에 던졌다. 그의 유해는 지금도 발견되지 않고 있다. 그리고 100년 기다리고 있다.

한국의 안중근연구에 대한 비판적 검토

-십자가총알설, 의거성공·감사 기도설 등을 중심으로-

신운용(안중근평화연구원 책임연구원)

1. 들어가는 말

올해는 안중근 의거 107주년 순국 106주년이 되는 해이다. 의거와 순국 100주년을 전후하여 많은 연구성과가 쏟아져 나왔다.[1] 이처럼 집중적이고 다양 시각에서 검토된 역사인물은 안중근 이외에 드물다. 이는 그만큼 안중근이 역사적 가치가 큰 인물이라는 의미이다.

그러나 많은 연구성과에 비해 안중근과 그의 의거에 대한 사실관계를 좀 더 명백히 해야 할 할 부분이 있는 것도 사실이다. 예컨대,『동아일보』1995년 2월 13일자 기사에서 최서면이 안중근에 대한 최초의 전기로 알려진『근세역사』를 일본 외교사료관에서

---

1) 조광,「안중근 연구 백년: 현황과 과제」,『안중근 연구의 상과와 과제』, 안중근의사기념사업회, 2010 참조.

처음으로 발견하였다고 대대적으로 보도하였다.[2]

그런데 히라카와 키이치(平川綺一)는 안중근의거를 부정하는[3] 「이토 히로부미(伊藤博文) 암살을 둘러싸고」라는 자신의 논문 뒤에 와다 카나에(和田香苗)라는 사람으로부터 『근세역사』를 받아 전제한 사실을 기술하고 있다.[4] 여기서 『근세역사』를 최초로 발굴한 사람은 최서면이 아니라 '와다'라는 사실을 알 수 있다.

안중근이 대동공보사의 기자였다는 설,[5] 안중근이 모진 고문을 당한 후에 죽었다는 설,[6] 안중근이 동양평화만세를 부르면 순국하였다는 설,[7] 전기장치로 사형을 집행했다는 설[8]등의 허구와 잘못 설명된 사진들이 사실인양 여전히 떠돌고 있다.

그런데 안중근과 그의 의거에 대한 사실관계를 정확히 하지 않으면 안중근연구의 진전을 기대할 수 없을 뿐만 아니라, 심지어 진실을 왜곡하는 지경에 이르게 되는 것이다. 더욱이 그 의미를 부여하고 평가를 하는데도 문제가 생길 가능성이 높다. 예컨대 김수환 추기경은 안중근의 권총 총알에 새겨져 있는 십자형의 상흔을 그의 신앙심

---

2) 『동아일보』1995년 2월 13일자, 「安重根의사 최초傳記 발견」.

3) 신운용, 「일본의 안중근연구에 대한 비판적 검토—제3의 저격설을 중심으로—」, 『(사)안중근평화연구원 창립기념식』, (사)안중근평화연구원, 2011 참조.

4) 平川綺一, 「伊藤博文ノ暗殺をめぐって」, 『工學院大學研究論叢』5, 工□院大□, 128~134쪽.

5) 신용하, 「안중근의 사상과 의병운동」, 『한민족독립운동사연구』, 을유문화사, 1895, 175쪽; 나명순·조규석 외, 『대한국인 안중근』, 세계일보, 1993, 116쪽. 하지만 대동공보는 이를 부정하였다(『대동공보』1909년 11월 21일자, 「무근지설」; 신운용, 「안중근의거와 대동공보사의 관계에 대한 재검토」, 『한국사연구』150, 한국사연구회, 188쪽).

6) 박성수, 『알기 쉬운 독립운동사』, 국가보훈처, 1995, 141쪽. 하지만 안중근은 일제의 대우가 좋았다는 기록을 남겼다(안중근, 「안응칠역사」(안중근숭모회, 『안중근의사자서전』, 1979, 188~189쪽). 뿐만 아니라 박성수는 같은 책(134~142쪽)에서 다음과 같이 잘못된 사실을 기술하였다. ① 하얼빈에 이토와 안중근의 동상이 서 있었다. ②의거 후 이토가 죽었는가 물은 안중근에게 러시아 헌병이 죽었다고 하였다. ③의거 후 체포된 안중근과 우덕순이 서로 의거에 대한 이야기 나누었다. ④이토가 죽은 순간 바보 같은 놈이라고 했다. ⑤안중근과 우덕순이 러시아 영사관에 5일간 갇혔다. ⑥안중근은 왜간장통에 넣어져 묻혔다. ⑧안응칠역사는 위작이다.

7) 노길명, 「안중근의 신앙」, 『교회사연구』 9, 한국교회사연구소, 1994, 22쪽. 하지만 순국직전 안중근의 동양평화 삼창 허가요청은 일제에 거절당하였다((국사편찬위원회, 「보고서」, 『한국독립운동사 자료』7, 515쪽).

8) 『실화』1956년 4월호, 「안중근의사 따님의 수기」, 58쪽. 하지만 안중근은 교수형에 처해졌다(위의 책, 515~517쪽).

과 관련하여 설명하고 있다.[9] 물론 이러한 그의 인식은 천주교사가들의 주장을 그대로 받아들인 결과인 것으로 보인다.

그러나 본문에서 살펴보겠지만 안중근의 십자형 상흔 총알은 살상력을 높이기 위한 당시 러시아의 지역의 일반적인 현상으로 종교성과는 전혀 관계가 없는 것이다. 이것이 사실이라면 그의 신앙심의 깊이를 증명하는 근거로 그 총알을 내세우기에는 당연히 무리가 따르는 것이다. 따라서 그의 신앙심이 갖는 의미의 파악은 정확한 사실관계를 전제로 하지 않으면 안되는 것이다.

이러한 맥락에서 필자는 1) 총알에 십자가를 새겼다는 설, 2) 이토처단 성공·감사 기도를 올렸다는 설, 3) 이토 히로부미 사망 일시에 맞추어 안중근 사형을 집행했다는 설, 4) 안중근 장남 안우생(安祐生)이 일제에 독살당했다는 설, 5) 수의를 고향의 어머니가 보냈다는 설, 6)잘 못 설명된 유묵 사진 등 그 동안 일반에나 학계에 잘못 알려진 사실들을 바로 잡는데 이 글의 목적으로 두었다. 아울러 안중근 유언들을 나누어 살펴보고 특히 널리 알려진 유언[10]의 출처와 그 의미를 밝히는 것도 이 글의 또 다른 목적임을 밝혀둔다. 이러한 필자의 작업이 안중근의 전체상을 바로 잡는데 조금이라도 도움이 되었으면 한다.

2. 십자가총알설과 의거성공·감사 기도설

안중근은 1909년 10월 26일 오전 9시 30분 하얼빈 역에서 한국침략의 원흉 이토 히로부미(伊藤博文)을 처단하여 한국사의 한 페이지를 장식하였다. 그런데 여러 연구가들이 의거의 배경으로 천주교신앙을 들고 있다.[11] 이들 중에는 의거에 사용된 권총의

---

9) 김수환, 「안중근의사의 참사랑」, 『우리가 서로 사랑한다는 것』, 사람과 사람, 1999, 79쪽.
10) 안중근의사숭모회, 「최후의 유언」, 『안중근의사 자서전』, 1979.
11) 이주호, 「신앙인 안중근론—평신도사도직운동의 선구자」, 『최석우신부회갑 논총』, 1982; 최석우, 「안중근의 의거와 교회의 반응」, 『교회사연구』 9, 한국교회사연구소, 1994; 노길명, 「안중근의 신앙」, 『교회사연구』 9; 홍순호, 「안중근의 동양평화론」, 『교회사연구』 9; 조광, 「안중

총알에 새겨져 있는 '십자형' 상흔을 안중근 신앙심의 증거로 해석하고 있는 연구가들이 상당히 있다.

이 주장의 근거는 유동하의 여동생 유동선의 다음과 같은 구술로 거슬러 올라간다.

> 안중근은 25일 오후 한 시경 차로 다시 할빈으로 되돌아왔다. 그날 밤 안중근과 류동하는 김성백의 집 객실에서 문을 걸고 창문 카텐을 친 다음 칼줄로 권총 탄알 끝을 뾰족하게 갈고 '十'를 새겨 7발을 장전해 놓았다. (중략) 안중근은 창탄한 후 조용히 되뇌이었다. <하느님께서 부디 거사의 성공을 축복해 주시기를 바랍니다!>하고 '十'를 그어 례배를 하였다.[12]

특히 노길명은 위의 유동선 구술을 바탕으로 "십자형이 새겨져 있는 총알을 구했다"[13]는 안중근의 주장을 부정하였다. 그러면서 그는 이러한 안중근의 행동은 단독의거[14]를 주장하여 동지들을 보호하기 위한 방책에서 나온 것이었다고 강조하였다.[15] 그

근의 애국계몽운동과 독립전쟁」, 『교회사연구』 9; 김춘호, 「안중근의 의거(義擧)는 정당한가? ─사회윤리적 관점에서」, 『신학과 철학』 2, 서강대학교 신학연구소, 2000; 황종렬, 「"천명" 인식 살기의 두 유형: 통합형과 분열형」, 『신앙과 민족의식이 만날 때』(안중근 토마스의 이토 히로부미 저격에 관한 신학적 응답), 분도출판사, 2000; 김춘호, 「살인하지 말라는 계명의 사회적 차원─현대'살인'(환경파괴)과 현대적 '살인'(안중근의거)」, 『가톨릭신학과사상』 35, 가톨릭대학교, 2001; 정인상, 「안중근의 신앙과 윤리」, 『교회사연구』 16, 한국교회사연구소, 2001; 차기진, 「安重根의 천주교 신앙과 그 영향」, 『교회사연구』 16, 윤선자, 「민족운동과 교회」, 『한국근대사와 종교』 국학자료원, 2002; 황종렬, 「안중근편 교리서에 나타난 천─인─세계이해」, 『안중근의 신앙과 사상』, 안중근의사기념사업회, 2005; 신운용, 「안중근의거의 사상적 배경」, 『안중근과 한국근대사』, 안중근의사기념사업회 안중근연구소, 2009; 김동원, 「안중근의 천주교 신앙과 사상적 성격」, 『안중근 연구의 성과와 과제』, 안중근의사기념사업회, 2010.

12) 류동선 구술/ 김파 정리, 「안중근과 그의 동료들」, 『안중근(도마)의사 추모자료집─서거 80주년을 맞아 하여─』, 천주교저의구현전구사제단, 1990, 194쪽.

13) 신운용 편역, 「안중근 제5회 신문조서」, 『안중근신문기록』, 안중근의사기념사업회 안중근연구소, 81~82쪽.

14) 안중근의거는 대동공보사 등의 인사들과 합작이 아니라 우덕순의 협력으로 이루어진 안중근 단독거사였다. 이에 대해서는 신운용, 「안중근의거와 대동공보사의 관계에 대한 재검토」, 『한국사연구』, 한국사연구회, 2010 참조.

15) 노길명, 「안중근의 가톨릭신앙」, 『교회사 연구』 9, 1994, 18쪽.

의 주장은 한국 천주교계를 중심으로 광범위하게 퍼져 있다.[16)]

그러나 이는 두 가지 측면에서 사실이 아닐 가능성이 높다. 하나는 유동선 구술의 신빙성에 문제가 있다는 점이다.[17)] 유동선은 마치 안중근과 유동하와 아버지 유승렬 (유동하의 아버지)의 합작으로 안중근의거가 성공할 수 있었다는 식으로 구술하였다. [18)]하지만 이는 사실과 거리가 먼 주장이다. 유동하는 단지 통역을 맡았을 뿐이지 안중

---

16) 차기진, 「안중근과 그의 동료들」, 『안중근(도마)의사추모자료집−서거 80주년을 맞이하여−』, 천주교정의구현전국사제단, 1990, 182쪽. 조광, 「안중근의 애국계몽운동과 독립전쟁」, 『교회 사 연구』9, 92쪽.

17) 유동선이 구술한 「안중근과 그의 동료들」은 다음과 같은 면에서 사실로 받아들이기에는 대단 히 문제점이 많다. ① 유동하가 이토의 방만사실이 실려 있는 러시아 신문 『철로보』를 아버지 유승렬에게 주어 읽게 하였는 바, 유승렬은 이 사실을 안중근에게 알려주겠다며 나갔다가 안 중근 · 우덕순 · 조도선 · 김성화 · 탁공규를 데리고 뽀그라니치아의 집으로 돌아왔다는 것이 다. 하지만 안중근이 이토의 방만 소식을 듣고 우덕순과 함께 10월 19일 블라디보스톡을 떠 나 10월 21일밤 9시 25분에 뽀그라니차아에 도착하여 혼자서 유승렬의 집을 방문한 후 유 동하를 데리고 10시 34분경에 하얼빈으로 떠났던 것이다(신운용, 위의 책, 186~186쪽). 이 때 조도선 탁공규는 하얼빈에 있었던 것이 확실하다. 따라서 이와 같은 유동선의 주장은 전 혀 근거가 없다. ② 이토의 방망 소식에 대해 토론을 하고서 백포에 유동하를 비롯하여 안중 근 · 우덕순 · 조도선 · 유승렬 · 김성화 · 탁공규가 〈구국헌신〉이라고 혈서하고 서명했다는 주장이다. 하지만 이는 앞과 같은 이유로 사실이 아님을 설명할 필요도 없다. ③ 유승렬의 주 도로 하얼빈에 안중근과 유동하를, 장춘역에 우덕순과 조도선을, 심양역에 김성화와 탁공규 를 각각 배치하여 이토처단 준비를 하였다는 것이다. 하지만 이 또한 전혀 사실이 아님이 분 명하다(신운용, 위의 책, 182~195쪽). ④ 안중근 · 유동하 · 우덕순 · 조도선이 함께 김성백의 집에 도착하였다는 것이다. 하지만 조도선은 하얼빈에 있었다. ⑤ 유동하는 유승렬이 쓴 의 거 협조를 부탁하는 편지를 김성백에게 주었고 편지의 의도를 간파한 김성백은 안중근 일행 을 반갑게 맞이하여 주었다. 이에 김성백도 의거계획에 동참하고 유동하를 하얼빈에 남겨두 고 안중근 · 우덕순 · 조도선을 채가구로 보내어 내막을 알아보도록 하였다. 이토가 내일아침 에 온다는 유동하의 전보를 받은 안중근은 우덕순과 조도선을 채가구에 대기시키고 하얼빈 으로 돌아왔다는 것이다. 하지만 이토한 사실과 거리가 먼 주장이다. 김성백이 안중근의거에 참여하였다는 것은 사실이 아니다. 그리고 다음의 주장도 사실이 아님이 분명하다(신운용, 「안중근의 재판투쟁과 옥중활동」, 위의 책 참조). ① 안중근이 총알에 십자가를 새기면서 의 거의 성공 기도를 하였고, 의거성공후 이토의 사망소식을 듣고 감사의 기도를 올렸다. ② 안 중근 우덕순 조도선 유동하는 여순감옥에서 심한 고문을 당하였다. ③ 수의를 안중근의 부인 이 지었다. ④ 안중근 조선독립만세를 외치면서 순국하였다. ⑤ 안중근의 아들 안우생은 일 제에 독살당하였다.

18) 류동선 구술/ 김파 정리, 위의 책, 191쪽.

근의거와 직접적인 관계가 없는 인물이다.[19]

무엇보다 일제의 조사기록, 신문기록, 재판기록 등 공신력 있는 어느 사료에서도 유동선의 구술을 뒷받침할 만한 증거를 찾을 수 없다는 점을 상기할 필요가 있다. 사실 1909년 10월 25일 1시경 채가구에서 하얼빈으로 돌아온 안중근은 유동하에게 "내일 온다"는 전보의 의미를 추궁하는 이외에 의거와 관련하여 유동하와 접촉한 사실이 없었다. 의거 전 날 밤은 그냥 잠자리에 들었다는 것이 안중근과 유동하의 공통된 진술이었다[20]는 점에 유의할 필요가 있다.

다른 하나는 안중근이 총알의 십자형 상흔은 윤치종에게 총과 총알을 구입하였을 때부터 있었던 것이라고 일관되게 주장한다는 점이다.[21] 십자형 상흔은 살상력을 높이기 위한 러시아 지역의 일반적인 현상이었다. 이는 단순히 동지들을 보호하기 위한 조치에서 나온 것이 아니었음을 증명하는 것이다. 따라서 그가 자신의 신앙을 다지기 하기 위해 특별히 총알에 십자가를 새기었다는 것은 사실에서 벗어난 주장이다.

한편, 의거의 성공을 위해 신에게 기도를 드렸다는 기술[22]과 이토가 죽었다는 말을 듣고 '십자성호'를 긋고 대한만세를 불렀다는 기록에서[23] 안중근의 신앙심을 읽을 수

---

19) 신운용, 앞의 논문, 188~189쪽.
20) 신운용 편역, 「안중근 제4회 신문조서」, 『안중근 신문기록』(안중근 자료집 3), 안중근의사기념사업회 안중근연구소, 2010, 67쪽; 신운용 편역, 「첫째 날의 공판」, 『안중근·우덕순·조도선·유동하 공판기록−안중근사건공판속기록』(안중근 자료집 10), 안중근의사기념사업회 안중근연구소, 2010, 49쪽; 신운용 편역, 「유동하 제7회 신문조서」, 『우덕순조도선·유동하 신문기록』(안중근 자료집 4), 안중근의사기념사업회 안중근연구소, 2010, 154~1553쪽; 신운용 편역, 「샛째 날의 공판」, 『안중근·우덕순·조도선·유동하 공판기록−안중근사건공판속기록』, 130쪽.
21) 신운용 편역,「안중근 제5회 신문조서」,『안중근신문기록』, 안중근의사기념사업회 안중근연구소, 81~82; 신운용 편역, 「공판시말서 제1회」,『안중근·우덕순·조도선·유동하 공판기록−공판시말서』(안중근 자료집 9), 안중근의사기념사업회 안중근연구소, 19~20쪽.
22) 류동선 구술/ 김파 정리, 위의 책, 194~195쪽.
23) 이는 다음에서 엿볼 수 있다. 신운용 편역, 「안중근 제2회 신문조서」,『안중근 신문기록』, 안중근의사기념사업회 안중근연구소, 2010, 46쪽; 신운용 편역, 「국경지방재판소 검사 「콘스탄틴 콘스탄치노비치 밀레르」의 진술」, 『러시아 관헌 취조문서』(안중근 자료집 2), 68~69쪽; 신운용 편역, 「신문서(안드레이 페트로비치 이바센코프)」, 위의 책, 103

있다는 연구가들의 주장이 가톨릭계를 중심으로 널리 퍼져 있다.[24]

　　그러나 이에 대해 안중근은 매일 기도를 올리기 때문에 의거 성공을 위해 특별히 기도를 올리지 않았다는 사실을 밝히는 등 일관되게 이토처단 성공 기도를 드리지 않았음을 강조하였다.[25] 따라서 안중근의 종교적 열망과 의거를 연결시키는 매개로 의거성공 기도를 하였다는 설은 받아들이기 대단히 어려운 것이다.

　　그리고 이토사망 소식을 듣고 감사의 기도를 올렸다는 설의 진위도 확인해 볼 필요가 있다. 이는 다음의 기록에서 그 사실여부를 판단할 수 있다.

> 문　러시아 문서에 의하면 그대는 이토공의 죽음을 듣고 하느님께 감사하였다고 했는데 그것은 틀린 것인가.
>
> 답　나는 듣지 못했다. 러시아의 취조를 받았을 때는 한국인 통역이었지만 러시아어가 심히 졸악하였고 또 한국어도 잘하지 못해 나의 말을 중간에서 전해 주지 않고 내가 진술하면 그러한 말은 필요가 없다고 하는 까닭에 나는 다만 모른다 모른다고 대답하였다. 위와 같았으므로 어떻게 되었는지 모른다.
>
> 문　이토공은 그대가 발사한 총알 3개를 맞고서 15분이 못되어 죽었던 것이다.
>
> 답　병원에도 가지 못하고 죽었는가. 한국인 때문이라는 것을 알았는가.[26]

쪽.

24) 안중근이 의거의 성공을 기도했다는 주장은 다음과 같다. 류동선 구술/ 김파 정리,「안중근과 그의 동료들」,『안중근(도마)의사추모자료집—서거 80주년을 맞이하여—』, 천주교정의구현전구사제단, 1990, 194쪽; 노길명,「안중근의 가톨릭신앙」,『교회사 연구』9, 18쪽; 조광,「안중근의 애국계몽운동과 독립전쟁」,『교회사 연구』9, 92쪽; 최서면,『새로 쓴 안중근의사』, 집문당, 1994, 123쪽. 또한 이토의 사망 소식을 듣고 감사의 기도를 올렸다는 주장은 다음과 같다. 노길명, 위의 논문, 19쪽; 조광,「안중근의 애국계몽운동과 독립전쟁」,『교회사 연구』9, 92쪽.

25) 신운용 편역,「안중근 제2회 신문조서」,『안중근 신문기록』, 안중근의사기념사업회 안중근연구소, 2010, 68쪽;「안중근 제10회 신문조서」, 188~189쪽; 신운용 편역,「공판시말서 제1회」,『안중근·우덕순조도선·유동하 공판기록』(안중근 자료집 9), 안중근의사기념사업회 안중근연구소, 2010, 25쪽.

26) 신운용 편역,「안중근 제10회 신문조서」,『안중근 신문기록』(안중근 자료집 3), 189쪽. 이후 1910년 2월 4일 제1회 공판에서도 안중근은 같은 주장을 하였다(신운용 편역,「공판시말서 제1회」,『안중근·우덕순조도선·유동하 공판기록』(안중근 자료집 9), 안중근의사기념

여기에서 두 가지 사실을 알 수 있다. 하나는 안중근이 러시아 당국의 취조를 받았을 때 부정확한 통역 때문에 의사소통을 제대로 할 수 없었다는 점이다. 따라서 러시아의 취조는 안중근의 의사가 충분히 반영된 것이라고 볼 수 없다.

다른 하나는 안중근이 이토의 사망사실을 안 시점은 미조부치의 제10회 신문이 있던 1909년 12월 22일이었다는 점이다. 이는 안중근이 의거 직후 의토의 사망사실을 몰랐음을 의미하는 것이다.[27] 때문에 위에서 보듯이 그는 "이토가 병원에서 죽었는지 한국 때문임을 알고 죽었는지"를 미조부치 검찰관에게 되물었던 것이다. 또한 이는 러시아 국경지방재판소 제8구 시심판사 스트라조프의 안중근 신문에 참석한 스기노 호타로(杉野鋒太郎)가 통역의 말이 알아듣기 어려운 데도 있었다고 하면서 "이토의 사망과 관련된 말을 들은 적이 없다"는 점을 분명히 밝힌 사실에서도 확인된다.[28]

이러한 맥락에서 스트라조프의 신문조서에 이른바 '이토사망 감사 기도설'이 기록되어 있지 않은 것은 당연한 일이라고 볼 수 있다.[29] 따라서 의거 직후 감사의 기도를 올렸다는 설은 스기노의 증언에서도 안중근이 이토 사망사실을 안 시점이 약 두달 후였다는 사실에서도 성립될 수 없는 것이다.

3. 이토 히로부미(伊藤博文) 사망 일시 안중근 사형집행설과 안우생 독살설

최석우·노길명 등은 일제가 "예수의 수난일인 성 금요일(3월 25일)에 사형을 집행해 달라는 안중근의 요구를 묵살하고 상월명일(祥月明日)이란 미신 때문에 보복의 의미에서 이토가 죽은 지 꼭 5개월 째 되는 같은 시각(3월 26일 오전 10시)에 사형을 집행

사업회 안중근연구소, 2010, 28쪽).

27) 최서면, 앞의 책, 130쪽.

28) 신운용 편역, 「증인 신문조서 증인 杉野鋒太郎」, 『伊藤公爵遭難ニ關シ倉知上政務局長旅順出張並ニ聽犯人訊問之件(聽取書) 第一卷』(문서번호 4.2.5, 245-4).

29) 신운용 편역, 「피고신문조서(역문)」, 『러시아 관헌 취조문서』(안중근 자료집 2), 14~15쪽.

했다"라고 일제를 비판하였다.[30] 이는 국내에서뿐만 아니라 일본에서조차[31] 주장되고 있는 실정이다.

그러나 안중근 사형집행에 대한 진실은 다음에서 여실히 드러난다.

안의 사형은 오는 25일 집행할 예정이라는 전보에 접했는 바, 그날은 한국황제 탄생일에 해당하여 한국인 심(心)에 악감을 줄 우려가 있어 도독부에 신청한 결과 도독부에서 3월 26일 사형을 집행하고 유해는 여순에 매장할 예정이라는 답전이 있었다(이하 결).

본일 당고등법원 검찰관으로부터 안중근에 대한 사형집행명령을 도독에 품신한 사정은 우선 전보로 보고한 대로인 바, 이에 대한 도독의 명령서는 본월 22일 도착하여 25일 집행할 것이며 또 사형후의 안의 신병은 감옥법 제74조에 의해 공안상 이를 유족에 하부하지 않는 것이 적당하다고 인정하고 당감옥서 묘지에 매장하기로 내정하였으므로 이에 참고로 보고하나이다.[32]

여기에서 두 가지점을 확인할 수 있다. 하나는 10월 22일 여순감옥에 도착한 「사형집행명령서」에 따라 10월 25일 사형을 집행하고 유해를 여순감옥에 매장하여 가족에게 돌려주지 않기로 내정하였다는 점이다. 다른 하나는 25일이 순종의 탄생일인 관계로 한국 사람들의 반발을 우려하여 26일 사형을 집행했다는 점이다. 예수 승천일인 3월 25일을 자신의 사형일로 요청한[33] 안중근은 동양평화론의 완성을 위해 3월 25일로부터 15일간 사형집행 연기를 일본당국에 주선해달라고 통역관 소노키 스에키(園木末喜)에게 요구하였으나 끝내 받아들여지지 않았다. [34]

그런데 여기에서 안중근 사형집행 시간은 "사형집행은 오전 10시를 넘기지 않도록

---

30) 최석우, 앞의 논문, 108쪽; 노길명, 앞의 논문, 22쪽.
31) 사키류조(左木隆三)/ 양억관 옮김, 『광양의 열사 안중근』, 고려원, 1993, 283쪽.
32) 국사편찬위원회,「電報 第一一四號(暗號)」,『한국독립운동사』자료 7, 514~515쪽.
33) 국가보훈처 광복회,「청취서」,『21세기와 동양평화론』, 1996, 57쪽.
34) 『滿洲日日新聞』 1910년 3월 17日字, 「執行猶豫を乞す」 ; 예술의 전당,「구리하라 전옥典獄이 사카이境 경시警視에게 보낸 보고서,『안중근』, 2010, 60쪽.

95

한다"는는 1906년 9월 1일자 관동도독부『사형집행규칙』에 따른 것[35]이라는 사실을 유념할 필요가 있다. 여기서 사형집행시간이 법제화되어 있는 사실을 확인할 수 있다. 따라서 안중근의 사형집행 시간과 이토의 죽음은 전혀 관계가 없는 것이다. 이러한 점에서 위의 안중근 사형집행설은 사실이 아님이 증명되는 것이다.

한편, 일각에서 안중근의 장남 안우생이 일제에 의해 독살되었다는 설이 제기되었다. 이 설은 유동선이 구술하고 김파가 정리한『안중근과 그의 동료들』에 기원하고 있다. 이에 대해 유동선은 다음과 같이 구술하고 있다.

> 나는 군도(필자: 분도, 안우생)와 마태 셋이서 숨박꼭질도 하고 몽릉(필자:목릉)강변에 나가 가재잡이도 하곤 하였다. 그러던 어느 날이었다. 군도가 강변에 나간지 이윽했는데 갑자기 비지땀을 흘히면서 배를 글어안고 뜨락으로 비칠비칠 들어오며 <엄마, 나 죽소, 아이고 배야, 아이고 배야....>하며 집안에 들어서자 쓰러지는 것이었다. (중략) 후에야 안 일이지만 그 낚시질군은 일본놈들! 파견한 간첩이었다. 일본놈들은 앞으로의 일을 우려하여 안중근의 후손들까지 열족(필자: 멸족)시킬 야심이었다.[36]

이에 근거하여 조광과 황재문은 안우생 독살설을 지지하였다.[37] 하지만 이는 항일전쟁기에 민족운동세력의 일본에 대한 적개심을 엿볼 수 있다는 면에서 의미가 있을지 모르지만 사실과 거리가 먼 이야기이다. 왜냐하면 이것이 사실이라면 민족운동가들이 언론에 대서특필하였을 것이고 항일투쟁열기를 올리는 데 좋은 기회로 활용하였을 것이기 때문이다. 하지만 독살설은 공신력 있는 어느 기록에서도 확인되지 않는다.

그런데 독살설과 관련하여『권업신문』의 다음과 같은 기사를 주목할 필요가 있다. 여기에서 독살설의 진실을 알 수 있기 때문이다.

---

35) 齋藤充功「『新發見"寫眞六十点の檢討と安重根の眞筆, 處刑の謎追」,『寶石』4月號, 1994, 360쪽.
36) 류동선 구술/ 김파 정리, 위의 책, 201~202쪽.
37) 조광,「안중근의거 이후 그 가문의 동향」, 245쪽; 황재문,『안중근평전』, 한겨레출판, 2011, 361쪽.

그 맏아들 9세 된 분도가 우연히 병에 걸려 음력 본월 4일에 엄연히 죽은 고로 안공의 대부인과

부인은 물론 정리가 남달라 사랑하던 남아에 불의에 참변을 당함에 의약이 갖추지 못한 적막한

촌에서 미처 구원 못 한 것을 더욱 유감하여 (중략) 듣는 바에 누구든지 눈물 안흘리지 않는 자

가 없더라. 슬프다. 나고 죽는 것은 떳떳한 일이나 저 푸른 하늘이 어찌 저를 참아하느뇨.[38]

위의 기사에서 안우생은 1914년 음력 4월 4일(양력 5월 28일)에 병사했음을 확인할 수

있다. 민족운동가들은 그의 죽음을 참으로 안타까워하며 독립투쟁의 의지를 다졌다.[39]

이는 안우생 독살설의 가능성이 대단히 낮다는 사실을 증명하는 것임에 틀림없다.

4. 수의(壽衣) 모친 제작설과 유묵·사진 위설(僞說)

안중근 1910년 2월 14일 여순지방재판소에서 사형선고를 받고서 2월 14 ·15일 이틀

에 걸쳐 친인척과 빌렘 신부 ·뮈텔 주교에게 보내는 유서를 작성하였다. 특히 그는 2월

17일 항소를 포기한다는 사실을 일제에 통고하면서 예수 승천일인 3월 25일에 사형집

행을 요청하였다.[40] 3월 8일부터 11일까지 두 동생 ·빌렘 신부 등과 총 4회 면회를 한

그는 1910년 3월 25일 오후 12시부터 3시 30분까지 여순감옥에서 마지막으로 두 동생

과 미즈노 기치타로(水野吉太郎)와 가마다 세이지(鎌田正治) 변호사를 만났다.[41]

이토 히로부미를 처단하였을 때 입어 더러워진 옷으로 천당에 갈 수 없다고 여긴[42]

---

38) 『권업신문』 1914년 6월 22일자, 「의ᄉ령윤의요사」.
39) 『권업신문』 1914년 7월 5일자, 「안의ᄉ의 아들 조샹흠ᄎ」.
40) 국가보훈처 광복회, 「청취서」, 『21세기와 동양평화론』, 1996, 57쪽.
41) 국사편찬위원회, 「보고서」, 『한국독립운동사』자료 7, 540~543쪽.
42) 이에 대해 『만주일일신문』은 다음과 같이 전하고 있다.
　　　　　　　피에 물들은 옷
　안은 홍 신부가 귀국했는지 여부를 물어 두 동생이 귀국했다고 답하자, 내 의복은 피가 묻어
　더러워졌으니 조선풍의 흰 옷으로 빨리 바꿔 입고 싶다고 하였다. 이미 주문했으니 곧 올 것
　이라는 동생의 말에 안은 그런가하며 심히 만족한 듯했다(『滿洲日日新聞』1910년 3月 17日字,

안중근은 3월 11일 면회에서 두 동생에게 수의를 부탁하였다. 그런데 유동선은 안중근의 부인이 지어서 보냈다는 설을 제기하였다.[43] 일각에서도 안중근의 수의를 고향에서 어머니가 만들어서 보냈다는 설을 주장하였다.[44] 심지어 여순감옥의 전옥 구리하라 사타기치(栗原貞吉) 딸 이마이 후사코(今井房子)는 그의 어머니가 안중근의 수의를 만들어 주었다는 말을 서슴지 않았다.[45]

　그러나 사료를 면밀하게 분석하면 이는 사실이 아님을 곧 알 수 있다. 수의와 관련하여 일제는 "이 날 안의 복장은 어젯밤 고향에서 도착한 한복(상의는 백무지이며 바지는 흑색)을 입고 품속에 성화를 넣었다"[46]라는 기록을 남겼다. 여기에서 분명히 알 수 있는 사실은 고향에서 수의를 보냈다는 것이다. 그렇다면 누가 어떻게 보낸 것인지만 확인된다면 안중근의 수의에 대한 잘 못된 설을 바로 잡을 수 있을 것이다.

　이는 다음과 같이 『만주일일신문』 기사에서 확인된다.

「血に染みし衣服」).

43) 류동선 구술/ 김파 정리, 위의 책, 198쪽.

44) 조관호, 「안중근의사의 신앙과 민족의 제단에 바친 삶」, 『안중근(도마)의사추모자료집-서거 80주년을 맞이하여-』, 천주교정의구현전구사제단, 1990, 143쪽; 최서면, 위의 책, 163쪽; 나명순·조규석 외, 위의 책, 177쪽; 이태진, 「안중근의 '하얼빈 대첩'과 평화주의」, 『동북아 평화와 안중근의거 재조명』, 안중근·하얼빈학회, 2008, 10쪽.

45) 齋藤充功, 『伊藤博文を撃った男』, 中公文庫, 1994, 158～159쪽. 158～159쪽. 사이토 미치노리(齋藤充功)는 「"新發見"寫眞六十点の檢討と安重根の眞筆, 處刑の謎追」(『寶石』 4월호, 1994, 361쪽)에서는 수의를 만든 사람이 여순감옥 전옥 구리하라의 부인이 아닌 장녀라고 주장하기도 하였다. 뿐만 아니라 이마이의 허위주장은 안중근의 관에 대한 주장에서도 엿볼 수 있다. 즉, "안중근 기념관에 있는 여순감옥의 전경을 찍은 사진을 보고 형무소건물과 관사 그리고 안중근이 있었던 곳을 즉석에서 알아 볼 수 있었다고 하면서 안중근은 관이 아니라 둥근 통에 넣어 운반하였다(『동아일보』1979년 9월 5일자, 「安重根義士 갇혔던 旅順감옥소장딸 이마이女士」)"고 주장하였다. 하지만 일반 사형수는 일본식으로 둥근 통에 넣었지만 안중근은 한국식으로 침관에 안장하여 묻었던 것이다(국사편찬위원회, 「전보 제114호」, 『한국독립운동사』 자료7, 515쪽).

46) 국가보훈처, 「安重根 死刑執行에 關한 要領」, 『아주제일의협 안중근』 제3권, 776～777쪽.

안의 수의(壽衣)

안중근이 주문한 흰색 한복은 2~3일전 여순의 객잔에 머물고 있는 두 동생 앞으로 보내어져 온 가격 56원으로 매우 훌륭한 것이라고 한다.[47]

이처럼 수의는 고향에서 56원에 사서 두 동생이 묵고 있던 여순의 여관으로 보내져 안중근에게 전달되었던 것이다. 따라서 부인이 만들었다는 설, 고향에서 어머니가 만들어 보냈다는 설, 구리하라의 부인이 만들었다는 설은 전혀 근거가 없는 허구인 것이다.

한편, 안중근은 여순감옥 관리들의 요청으로 많은 유묵을 남겼다. 박은식의『한국통사』에 따르면 안중근의 유묵은 200여 편에 이른다고 한다.[48] 현재 안중근의 마지막 유목은「爲國獻身軍人本分」으로 알려져 있다.[49]

그러나 이는 사실과 다른 주장이다. 그 해답은 다음의『朝鮮新聞』기사에서 얻을 수 있다.

안중근의 절필(絕筆)

지난 26일일 단두대의 이슬로 사라진 흉한 안중근의 절필은 사형집행 전일 경성의 모씨에게 보내져 왔다. 휘호의 내용은 아래와 같다.

人心惟危 道心惟微

庚戌 三月於旅順獄中

大韓人 安重根 書[50]

---

47)『滿洲日日新聞』1910年 3月 24日字,「安の死裝束」.
48) 박은식,『한국통사』(단국대학교부설 동양학연구소,『박은식전서』상, 1975), 345쪽
49) 나명순 · 조규석 외, 위의 책, 176~178쪽.
50)『朝鮮新聞』1910年 3月 30日字,「安重根の絕筆」. 이는『皇城新聞』1910년 3월 30일자,「安重根의絕筆」에서도 엿볼 수 있다.

여기에서「安重根의 絶筆」이라는 제목과 순국 하루 전인 1910년 10월 25일 위의 유묵을 서울로 보냈다는 점에 착목할 필요가 있다. 이는「人心惟危 道心惟微」가 안중근의 마지막 유묵일 가능성을 대단히 높이는 대목이기 때문이다. '절필'을 하였다는 것은 안중근이 더 이상을 붓글씨를 쓰지 않았다는 뜻이다. 여기에서 그가 마지막으로 유묵을 쓴 시점은 순국 하루 전이 10월 25일이라는 사실을 알 수 있다.

그리고『中庸章句書』에 나오는「人心惟危 道心惟微」는 안중근이 11월 24일 제6회 신문부터 미조부치 검찰관의 태도가 돌변한 것을 한탄하며 읊조린 내용과 같은 것이다.[51] 이처럼 안중근은 당시를 道心은 희미해지고 인심은 위태로운 시대로 인식하고 있었다.

유묵과 더불어 잘못 알려지거나 설명된 안중근의 사진에 대해서도 살펴볼 필요가 있다. 그 대표적인 안중근관련사진은 사진 1과 사진 2이다.

사진1   사진2

사진 1은「눈 내리는 산야를 헤치며 마차는 여순으로 가고 있다. 꼬박 3일이 걸린다. 이 마차 속의 안의사는 무슨 사색에 잠겼을까」라는 설명과 함께『실화』1956년 4월호에 실려 있다. 이후 이 사진은「아 의사 최후의 날 종용히 형장으로」[52] 라는 설명과 더불어 1963년에 출간된 안학식의『의사안중근전기』에 게재되어 있다. 1976년 국사편찬위원회에서 간행된『한국독립운동사』자료 6에도「사형장으로 나가는 안중근」(제18

---

51) 안중근,「안응칠역사」(안중근의사숭모회,『안중근의사자서전』, 1979), 177쪽.
52) 안학식 편저,「아 의사 최후의 날 종용히 형장으로」,『의사안중근전기』, 만수사보존회, 1963.

도)라고 설명되어 있다.[53]

사진 2는 『실화』 1956년 4월호에 「여순으로 압송당하는 찰라. 이 마차 속에 안중근 의사는 태연히 앉아 천리길을 떠나는 것이다」라는 설명으로 담겨져 있다. 『한국독립운동사』 자료 6에도 「여순감옥 형장에서 사형된 후 감옥묘지로 발인하는 장면」(제19도)이라고 설명되어 있다. 이러한 현상은 1990년대 이후에도 반복되는 양상을 보이고 있다.[54]

사진 1과 2는 쌍을 이루는 것으로 안중근을 감옥에서 법원으로 호송하는 상황을 묘사한 『만주일일신문』[55]을 보건데, 이는 여순 감옥에서 법원으로 향하는 모습과 도착 장면임에 틀림이 없다. 사진 2는 일본에서 발행되던 『법률신문』 1910년 2월 25일자에 「兇漢 등이 新調檻車로 법원유치장에 도착하는 광경」이라고 설명되어 있다. 또한

---

53) 이외에 잘못된 사진설명은 다음과 같다. 『동아일보』 1995년 2월 16일자, 「안중근의사를 싣고 사형장으로 나가는 함거」; 『조선일보』 1994년 5월 9일자, 「운구마차 처형뒤 안중근의사의 사신을 태우고 형장에서 묘지로 가는 마차」; 齋藤充功, 「안의 유해를 나르는 영구마차」, 위의 책, 185쪽.

54) 이는 다음에서도 엿볼 수 있다. 나명순·조규석 외, 「1910년 3월 26일 하루종일 보슬비가 내리는 가운데 안중근의사의 유해가 마차에 실려 재소자 공동묘지를 향해 가소 있다」, 위의 책, 182쪽; 김우종/리도원 편저, 「안중근의사의 시체를 실은 마차가 묘지로 가는 정경」, 『론문·전지·자료 안중근의사』, 흑룡강조선민족출판사, 1998; 화문귀 주필 유병호 역, 「안중근이 감옥을 떠나 법원으로 압송되어 가는 장면」, 『안중근연구』, 료녕민족출판사, 2009, 55쪽.

55) 『滿洲日日新聞』 1910年 2月 8日字, 「護送馬車の到着」.
호송마차의 도착
새로 만든 호송마차에는 피고 4명을 태우고 간수장 2명, 간수 10명이 경호하고 기마순사 및 헌병이 앞뒤에 붙고 정복 및 사복순사를 연도 곳곳에 배치하여 경계를 철저히 하였다. 구리하라(栗原) 전옥도 또한 마차를 타고서 그 뒤를 따랐다. 8시 30분경 마차가 법원 앞에 도착하자 방청권을 받지 못한 수백의 군중은 자꾸자꾸 몰려들어 안중근이 어떠한 인물인가 보려고 얼굴을 내밀었다. 이는 마치 잉어가 한조각 먹이에 몰려드는 것 같았다. 드디어 호송마차가 법원 내 남측의 유치장에 도착하자, 전면의 문이 먼저 열리고 용수를 얼굴에 쓰고 나오는 자는 나이가 가장 어린 유동하이고, 그 다음으로 후방의 문이 열리며 같은 모습으로 나타난 자는 조도선이며 북쪽 전방의 문에서 나타난 자는 우덕순이고 마지막으로 후방 안쪽에서 나타난 자는 안중근이다. 이들은 모두 허리에 포승줄을 찬 채로 유치장내로 끌려들어갔다. 군중은 4사람의 모습을 보고 앞서가는 자가 안중근이다 아니다 뒤에 가는 자가 안중근이라는 하마평으로 장외가 잠시 떠들썩하였다.

이는 영국신문 더 그래픽(The Graphic)』 1910년 4월 16일자에도 「일본 죄수호송마차
가 여순법원 밖에서 이토 살인자를 기다리고 있다」라고 설명되어 있다. 물론 여러 가
지 사항을 고려해볼 때 『법률신문』의 설명이 사실에 가까운 것으로 보인다.

그리고 안중근숭모회가 1979년에 발간한 『민족의 얼 안중
근의사 사진첩』에 들어 있는 「진남포에서 육영사업 시절의
안중근교장」56)(사진 3)이라는 사진설명은 많은 문제점을 안
고 있다는 점에서 재검토할 필요가 있다.

사진 3

1914년 안정근은 안중근전기 발간 비용을 마련하기 위해
블라디보스톡에서 ① 「대한의사안중근공-하르빈에서 잡히
기 전 모양, 여순구 옥중에 있은 지 한달 후 모양, 하르빈 정거
장에서 잡힐 때 모양」, ② 「대한의사안중근공 통감 일본인 이
등박문」, ③ 하르빈정거장에서 이등과 아라사 대신이 만나는데 안의사는 기회를 기다
림」, ④ 대한충의사-민충정영환공, 안의사중근공, 해아밀사이준공」, ⑤ 안의사중근공
이 여순구 옥중에서 두 아우와 빌렘신부에게 유언하는 모양-나 죽은 후에 나의 시체
는 어느 때든지 나라가 회복되기 전에는 본국에 반장하지 말고 속히 독립의 소식으로
나의 영혼을 위하게 하라」라는 안중근엽서 5종을 제작하였다.57)

---

56) 안중근의사숭모회, 「진남포에서 육영사업 시절의 안중근교장」, 『민족의 얼 안중근의사 사진
첩』, 1979.
57) 『권업신문』 1914년 1월 17일자(음력) 1914년 1월 17일 (음력) 『권업신문』에 안중근전기 발간비
용을 마련하기 위해 4종(필자: 5종의 잘못)의 '안중근 그림엽서를 발매한다는 광고(「샤진사가
시오 우이가잇지못홀 긔념」)가 게재되어 있다. 이 엽서는 25전(꼬페이까)에 판매되고 있었는
데, 이는 『안중근전기』 발간 이외에 안중근 유족의 생활비로 충당하기 위한 것이라고 한다(일
본 외교사료관, 「當地方 朝鮮人近況報告 ノ件」(1914.2.16), 『在西比利亞』 第4卷(不逞團關係雜
件－韓國人 ノ部, 문서번호: 4.3.2, 2-1-2)). 이 엽서는 ① 「安重根先生」, ② 「대한의사안중근
공」, ③ 「안의사중근공」, ④ 「대한의사안중근공 · 통감 일본인 이등박문」, ⑤ 「안의사중근공이
여순구 옥중에서 두 아우와 빌렘신부에게 유언하는 모양」 이라는 제목으로 5종이 발매되었
다(일본 외무성 외교사료관, 「安重根寫眞繪葉書送付件」, 『在西比利亞』 第4卷). 이 엽서는 미
국 · 중국의 한인들에게도 보내져 애국심을 고취하는 역할을 하였다.

사진 4   사진 5

　그런데 안정근은 ①-④ 사진 속에 안중근의 상체 사진을 '원'속에 편집하여 제작하였다. 이는 바로 1909년 10월 23일 안중근이 우덕순·유동하와 더불어 찍은 사진 5[58] 속의 안중근과 일치하는 것이다. 따라서 ①-④ 사진 중 원안에 들어 있는 사진 5의 안중근부분을 편집한 것임을 알 수 있다.

　박은식은 1914년 출간한『안중근』에 다른 사진들과 함께 이 사진 5종을 실었다. 그런데　원안에 안중근 상체사진을 넣고「안중근선생」이라고 제목을 붙인『안중근』의 첫 번째 사진을 주목할 필요가 있다. 이는 ④ '안의사중근공'과 같은 사진(사진 3)이다.

　이로 보아 박은식이 사진 5 속의 안중근을 따로 편집하여「안중근선생」이라고 제목을 붙여『안중근』의 첫 번째 사진으로 넣은 것이 확실하다.[59] 이처럼 안중근의사숭모회 등은 사진 3를 아무런 검증 과정을 거치지 않은 채 책자에 실었던 것이다.[60]

─────────────

58)『滿洲日日新聞』1910年 2月 4日字,「兇行三日前哈爾賓支那人寫眞館より撮影したる紀年寫眞左安重根,中禹德淳,右劉東夏」; 김호일,『대한국인 안중근 사진과 유묵으로 본 안중근 의사의 삶과 꿈』, 안중근의사숭모회, 2010, 108쪽.

59) 이는 호랑이 모양의 한국지도와 함께 원안에 안중근의 사진 넣은 신한국보사가 발행한 1913년 1월 달력에서도 발견된다.

60) 김호일, 앞의 책, 50쪽; 최서면, 앞의 책, 71쪽;「진남포에서 육영사업을 하던 시절의 안중근 교장」,『대한국인 안중근』(8월의 문화인물), 문화체육부·한국문화예술진흥원, 1993, 8쪽; 최종수,「삼흥학교와 돈의학교를 설립할 당시의 안중근」,『재판장 마음대로 하시오』, 역민사, 1993.

이외의 사진과 관련 된 잘못된 설명은 다음과 같다. 김호일은『대한국인 안중근 사진과 유묵으로 본 안중근 의사의 삶과 꿈』의 106쪽의 사진을「이토 히로부미가 도착하기 직전의 하얼빈역 플랫폼」라고 설명하였다. 또한 황재문은「이토히로부미를 맞이하기 위해 채비중인 하얼빈역 풍경」(황재문, 위의 책, 276쪽)이라고 묘사하였다. 하지만 이 또한 잘못된 설명이다. 왜냐

5. 유언 검토

안중근은 3월 8일부터 25일에 이르기까지 5회에 걸쳐 두 동생과 빌렘신부 등과 면회를 하였다. 특히 3월 11일 그는 "둘째 아들을 신부로 만들어 달라. 유해를 하얼빈에 묻어 달라. 교자는 그 1일을 앞서 성단에 오르니 교우의 힘에 의해 한국독립의 길보를 가져다주기를 기다릴 뿐이다. 한복 차입해 달라"라는 유언을 남겼다.[61] 여기에서 유해마저 독립투쟁에 바치려는 그의 의지와 천주교인들의 각성을 간절히 바라는 그의 마음을 느낄 수 있다.

3월 25일 그는 "둘째아들 대신 첫째아들을 신부로 만들어 달라. 정근은 공업에 종사하라, 공근은 학문을 연구하라. 하얼빈에서 우덕순과 유동하와 함께 찍은 사진을 찾아라. 장봉근에게서 빌린 50원을 갚아라. 이치권에게서 정천동맹 때 자른 손가락과 구두 의류 등을 찾으라. 어머니·숙부·빌렘신부·뮈텔주교·안명근·부인 김아려에게 보내는 유서를 전하여 달라"[62]라고 유언했다.

하면 이 사진은『伊藤公ノ最期』(佐藤四郎, 哈爾賓日日新聞社, 1927)에는 「故李等公遭難當時ノ哈爾賓譯」이라고 설명되었다. 그런데 "중앙 다섯명이 둘러싸고 있는 가운데가 조난지점"이라는 부연 설명을 보건데, 이 사진은 필사 하얼빈에서 이토 기념사업을 시작하던 무렵(1927년 10월)에 찍은 것으로 보인다. 「의군참모총장시절의 안중근」이라는 사진설명(안중근의사숭모회, 「의군참모중장 안중근」, 『민족의 얼 안중근의사 사진첩』, 1979; 『동아일보』 1995년 2월 14일자, 「의군참모총장시절의 안중근」; 최종수, 「의병 참모중장 안중근」, 위의 책)도 허구이다. 안중근이 의병시절 사진을 남겼을 리가 없기 때문이다. 이는 필시 여순감옥의 벽을 배경으로 찍은 사진을 편집한 것일 가능성이 높다.

그리고 수갑을 풀고 자유롭게 앉아 있는 안중근이 두 동생과 빌렘신부 일본 관헌이 함께 나오는 사진은 필시 3월 10일에 촬영된 것으로 보인다. 그 근거로 사진 속의 안중근은 수갑을 차지 않은 모습을 들 수 있다. 일제의 기록에 따르면 종부성사를 받은 3월 10일에 한하여 수갑 등의 구속을 풀었다고 한다(국사편찬위원회, 「보고서」, 『한국독립운동사』 자료7, 537쪽). 그런데 이 사진에 대한 설명이 잘 못되어 있는 것은 다음과 같다. 최수종, 「순국 이틀 전에 아우 정근 공근과 홍신부를 만나 유언하고 있다」, 위의 책; 한국교회사연구소 역주, 「안중근을 만기 위해 3월 24일 여순감옥을 찾은 빌렘신부」, 『뮈텔주교일기』4, 1998, 451쪽; 齋藤充功, 「처형직전에 동생과 면회하는 안중근」, 위의 책, 140쪽; 姜德想, 「처형 2분전에 동생들(왼쪽 끝 정근, 공근)과 만나다」, 『朝鮮獨立運動の群像』, 靑木書店, 1984, 76쪽.

61) 앞의 책, 538~540쪽
62) 앞의 책, 540~541쪽.

그런데 안중근숭모회는 『안중근의사 자서전』에서 출처를 밝히지 않은 채 「안중근의 최후의 유언」을 다음과 같이 소개하여 있다. 이후 이는 안중근 최후의 유언으로 일반에 널리 알려졌다.

> 내가 죽은 뒤에 나의 뼈를 하르빈 공원 곁에 묻어 두었다가, 우리국권이 회복되거든 고국으로 반장해다고. 나는 천국에 가서도 또한 마땅히 우리나라의 회복을 위해 힘쓸 것이다. 너희 들은 돌아가서 동포들에게 각각 모두 나라의 책임을 지고 국민된 의무를 다하여, 마음을 같이 하고 힘을 합하여 공로를 세우고 업을 이루도록 일러다고. 대한 독립의 소리가 천국에 들려오면, 나는 마땅히 춤추며 만세를 부를 것이다.[63]

위의 유언은 일제가 작성한 안중근의 면회기록과는 차이점이 보인다. 그렇다면 이는 안중근이 안병찬에게 남긴 유언을 그대로 수록한 것인지, 어느 정도 가필된 것인지, 그 출처가 어디인지 하는 의문이 생긴다.

이러한 의문을 풀기 위해서는 우선 1910년 2월 15일 안중근을 면회한 안병찬의 전언이 실려 있는 『대한매일신보』의 다음과 같은 기사를 주목할 필요가 있다.

> 안중근씨가 말하기를 이 내 육신이 차생에는 영별리라 만난 소회는 이로 측량할 수 없거니와 오직 한 말로 우리대한 동포에게 고하노라하였는데, 내가 대한독립과 동양평화를 유지하기 위하여 삼년동안 해외의 풍상을 지내다가 마침내 그 목적을 도달치 못하고 이 땅에서 죽으니 죽기가 원통함이 아니라 속에 품은 만반사를 부탁할 곳이 없도다. 바라노니 우리 이천만 형제자매는 각각 분발하여 학문을 힘쓰고 실업을 진흥하여 나의 뜻을 계속하여 나의 소망을 저버리지 말고 우리 대한자유독립을 회복하여 죽은 자로 하여금 한이 없게 하라[64]

---

63) 안중근의사숭모회, 「최후의 유언」, 『안중근의사 자서전』, 1979; 「최후의 유언」, 『민족의 얼 안중근의사 사진첩』, 1979; 나명순·조규석 외, 위의 책, 178쪽.
64) 『대한매일신보』 1910년 3월 25일자, 「이말좀드러보소」.

여기에서 천주교 신자들에게 유언을 남긴 안중근이 따로 한국사람들에게 유언을 남긴 사실을 알 수 있다. 물론 이는 안병찬 또는 『대한매일신보』 인사들이 어느 정도 가필하였을 가능성을 배제할 수 없다.[65] 하지만 이는 안정근이 1914년에 제작한 안중근엽서에 기입한 "나 죽은 후에 나의 시체는 어느 때든지 나라가 회복되기 전에는 본국에 반장하지 말고 속히 독립의 소식으로 나의 영혼을 위하하게 하라"[66]라는 유언에서 보듯이 대체적인 안중근의 유언으로 받아들여도 무리는 없을 것 같다.

그런데 순국 약 25년 후인 1935년 10월 15일자 『신한민보』 기사에서 위의 안병찬의 전언과 비슷한 내용을 다음과 같이 확인할 수 있다.

> 안중근의사는 여순옥에서 임종에 그 아우 정근 공근에게 유언하야 말하기를 「나 죽은 후에 내 신해를 할빈 정거당 곁에 묻어두었다가 국가독립이 회복되거든 고토에 반장하라. 내가 천국에 가셔도 또한 마땅히 국가독립을 위하야 진력하리니 너희들은 우리동포에게 고하여 각각 국가의 칙임을 지고 국민의 의무를 다하여 성공케 하여라. 대한독립의 소리가 천국에 사무치면 나도 춤추고 만세를 부르리라」[67]

이는 안병찬의 전언과 두가지 점에서 차이점을 보이고 있다. 하나는 『대한매일신보』는 1910년 2월 15일 면회 때 안중근이 안병찬에게 위와 같이 유언을 남겼다는 것에 반하여, 『신한민보』는 여순 옥중에서 임종(3월 25일)에 한 것으로 보고 있다는 것이다. 다른 하나는 『대한매일신보』의 "우리 대한자유독립을 회복하여 죽은 자로 하여금 한

---

65) 안병찬이 안중근을 공식적으로 면회를 하였다는 기록은 전해지고 있지 않다. 만약 안병찬이 안중근을 면회하지 못하였다면 이는 『대한매일신보』의 조작이거나 아니면 신한민보에서 보듯이 안중근이 두 동생에게 한 유언을 안병찬에게 한 것으로 와전되었을 가능성도 있다.

66) 일본 외교사료관, 「當地方 朝鮮人近況報告 ノ件」(1914.2.16), 『在西比利亞』 第4卷(不逞團關係雜件-韓國人ノ部, 문서번호: 4.3.2, 2-1-2.

67) 『신한민보』 1935년 10월 15일자, 「안듕근의사의 유언」. 또한 『韓民』에 다음과 같이 보도되었다. 일반동포는 분투노력하야 이로써 내 영혼을 기쁘게 하여 다라는 말과 자기의 시체는 할빈에 묻었다가 국권 회복한 후에 고토에 묻어달라는 말을 부탁하였다(『韓民』 大韓民國十八年(1936년) 10월 15일자, 「安重根義士의 事蹟」).

이 없게 하라"가 『신한민보』에서는 "대한독립의 소리가 천국에 사무치면 나도 춤추고 만세를 부르리라"로 등 다르게 표현되어 있다. 하지만 대체로 그 뜻은 대동소이한 것으로 보인다. 이러한 점에서 『신한민보』에 보도된 위의 유언은 『대한매일신보』의 안병찬 전언을 바탕으로 한 것으로 보인다.

아울러 1935년의 기사에 이어서 1941년 11월 13일자 『신한민보』는 다음과 같이 유언과 관련하여 보도하고 있다.

> 안중근 의사는 여순구 감옥에서 적의 해를 입어 사생 취의할 때에 그 아우 공근에게 일러 갈오대 「나의 유해를 여순구 바다 언덕 위에 묻어 두어 외로운 무덤으로 하여금 고국산천을 바라보게 하고 이 다음 우리나라가 독립하거든 반장하여라」[68]

1935년과 1941년 『신한민보』는 안중근이 유해를 하얼빈과 여순에 묻어달라는 유언을 했다고 다르게 보도하고 있다. 이는 1941년의 보도는 유언의 진위를 의심케 하는 대목으로 안중근의 유언은 어느정도 가필되었을 가능성이 높은 것으로 보인다.

이상에 보듯이 안중근의 최후의 유언으로 가장 널리 일반에 알려져 있는 유언은 안병찬의 전언을 약간 각색한 『신한민보』는 1941년 11월 13일자 기사를 따른 것이다. 또한 이러한 안중근의 유언은 민족운동가들의 대일항쟁투쟁의지를 다지고 민족의 일치단결에도 도움이 되었던 것으로 판단된다.[69]

---

68) 『신한민보』1941년 11월 13일, 「안중근의사의 유언」.
69) 하얼빈 한인들은 다음에서 보듯이 안중근의 유지를 받들어 하얼빈을 민족운동의 성지로 만들려고 하였다. "첩보에 의하면 여순지방법원에서 사형 선고를 받은 이등공 살해범 안중근의 형이 집행된 뒤 그 유해를 청해 받아와서 안중근이 이곳(필자: 하얼빈)의 한국인 묘지에 정중히 매장하고 한국인들의 거출금으로 장려한 묘비와 기념비를 건립하고 애국지사로서 일반 한국인들의 존경의 중심이 되도록 하려는 계획을 세우고 진력 중인 한국인이 이곳에 있다"(국가보훈처, 「기밀 제14호」, 『아주제일의협 안중근』 제3권, 690쪽).

5. 맺음말

이상에서 필자는 십자가총알설, 의거성공·감사 기도설 등을 중심으로 한국의 안중근연구를 비판적 시각에서 살펴보았는 바, 다음과 같은 결론에 이르렀다.

안중근연구는 의거와 순국 100주년을 전후하여 폭발적으로 증가하는 모습을 보였다. 하지만 여전히 총알에 십자가를 새겼다는 설, 이토처단 성공·감사 기도를 올렸다는 설, 이토 히로부미 사망 일시에 맞추어 안중근 사형을 집행했다는 설, 안중근 장남 안우생(安祐生)이 일제에 독살당했다는 설, 수의를 고향의 어머니가 보냈다는 설, 잘못 설명된 유묵 사진 등 잘못 알려진 사실들이 널리 회자되고 있다.

십자가총알설은 유동선의의 주장이 전혀 근거 없다는 점, 안중근 일관되게 이를 부정하고 있다는 점 등에서 사실이 아님을 알 수 있다. 또한 이토처단 성공·감사 기도를 올렸다는 설도 재판기록에서 보듯이 안중근이 지속적으로 부정한다는 점에서, 특히 안중근이 이토의 사망 사실을 안 시점이 의거 후 약 2달이 지난 1909년 12월 22일이었다는 점에서 사실이 아님이 증명된다.

이토 히로부미 사망 일시에 맞추어 안중근 사형을 집행했다는 설은 사형집행시간이 일제의 법률로 정해져 있었다는 점, 사형을 하루 연기하여 26일에 시행한 것은 순종의 생일과 겹쳐 한국 사람들의 여론에 악영향을 끼칠 우려 때문이라는 점에서 허구인 것이다.

안중근 장남 안우생(安祐生)이 일제에 독살당했다는 설은 안중근의 장남 안우생이 병사한 사실을 밝힌 『권업신문』의 기사를 보건데 사실이 아니다. 아울러 수의를 고향의 어머니가 보냈다는 설은 56원에 고향에서 사서 보냈다는 『만주일일신문』의 기사를 근거로 바로잡을 수 있다.

안중근과 그의 의거와 관련하여 가장 많이 왜곡된 부분이 바로 안중근관련사진 설명이다. 잘못 설명된 대표적인 사진은 사진 1·사진 2·사진 3이다. 사진 1은 사진 2 와

쌍을 이루는 것이라는 점과 만주일일신문의 안중근 등을 호송을 하는 기사를 바탕으로 여순법원으로 향하는 장면임이 확실하다. 사진 2는『법률신문』의 설명을 근거로 볼 때 법원에 도착하는 장면임이 확실하다. 사진 3은『만주일일신문』1910년 2월 4일자의 사진(사진 5) 속의 안중근부분을 편집한 것이다. 사진 5는 안정근이 만든 5종류의「안중근엽서」에서 활용되었을 뿐만 아니라, 박은식의『안중근』과 신한국보사가 발행한 1913년 1월 달력 등에서도 발견된다.

안중근의사숭모회에서 발간된 책자들로 널리 알려진 안중근 유언은 안중근의 유언을 안병찬이 전한 내용을 약간 각색한 1935년 10월 15일자『신한민보』에 근거한 것이라는 사실도 밝혀졌다.

끝으로 한국의 안중근연구에서 재검토를 요하는 분야는 이것만이 아니다. 의거 100주년을 기해 붉어진 '안중근장군설'과 '안중근의거'의 고종배후설 등도 비판적인 시각에서 다시 살펴보아야 할 대목이다. 이는 다음기회를 기약하면서 이 글을 맺고자 한다.

獄中肉筆을 통한 安重根 思想의 一斷

김호일(전 안중근기념관장)

1. 安重根의 '東洋平和論'

"내가 한국독립을 회복하고 동양평화를 유지하기 위하여 삼년 동안 해외에서 풍찬노숙하다가
마침내 그 목적을 도달치 못하고 이곳에서 죽노니 우리들 2천만 형제자매는 각각 스스로 분발
하여 학문에 힘쓰고 실업을 진흥하여 나의 끼친 뜻을 이어 자유독립을 회복하면 죽는 자 유한
이 없겠노라"

이 유언은 安重根(1879. 9. 2~1910. 3. 26)이 순국하기 전 2천만 우리민족에게
남긴 내용이다.

안중근은 32년의 짧은 인생의 삶을 오직 대한의 독립과 동양평화를 위하여 살
신성인한 민족의 태양이었다. 민족주의 사학자이며 대한민국임시정부 2대 대통령
이었던 독립운동가 白岩 朴殷植은 "안중근의 역사에 근거하여 그를 평가할 때 어
떤 사람은 몸 바쳐 나라를 구한 志士라 하였고 또는 한국을 위해 복수한 열렬한 협
객이라고 하였다. 나는 이런 찬사에 그친다면 미진한 바가 있다고 생각한다. 중근은

세계적인 안광을 가지고 평화의 대표자를 자임한 사람이다"라고 하여 안중근을 志士나 義士라는 실천적 행동가임과 동시에 이를 뒷받침하는 사상가로서의 위상을 더욱 강조하고 있음을 알 수 있다.

사실 안중근은 국권회복을 위한 교육구국운동과 물산장려운동에 앞장선 민족의 선각자였고, 천주교의 독실한 신자로 포교활동을 전개한 종교운동가였으며, 직접 무기를 들고 일본제국주의의 군경과 맞서 싸운 義兵을 지휘한 장군이기도 하였다. 또한 한국을 침략한 일본의 初代統監이었으며 總理大臣을 역임한 樞密院 議長 이토 히로부미(伊藤博文)를 중국 흑룡강성 하얼빈역에서 포살한 대한의 영웅으로 우리 민족사에 길이 남을 위대한 업적을 이룩하였다.

안중근의 이러한 실천적이고 과단성 있는 위업은 '동양평화론'이라는 독특한 이론이 있었기 때문이다. 동양평화론은 그가 평소에 가지고 있었던 애천·애인·애국의 三愛精神을 바탕으로 한 유교사상·개화사상·기독교사상이 복합된 이론체계였다. 동양평화론의 궁극목적은 동양의 대표적인 국가인 한국·중국·일본 3개국이 각기 독립국가로서의 주권을 가지면서 국제사회에서는 서로 협력하여 서구제국주의 침략에 공동으로 대처하는 한편 안으로는 3국이 공동번영을 도모하는 방안을 구체적으로 제시한 정책이론이었다.

동양평화론은 물론 안중근만이 주장한 이론은 아니었다. 이 용어는 일본의 위정자나 지식인들이 내걸었던 침략정책에서 시작되었다. 즉 19세기 말 이래 일본제국주의가 침략의 호도책으로 사용하여 자국의 이익만을 위한 반평화적인 개념이었다. '탈아론' '대동합방론' '아세아연대주의' 등을 내걸고 한국을 비롯한 아시아 각국을 침략하여 대일본제국을 만들려고 했던 일본제국주의의 팽창이론에 근원을 두고 있었다.

한국에서는 개화사상가들에 의하여 외세의 침략에 대처하고 국가의 주권을 지키고 동양평화를 이룩하기 위하여는 '중립론'이 상책이라는 주장에서 출발하고 있다.

社會進化論에 눈뜨기 시작한 개화파인사들은 三國連帶論을 내세우기도 했고 일제의 아시아연대주의에 동조하는 경향으로 기울어갔다.

국권이 상실되어가는 당시의 정세 속에서 안중근을 비롯한 민족의 선각자들은 일제의 상투적인 동양평화 이론에 반기를 들고 진정한 의미에서 동양평화를 가져올 이론을 모색하게 되고 그 백미가 안중근의 동양평화론이라고 할 수 있다.

안중근의 동양평화론은 동양의 대세의 관계와 평화전략의 의견을 개진하려고 한 내용이었으나 불행하게도 미완의 작품으로 세상에 햇빛을 보았으니 그것은 안중근이 동양평화론을 미처 탈고하지 못한 채 순국하였기 때문이다.

안중근이 동양평화론을 구상한 것은 즉흥적인 감정에서가 아니라 민족운동을 전개하면서 구국의 방략을 나름대로 생각하고 다듬으면서 당시의 언론·서적을 통하여 지식의 폭을 넓혔고 민족운동가들과 교류를 통하여 더욱 더 확고한 신념 속에서 나온 결과였다.

그는 당시의 신문이었던 『대한매일신보』·『황성신문』·『제국신문』과 같은 국내 신문들과 미국에서 발행되던 공립신문』, 연해주 블라디보스톡에서 발행되던『대동공보』 등을 구독하면서, 저서로는 『泰西新史』·『萬國史』·『朝鮮史』·『萬國公法』 등을 읽고 이론정립에 도움을 받았다.

이와 함께 안중근은 그가 접촉했던 인사들로부터도 일정한 영향을 받았다고 볼 수 있다. 우선 유교적인 소양을 그의 조부인 仁壽 공으로부터 한학의 기본적인 교양서를 교육받았으며 개화사상에 대한 부분은 부친 泰勳 공으로부터 영향을 받았으며 천주교 신부였던 빌렘(Joshep Wilhelm; 홍석구)이나 르각(Le Gac; 곽원량) 선교사 등을 통하여 국제정세나 서구사상에 눈을 떴다고 보아야 할 것이다. 이와 함께 국내 독립운동가들로부터 많은 영향을 받았으니 島山 安昌浩, 溥齋 李相卨, 李範允 등이 그들이라고 할 수 있다.

안중근의 동양평화론은 6회에 걸친 재판과정을 끝내고 여순지방법원 법정에서 사형언도가 내려진 뒤부터 집필이 시작되었다. 즉 1910년 2월 14일 사형언도 후 형 집행만 남은 상태에서 먼저 『安應七 歷史』라는 개인전기를 동년 3월 15일에 탈고한 뒤 순국한 3월 26일 사이인 11일 만에 序文과 前鑑 일부분만 집필한 미완성인 채 끝난 작품이다.

일제 관동도독부 고등법원장과의 대담에서 안중근은 동양대세와 평화정략에 대한 견해를 밝히고자하니 1개월만 사형집행을 늦추어 달라고 하자 법원장이 이를 허락하자 집필을 시작하였다. 그러나 전술한 바와 같이 사형집행이 빨라짐으로 인하여 완성을 보지 못하고 말았다. 참으로 안타깝고 통탄할 일이다.

원래 동양평화론은 1. 서문, 2. 전감, 3. 현상, 4. 복선, 5. 문답으로 구성하려고 하였던 것 같다. 서문은 19세기 제국주의시대에 동양3국의 단합을 강조하고 이를 통하여 서구제국주의의 열강의 침략을 막고 특히 防俄策을 강구하여야 한다고 주장하였다. 전감은 앞사람의 일을 거울삼아 스스로 경계하자는 뜻이었고, 현상은 나타나 보이는 현재의 상태를 기술코자 했으며, 복선은 뒤의 일을 대비하여 미리 꾸며놓는 일, 즉 앞으로 발생할 사건에 대한 준비로서 그에 관련된 일을 앞에서 미리 비쳐 보이는 일을, 문답은 물음과 대답, 서로 묻고 대답하는 것으로서 결론을 맺고자 했던 것이다.

"성패는 만고에 항상 정해진 이치이다. 오늘날 세계는 동서로 갈라지고 인종이 각각 다르며 서로 경쟁하기를 밥먹듯하며 利器 연구에 농상보다 더욱 열중하여 새로 전기포·비행선·침수정 등을 발명하고 있으니 이것들은 사람이나 사물을 상해하는 기계들이다. 젊은 청년들을 훈련시켜 전쟁터에 몰아넣어 수없는 귀중한 생령들이 희생물처럼 버려져 피가 내가 되어 흐르고 시체는 쌓여 산을 이루어 그칠 날이 없다"로 시작되는 서문은 약육강식·적자생존의 논리 속에서 국제사회가 자국의 이익을 위하여 약소국을 제물화하는 시대적 상황을 꿰뚫어 보았다. 나아가 인간존중과 인류의 공동번영이란 대전제는 무시당한 채 전쟁이라는 폭력을 동원해서라도 패권을 장악하고 이를 위해 다투어 전쟁무기 개발에 박차를 가하고 있던 시대상황을 통렬히 비판하고 있다. 이어서 서양제국주의 국가들의 침략성과 폭력성을 규탄하면서 그중에서도 가장 심한 국가가 제정러시아라고 보았다.

이러한 제정러시아의 남진정책을 물리칠 수 있는 세력은 일본이었고 그래서 한국과 청국이 일본을 도와 전쟁을 승리로 이끌었다고 주장했다.

"예로부터 동서남북 어느 주를 막론하고 예측하기 어려운 것은 대세의 반복이요 알 수 없는 것이 인심의 변천"이라고 하면서 전감에서는 역사의 진전은 인간의 의지 여하에 따라서 결정된다는 의식을 가지고 19세기 말에서 20세기 초까지 아시아 대륙에서 치러졌던 1894년 청일전쟁, 1904~1905년 러일전쟁을 통한 동양사회의 흐름을 다음과 같이 설명하였다.

첫째, 청일전쟁에서 그 전쟁의 원인과 일본이 승리한 이유와 청이 패배한 이유를 민족성의 측면에서 살펴보았다.

둘째, 제정러시아의 극동정책에 대한 우려와 일본의 과실을 논하고 있다.

셋째, 러일전쟁의 원인, 그 성격, 서구열강의 대책, 한국·청국의 대응 등을 예리한 형안으로 분석하여 그 득실을 비판했다.

넷째, 러일전쟁의 강화조약이 미국의 중재하에 그것도 미국 영토인 포오츠머스에서 체결하게 된 이유에 문제를 제기하면서 이것을 인종간의 차별로 보면서 조약문에 한국이 러시아와 처음부터 관계가 없는데 한국문제를 넣은 이유가 무엇인가를 묻고 있다.

다섯째, 안중근은 일본제국주의에 대하여 강한 경종을 주고 있다. 같은 황인종이면서 한국을 침략하여 지배하려한 일본제국주의의 대륙침략 정책을 전면 공격하면서 언젠가는 그 값을 치를 것이라고 강하게 비판하였다.

이상 옥중에서 안중근이 집필한 「동양평화론」 중 전감의 내용인 바 이 내용도 전부 서술되지 않았다.

그러므로 현재 서문·전감의 일부분을 가지고 동양평화론 전체를 밝힐 수는 없다. 그러나 단편적으로 심문조서 등과 특히 안 의사가 1910년 2월 17일 관동도독부 고등법원장과 면담한 내용을 담은 '청취서'에 동양평화론에 대한 안중근의 이상이 담겨져 있다. 우선 동양의 중심지이며 요동반도의 항구도시인 여순을 영세중립지로 만들어 각국 대표에 의한 상설위원회를 설치함과 동시에 다음과 같은 정책을 시행할 것을 주장하였다.

〈旅順 永世中立地 設置 施行 方案〉

1. 東洋平和會議 組織

   3국인 민중에서 회원 모집, 재정은 1인당 회비 1원 모금액으로 운영

2. 共同銀行 設立, 共同貨幣 發行

   3국이 공동 출자하여 은행 설립, 각국 공용화폐 발행

3. 組織機構의 擴大

   3국 중요 지역에 평화회의 지부와 은행지점 설치

4. 永世中立地 旅順 保護

   일본군함 5~6척을 항구에 정박시켜 보호 담당

5. 平和軍 養成

   각국 청년모집, 최소한 2개 국어 교육

6. 共同經濟發展

   일본의 지도 아래 한국·청국의 상공업 발전 도모

7. 國際的 承認

   한국·중국·일본 지도자가 로마교황으로부터 戴冠을 받음

8. 日本의 侵略蠻行 反省

   한국과 중국에 대한 일본제국주의의 침략 규탄과 대응

서세동점이라는 제국주의 물결 속에 그들의 침략과 수탈에 대응하여 동양 3국이

공동대처한다는 이론인 동양평화론은 한국의 개화론자들이 주장한 중립론이나 일본 국수주의자들의 아시아연대론과는 차원이 전혀 다르다.

지금으로부터 105년 전에 인류의 보편적 행복을 추구하는 평화의 논리를 폈던 안중근의 동양평화론은 그의 치열한 짧은 삶의 역정 속에서 우러나온 결과였다.

한 시대 한 지역을 넘어선 지구상의 모든 인류가 평화롭게 오순도순 사이좋게 살 수 있는 이상향을 지향하고 우선 동양 3국인 한국·중국·일본이 공동체를 구성하여 모범을 보이고자 한 안중근의 동양평화론은 현재 유럽에서 시행하고 있는 유럽연합(EU)의 선행이론이었고 그 본보기라 할 수 있다.

2. 安重根의 獄中肉筆

글씨는 그 사람 인격의 결정체로서 수양을 통해서 나타난 정기가 서려있다. 글씨가 살아 움직인다는 유기체설은 현재도 생명력을 가지고 있는 이론이다.

한국 서예사에서 대표적인 서예가들은 많다. 신품4현이라 불렸던 김생·유신·탄연·최우가 유명한 서예가였으며, 근현대에 들어와서는 추사 김정희, 위창 오세창, 소전 손재형, 일중 김충현을 꼽을 수 있다. 그러나 해주 안중근만한 특이한 인물은 찾아볼 수 없다.

안중근은 항일독립운동가로 의사·협객·대장부·영웅·장군이라는 호칭을 가지고 있었을 뿐만 아니라 교육가·실업인·사상가·신앙인이었다. 더욱이 그는 시인·서예가로서의 면모를 갖춘 대한국인이었다.

지금부터 50년 전인 1964년에 사단법인 안중근숭모회 주최 안중근 의사 의거 55주년 안중근 의사 유묵전시회가 개최되었다. 이때 전시된 유묵은 모두 11점이었는 바 그 내용은 다음과 같다.

1. 東洋大勢思杳玄 有志男兒豈安眠 和局未成猶慷慨 政略不改眞可憐 庚戌 三月, 기독교박물관

2. 丈夫雖死心如鐵 義士臨危機似雲 庚戌 三月, 기독교박물관

3. 見利思義 見危授命 庚戌 三月, 동아대학교박물관

4. 人無遠慮 難成大業 庚戌 二月, 기독교박물관

5. 百忍堂中有泰和 庚戌 三月, 강신종

6. 歲寒然後 知松柏之不彫 庚戌 三月, 정옥녀

7. 釖山刀水 慘雲難息 庚戌 三月, 정옥녀

8. 思君千里 望眼欲穿 以表寸誠 幸勿負情(影印)

9. 第一江山 庚戌 二月, 기독교박물관

10. 極樂 庚戌 三月, 강신종

11. 靑草塘 庚戌 三月, 민장식

안중근 의사 진본 유묵이 햇빛을 보게 됨에 따라 당시 학계·문화예술계에서는 지대한 관심을 갖게 되었고, 이후부터 안 의사 옥중육필에 대한 국가적 검증이 일어나 국가지정문화재로 등재되기 시작하여 안중근 의사의 그 숭고한 애국애족정신의 표상으로 각인되게 되었다.

안중근 의사 의거 100년(2009년)과 안중근 의사 순국 100주년(2010년)이 다가오면서 안중근의사숭모회에서는 예술의 전당 서예박물관, 조선일보사와 합동으로 '의거·순국 100년 安重根, 獨立을 넘어 平和로'의 전시회를 예술의 전당 서예박물관에서 개최하였다. 34점의 유묵, 40여 점의 사진자료, 합계 70여 점을 한 자리에서 볼 수 있게 한 이 전시회는 안중근 의사에 대한 진면목을 보여주는 중요한 계기가 되었다.

일반적으로 안중근의 글씨를 중국 당나라 顔眞卿의 글씨체라고 하지만, 그보다는 자기만의 독특한 서체를 개발하여 사용했으니 그의 필체를 '해주체' 또는 '중근체'라고 할 수 있다.

중근체는 첫째, 생동감이 넘친다. 글씨 한 획 한 획마다 힘이 넘치고 활기에 차 있다. 둘째, 죽음을 앞에 둔 상황에서 흔들림 없이 고요한 마음에서 우러나온 글씨였다. 셋째, 풍부한 古典을 구사하여 敬의 경지에 이르고 있다. 넷째, 글씨의 내용과 자체가 모두 나라 사랑하는 마음과 평화를 갈구하는 뜻이 담겨져 있다. 다섯째, 해주체는 안중근의 지식과 학문이 담겨져 있고 성격과 사상이 농축된 안중근 그 자체였다고 할 수 있다.

해주체의 옥중육필은 200여 점(박은식, 『한국통사』)이라고 알려져 있지만 현재까지 확인된 것은 62점이다. 이 중 국가보물로 지정된 것이 25점이고 나머지 36점 중 硯池, 國破山河在, 天地飜覆 志士慨嘆 大廈將傾 一木難支, 人心惟危 道心惟微 등 4점은 기록은 있으나 실물 또는 사진본으로 발견되지 않은 것이고, 登高自卑 遠行自邇는 진위가 의심스럽다. 나머지 31점은 한국·일본·중국의 기관 또는 개인이 소장하고 있다.

안중근의 옥중육필이 가지고 있는 몇 가지 특징은 첫째, 1910년 2~3월 사이에 집중적으로 쓰여졌다는 것이다. 1910년 2월 14일 사형선고를 받은 뒤부터 순국한 3월 26일 사이에 썼다는 것이 각기 유묵 좌편에 庚戌 二月 또는 三月 '於旅順獄中 大韓國人 安重根'이라고 되어 있다. 둘째, 모든 유묵 왼쪽에는 기간 밑에 단지동맹 때 자른 왼손의 掌印이 찍혀 있다. 셋째, 옥중육필을 받은 인물들은 모두 일본인들이었으니 여순감옥 전옥을 비롯하여 간수·형사·검찰관·통역·판사·세무관·교사·교화승 등 다양한 신분계층이었다. 넷째, 중국의 사서삼경을 비롯하여 고전 중에서 나라를 구하고 동양의 평화를 기원하는 내용을 주로 인용, 애국정신과 평화사상을 고창하였다. 다섯째, 사생관을 초월하여 자유분망한 조선 선비의 모습이 나타나고 있다.

이상과 같이 안중근의 옥중육필은 '그 글씨가 그 사람과 같다'는 비유에 바로 들어맞는 안중근 그 자체라고 할 수 있다.

안중근의 옥중육필은 한 점 한 점이 깊은 뜻과 독특한 서체에 따라 그의 신념과 사상이 들어있는 것이라고 할 수 있다. 명필이라든가 달필은 아니지만 사형선고를 받고 사형이 집행되던 40일간 갓 30세가 된 젊은 청년이 죽음이 임박한 상태에서 쓰여졌다는 데 놀라움을 금치 못한다. 보통사람이면 도저히 붓을 잡을 수 없는 상황에서 안중근은 아름다운 마음과 삶의 청결함을 그대로 표현하였으니 실로 인간으로서 그 위대함을 엿볼 수 있다.

현재 옥중육필 중 국가지정문화재로 등록되어 있는 유묵이 25점(1점은 2014년에 지정해제), 등록되지 않은 유묵은 37점이 학계에 보고되어 있다. 이들 62점에 대하여 철저한 고증을 거쳐 안중근 의사의 꿈과 부합되는 연구가 조속히 이루어져야 할 것이라고 본다. 그런 의미에서 무작위로 옥중육필 9점을 골라 그 유품이 가지고 있는 전반적인 내용을 살펴보고자 한다.

1) 獨立 : 독립

63㎝×33㎝, 종이, 먹.
일본 히로시마현 무카이하라조(向原町)에 있는 간센지(願船寺) 시다라 마사노부(設樂正紙) 주지 소장.

안중근 의사 순국 시 여순 감옥 간수였던 시다라 씨 작은 아버지가 1910년 2월 안중근 의사에게 받아 1935년 일본으로 귀국하면서 가지고 간 유묵이다. 이 유묵은 안중근 의사가 하얼빈 전쟁과 여순 재판투쟁을 통하여 실현하고자 했던 대한독립과 동양평화를 기원했던 유일한 작품이다.

2) 敬天 : 하늘을 공경한다

67cm×34.5cm, 종이, 먹.
천주교 서울대교구 소장.

일본인이 소장하였던 것을 부산 자비사 주지 박삼중 스님이 입수·보관하다가 2014년 천주교 잠원동 성당(주임신부 염수의)에서 매입하여 가톨릭 서울대교구에 기증하였다.

동양의 고전 詩經과 書經에서 나오는 敬天과 禮記와 論語에 나오는 愛人을 합하여 경천애인으로 자주 사용한다. 한편 안중근이 10대 후반부터 천주교를 믿기 시작하여 토마스(도마)라는 세례명을 받아 독실한 신자로서 홍석구 신부와 함께 전도에 매진하였으며, 순국하는 순간까지도 예수(하나님)를 공경하였던 것이다.

신약성경에 다음과 같은 구절이 있다. "예수께서 대답하시되 첫째는 이것이니 이스라엘에 들으라. 주 곧 우리 하나님은 유일한 주시라. 네 마음을 다하고 목숨을 다하고 뜻을 다하고 힘을 다하여 주 곧 너의 하나님을 사랑하라 하신 것이요, 둘째는 이것이니 네 이웃을 제 자신과 같이 사랑하라 하신 것이라. 이보다 더 큰 계명이 없느니라"(마가복음 제13장 28절~31절)

3) 天堂之福 永遠之樂 : 천당의 복은 영원한 즐거움이다

삶과 죽음, 극락과 지옥은 결코 둘이 아니다. 얼마 뒤에 자신이 가야 할 곳을 예정한 것이라 할 수 있다. 현세에서 생명이 비록 머지 않아 마감하겠지만 천당에서 영원히 복락을 누릴 것이라는 의지와 소망을 담은 글이다.

안 의사는 천주교 세례를 받은 후 여순

33.3cm×136.1cm, 종이, 먹.
일본 동경 야요이미술관 소장.

감옥에서 순국할 때까지 모든 것을 천주께 바치는 깊은 신앙으로 일관했다. 천당의 존재와 신앙에 대해서 "상은 천당의 영원한 복이요 벌은 지옥의 영원한 고통으로 천에 오르고 지옥에 떨어지는 것은 한 번 정하고 다시 변동이 없는 것이요"라고 그의 자서전인 『안응칠 역사』에 밝히고 있다.

4) 志士仁人 殺身成仁 : 높은 뜻을 지닌 선비와 어진 사람은 몸을 죽여 인을 이룬다

논어 衛靈公에 "志士仁人 無求生以害仁 有殺身以成仁"이라는 공자의 말을 인용하였다. 안중근은 자신의 신념을 실행하면 죽음이 뒤따른다는 것을 알았다. 많은 사상가가 태어났고 의미심장한 말과 무게 있는 글들을 남겼지만 신념에 목숨을 걸고 자신의 이론을 끝까지 주장한 선각자들은 얼마나 될까. 국력이 약해지거나 나라가 흐트러지면 권력에 추종하는 쪽과, 이에 맞서 청렴함을 지키려는 쪽으로 사람들은 나뉜다. 역사 속에서 결국 청렴한 쪽이 죽음을 맞고, 청사에 길이 남게 된다. 보람 있게 보낸 하루가 편안한 잠을 가져다주듯이 값지게 쓰인 인생은 편안한 죽음을 가져다준다(이탈리아 화가 레오나르도 다빈치)는 말에 따라 인생의 의의는 길고 짧은 데 있는 것이 아니고 만족인가 불만족인가에 있다고 말할 수 있다.

40㎝×150㎝, 종이, 먹.
일본 고지현 고지시 고마쓰료 소장.

안중근은 몸을 죽여 仁을 이룩하려 한 30년의 인생이 만족스러웠기 때문에 의연한 자세로 죽음을 맞이했다고 본다.

이 유묵은 소장자의 부친 고마쓰모토코(小松利宗)가 고지의 土陽新聞의 특파원으로 1910년 2월 여순에 파견되었을 때 이를 수집하여 현재 아들인 고마쓰료(小松亮)가 소장하게 되었다.

5) 國家安危 勞心焦思 : 국가안위를 위하여 마음을 쓰며 애를 태운다

이 유묵은 1993년 1월 '爲國獻身 軍人本 分'과 함께 보물로 지정된 것이며, 소장자 후손들이 자진하여 한국의 안중근기념관에 기증한 것이다.

38.5cm×149.3cm, 비단, 먹.
안중근의사기념관 소장.
보물 569-22호.

안중근은 여순감옥에서 자신을 취조 심문하던 여순법원 검찰관 야스오카(安岡)에게 친절하게 대해준 고마움을 표시하였던 것이다. 야스오카는 이 유묵을 일본으로 가져가 보관하다가 사망 전 장녀 우에노 도사코(上野俊子)에게 물려주었으며, 우에노 여사는 1976년 동경 한국연구원을 통하여 남산 안중근의사기념관에 기증하였다.

이 유묵은 멸망해가는 국가의 앞날을 생각하고 옥중에서 안타까워하는 강렬한 애국심을 보여주고 있다.

6) 爲國獻身 軍人本分 : 나라를 위하여 몸을 바침은 군인의 본분이다

이 유묵은 안중근이 하얼빈전쟁에서 이토 히로부미를 처형하고 체포되어 여순감

25.9cm×126.1cm, 비단, 먹.
안중근의사기념관 소장.
보물 569-23호.

옥에서 5개월 동안 전담 간수를 맡았던 일본 헌병 상등병 지바 도시찌(千葉十七)에게 준 것이다. 지바는 제대 후 고향에 돌아가 사망할 때까지 안중근 의사의 영정과 이 옥중육필을 모셔놓고 정성스럽게 경배했다. 그의 사후 미망인 기츠요가 이를 모셨고, 기츠요 사망 후 지바의 조카딸 미우라(三浦)가 공양을 이어 행하다가 1979년 안중근 의사 탄신 100주년 기념식을 계기로 한국 남산 안중근기념관에 기증하였다.

7) 見利思義 見危授命 : 이익을 보거든 정의를 생각하고
위태로움을 보거든 목숨을 바치라

논어의 憲問 '曰今之成人者 何必然 見利思義 見危授命 久要不亡 平生之言 亦可以爲成人矣' 가라사대 이제 성인은 어찌 반드시 그러리오. 이를 보거든 의를 생각하고 위험을 보고 목숨을 주며, 구요에 평생 말을 잊지 않으면 가히 성인이 될지라고 공자가 자로의 인간 완성에 대해 묻자 이렇게 대답하였다. 이 글씨는 안중근의 조부 안인수로부터 배운 한학의 명구로 평생 그의 국가관이었고, 의를 앞세우고 살신성인하는 용기와 실천력도 바로 여기에서 비롯되었다.

30.6㎝ 140.8㎝, 비단, 먹.
동아대학교 박물관 소장. 보물 569-6호.

8) 欲保東洋 先改政略 時過失機追悔何及 : 동양을 보호하려면 먼저 정략을 고쳐야
한다. 때를 놓쳐 실기하면 후회한들 무엇하리요

이 유묵은 러일전쟁 당시 典醫로 종군했던 折田督이 전쟁 후 만주 여순감옥으로 전근되어 근무하면서 1910년 3월 안중근으로부터 받은 것이다. 그는 1945년 태평양전쟁이 끝나자 일본으로 이 유묵을 가지고 가 조카인 折田幹二에게 보관하도록 하였다. 그 후 1989년 단국대학교에 기증하여 박물관에 전시하고 있다.

34㎝×136.5㎝, 종이, 먹.
단국대학교 박물관 소장. 보물 569-21호.

9) 東洋大勢思杳玄 有志男兒豈安眠 和局未成猶慷慨 政略不改眞可憐 : 동양의 대세를 생각해보면 정말 답답하니/ 뜻을 품은 남아가 어찌 편안히 잠을 이룰 수 있으랴/ 평화로운 시국을 아직 이루지 못하니 더욱 강개한데/ 정략도 고치지 않으니 참으로 불쌍하도다

34cm×136.5cm, 종이, 먹. 한시 칠언절구. 숭실대학교 박물관 소장. 보물 569-5호.

이 작품은 안중근이 옥중에서 암담한 동양의 대세를 생각하며 답답한 심정을 읊은 7언절구의 자작시다. 아직 평화로운 시국을 이루지 못한 것이 더욱 개탄스럽고 거기에 정략, 즉 침략정책을 버리지 못하는 일본이 참으로 가련하다고 역설적으로 표현한 것이다. 사형 집행을 며칠 앞두고 취조관이었던 사카이 경시가 동양평화론의 완성이 어려운 것임을 알리고 결론만이라도 써달라는 요청에 화답하여 즉석에서 작시한 내용이다.

안중근 의사 유묵 현황

① 보물로 지정된 유묵(25점)

구 분	유묵명	소장	지정일	비 고
보물 제569-1호	百忍堂中有泰和	강석주	1972.8.16.	백 번 참는 집안에 태평과 화목이 있다.
보물 제569-2호	一日不讀書 口中生荊棘	동국대학교 박물관	1972.8.16.	하루라도 글을 읽지 않으면 입 안에 가시가 돋친다.
보물 제569-3호	年年歲歲花相似 歲歲年年人不同	삼성미술관 리움	1972.8.16.	해마다 계절 따라 같은 꽃이 피건만 해마다 만나는 사람들은 같지 않네.
보물 제569-4호 (지정해제)	恥惡衣惡食者 不足與議		1972.8.16.	궂은 옷, 궂은 밥을 부끄러워 하는 자는 더불어 의논 할 수 없다.
보물 제569-5호	東洋大勢思杳玄 有志男兒豈安眠和局未成猶慷慨政略不改眞可憐	숭실대학교 박물관	1972.8.16.	동양대세 생각하매 아득하고 어둡거니 뜻 있는 사나이 편한 잠을 어이 자리. 평화시국 못 이룸이 이리도 슬픈지고 정략(침략전쟁)을 고치지 않으니 참 가엾도다.
보물 제569-6호	見利思義 見危授命	동아대학교 박물관	1972.8.16.	이익을 보거든 정의를 생각하고, 위태로움을 보거든 목숨을 바쳐라.
보물 제569-7호	庸工難用 連抱奇材	국립중앙 박물관	1972.8.16.	서투른 목수는 아름드리 큰 재목을 쓰기 어렵다.
보물 제569-8호	人無遠慮 難成大業	숭실대학교 박물관	1972.8.16.	사람이 멀리 생각지 못하면 큰 일을 이루기 어렵다.
보물 제569-9호	五老峯爲筆 三湘作硯池靑天一丈紙 寫我腹中詩	홍익대학교 박물관	1972.8.16.	오로봉으로 붓을 삼고 삼상의 물로 먹을 갈아 푸른하늘 한 장 종이 삼아 뱃속에 담긴 시를 쓰련다.
보물 제569-10호	歲寒然後 知松栢之不彫	안중근의사 기념관	1972.8.16.	눈보라 친 연후에야 잣나무가 이울지 않음을 안다.
보물 제569-11호	思君千里 望眼欲穿 以表寸誠 幸勿負情	오영욱	1972.8.16.	임 생각 천리 길에 바라보는 눈이 뚫어질 듯하오이다. 이로써 작은 정성을 바치오니 행여 이 정을 저버리지 마소서.
보물 제569-12호	丈夫雖死心如鐵 義士臨危氣似雲	숭실대학교 박물관	1972.8.16.	장부가 비록 죽을지라도 마음은 쇠와 같고 의사는 위태로움에 이를지라도 그 기풍은 구름 같도다.
보물 제569-13호	博學於文 約之以禮	안중근의사 기념관	1972.8.16.	널리 글을 배우고 예법으로 몸 단속을 한다.

보물 제569-14호	第一江山	숭실대학교 박물관	1972.8.16.	
보물 제569-15호	靑草塘	민병기	1972.8.16.	
보물 제569-16호	孤莫孤於自恃	한중호	1972.8.16.	스스로 잘난 척하는 것보다 더 외로운 것은 없다.
보물 제569-17호	仁智堂	삼성미술관 리움	1972.8.16.	
보물 제569-18호	忍耐	김성섭	1972.8.16.	
보물 제569-19호	極樂	안중근의사 기념관	1972.8.16.	
보물 제569-20호	雲齋	안중근의사 기념관	1972.8.16.	
보물 제569-21호	欲保東洋 先改政略 時過 失機追悔何及	단국대학교 박물관	2000.2.15.	동양을 보호하려면 먼저 정략을 고쳐야 한다. 때를 놓쳐 실기하면 후회한들 무엇하리요.
보물 제569-22호	國家安危 勞心焦思	안중근의사 기념관	2000.2.15.	국가의 안위를 걱정하고 애태운다.
보물 제569-23호	爲國獻身 軍人本分	안중근의사 기념관	2000.2.15.	나라를 위하여 몸을 바침은 군인의 본분이다.
보물 제569-24호	天與不受 反受其殃耳	강윤호, 김화자	1999.12.15.	만일 하늘이 주는 것을 받지 않으면 도리어 벌을 받게 된다.
보물 제569-25호	言忠信行篤敬 蠻邦可行	안중근의사 기념관	2003.4.14.	말에 성실과 신의가 있고, 행실이 돈독하고 경건하면 비록 야만의 나라에서도 이를 따르리라.
보물 제569-26호	臨敵先進 爲將義務	해군 사관학교	2007.10.24.	적을 맞아 먼저 전진하는 것이 장수의 의무이다.

② 미지정 유묵(34점)

번호	유묵명	소장	보관장소	비 고
1	志士仁人殺身成仁	일본인 고마츠	일본 고지현	기념관에 사본 소장
2	貧與賤人之所惡者也	중국	여순박물관	〃
3	白日莫虛渡靑春不再來	정석주	개인 소장	〃
4	劍山刀水慘雲難息	안웅호	미국 캘리포니아	〃
5	日出露消兮正合運理日盈必仄兮不覺其兆	일본인	일본	〃
6	黃金百萬兩不如一敎子	김주억	일본	〃
7	喫蔬飮水樂在其中	일본인	일본	〃
8	貧而無諂富而無驕	일본	도쿄 도립 료카기념관	〃
9	自愛室	소장자 불명	일본	〃
10	敬天	박삼중	서울 명동성당	〃
11	日通淸話公	일본인	일본	
12	年年點檢人間事惟有東風不世情	〃	〃	기념관에 사본 소장
13	人類社會代表重任	〃	〃	
14	言語無非菩薩手段擧皆虎狼	〃	〃	
15	弱肉强食風塵時代	일본	〃	
16	不仁者不可以久處約	일본 정심사	일본 류코쿠 대학 도서관	
17	敏而好學不恥下問	〃	〃	
18	戒愼乎其所不睹	〃	〃	
19	通情明白光照世界	만주일일 신문사	중국	만주일일신문에 사진본으로 게재
20	日韓交誼善作紹介	일본인	일본	
21	臥病人事絶磋君萬里行河橋不相送江樹遠含情	〃	〃	
22	天堂之福永遠之樂	일본 야요이 미술관	일본 도쿄 야요이미술관	
23	山不高而秀麗水不深而澄淸地不廣而平坦林不大而茂盛	삼성미술관 리움	삼성미술관 리움	재일사학자 신기수로부터 공창호 회장이 입수
24	一勤天下無難事	만주일일신문	중국	만주일일신문에 사진본 보도

25	澹泊明志寧靜致遠	박원범	부산시 해운대구 중2동 1502-3 삼안리젠시 2차 아파트	
26	臨水羨魚不如退結網	일본인	일본	
27	長歎一聲弔日本	〃	〃	친필 여부 미확인
28	謀事在人成事在天	오정택	서울 경운동 SK허브	
29	百世淸風	사토 가즈오	일본	
30	獨立	시타라 마사즈미	일본 히로시마 원선사	
31	人無遠慮必有近憂	김장렬	개인 소장	
32	登高自卑行遠自邇	–	〃	
33	國破山河在	일본인	일본	
34	恥惡衣惡食者 不足與議			보물 제569-4호에서 해제

3. 安重根의 꿈

조국이 기울어갈 제 정기를 세우신 이여
역사의 파도 위에 산같이 우뚝한 이여
해달도 길을 멈추고 다시 굽어보도다
                          -노산 이은상-

　대한의 독립과 동양의 평화, 나아가 인류평화를 위하여 불꽃같은 삶을 살다가 살신성인한 위대한 영웅 안중근은 민족의 태양이었고 세계의 위인이었다.

　오늘날 안중근을 생각할 때 단순히 하얼빈전쟁과 여순재판투쟁만을 집중적으로 논의하는 것이 상례로 되어왔다. 그러나 일찍이 민족사학자 백암 박은식이 안중근은 세계적 안광을 가진 민족정기의 용광로라고 표현하였다.

　사실 안중근은 19세기 弱肉强食 風塵時代에 나라의 존망과 겨레의 운명을 태산같은 우뚝함으로 막은 위인이었다. 유교적인 어짊, 기독교적인 사랑, 불교적인 자비를 바탕으로 동양평화이론을 구상하고 한 걸음 나아가 세계평화를 이룩하려 한 그의 사상은 인류의 보편적인 꿈의 실현이었다.

　한편 안중근은 어려운 환경 속에서 인류의 희망과 행복을 가져다주기 위한 獄中肉筆을 남겼으니 神品과 같은 이러한 작품들은 인류가 살아가야 할 지표이면서 보존하여야 할 유산이다. 지금도 안중근은 우리들에게 외치고 있다.

"내가 죽은 뒤에 나의 뼈를 하얼빈 공원 곁에 묻어두었다가 우리 국권이 회복되거든 고국으로 반장해 다오. 나는 천국에 가서도 또한 마땅히 우리나라의 회복을 위해 힘쓸 것이다. 너희들은 돌아가서 동포들에게 각각 모두 나라의 책임을 지고 국민된 의무를 다하며 마음을 같이하고 힘을 합하여 공로를 세우고 업을 이르도록 일러다오. 대한독립의 소리가 천국에 들려오면 나는 마땅히 춤추며 만세를 부를 것이다."

2부
안중근과 천주교

유학적 소양과 신앙에 바탕을 둔
안중근의사의 생애와 사상

이 경 규(대구가톨릭대학교 역사교육과 교수)

1. 머리말

안중근(1879-1910)의사는 32세의 짧은 생애를 살고 갔지만, 국권이 풍전등화 같은 시기에 국가와 민족을 위하여 애국계몽운동으로 교육운동, 식산운동, 국채보상운동에 참가하였으며, 나아가 의병운동 등에 가담하였고, 동의단지회를 결성하여 비밀결사조직을 통해 국권회복을 천명하였으며, 마침내 동양평화의 원흉인 이토를 하얼빈역에서 처단하여 국권수호의 의지와 동양평화의 기치를 높이 들었다. 이러한 안의사의 행적은 유학적 소양을 바탕으로 한 천주교 신앙의 수용과 밀접한 관계가 있다고 본다.

안의사는 옥중에서 200여 점의 유묵을 남겼으며, 그 중 현재까지 확인된 유묵이 62점이고 그 중 국가보물로 지정된 것이 25점이다. 동양고전 중『논어』에서 인용한 글이 많으며, 모든 글이 조금도 흔들림이 없는 敬의 자세로 씌어졌다.

또한 안의사는 19세에 빌렘신부로부터 '도마'라는 세례명으로 가톨릭신자가 된 후에 모든 행적을 신앙에 바탕을 두고 있다. 의병전쟁 중 일본군에 쫓기면서 한치 앞을 내다볼 수 없는 절망가운데서도 그를 따르는 부하 두 사람에게 대세를 주며 모든 것을 하느님께 의탁한 신앙의 모범이었다.

안의사는 이와 같이 유학적 소양에 바탕을 둔 捨生取義와 가톨릭신앙에 바탕을 둔 殺身成仁을 실천에 옮긴 위대하고 진정한 대한의 영웅이고, 동양평화 나아가 세계평화를 주창한 세계의 위인이다.

여기서는 유학적 소양과 가톨릭신앙을 통해 안중근의사의 생애와 사상을 알아보고자 한다.

2. 유학적 소양에 바탕을 둔 안중근의사의 유묵

안의사가 여순감옥에서 다수의 유묵을 남길 수 있었던 것은 『안응칠역사』에 의하면, 어릴 때 조부가 마련한 집안의 서당에서 한문을 익혔으며, 황해도에서 신동이라고 불릴만큼 사서삼경에 통달했던 부친의 영향이 컷다고 본다.

우리는 안의사의 서체를 통해 그가 국가와 민족을 위해 혼신을 다한 인물일 뿐 아니라 동양평화를 헌신한 인물임을 알 수 있다. 여순감옥의 전옥, 검찰관, 교화승, 간수들은 안의사의 고매한 인품을 흠모하여 다투어 지필묵을 넣어 주었으며, 안의사의 옥중 유묵을 고이 간직하였고, 이 유묵들이 그들의 후손들을 거쳐 오늘날 우리가 확인할 수 있는 것이 60여 점이다.

안의사의 글씨는 중국 당나라 안진경의 글씨체 혹은 구양순체의 서법을 연상할 수 있지만 구양순체가 선이 날카롭고 밖으로 향하여 구양순체에 가깝다고 볼 수 있다. 하지만 그보다 자기만의 독특한 서체를 개발하여 사용했으니 그의 필체를 고향의 지명을 따 '海州體' 혹은 이름을 따 '重根體'라고 할 수 있다.

중근체의 특징은 1910년 2-3월 사이에 집중적으로 씌어졌고, 모든 유묵 왼쪽에는 기간 밑에 단지동맹 때 자른 왼손의 장인이 찍혀있으며, 생동감이 넘치고, 흔들림이 없는 고요한 경의 경지에서 우러나온 글씨이고, 풍부한 고전을 구사하였으며, 나라사랑과 평화를 갈구하는 뜻이 담겨 있어 지식과 사상이 담겨있는 안의사 자체라고 할 수 있다.

　안의사의 글씨 중 특히 눈에 띄는 것은 사형집행을 앞두고 전혀 흔들림 없이 헌병 간수인 지바도시찌에게 써준 '爲國獻身軍人本分' 즉 나라를 위해 헌신하는 것은 군인의 본분이다. 이 글은 군인신분인 간수에게 가장 적합한 문구일 뿐 아니라 대한의군의 참모중장으로 의병전쟁에 참여했던 본인의 생각을 잘 나타내 주는 글이다. 지바도시찌는 전쟁이 끝나고 안의사의 유묵을 고이 간직하여 고향인 미야기현으로 돌아가 안의사의 유묵을 모시고 안의사를 추모했으며, 미야기현 대림사에는 이 글을 새긴 석비를 세우고 매년 추모행사를 거행하고 있다.

　학생들에게 경구가 될 수 있는 글은 '一日不讀書口中生荊棘' 즉 하루라도 글을 읽지 않으면 입에 가시가 돋는다라고 하여 독서와 공부의 중요성을 강조하고 있다. 요즈음같이 책을 잘 읽지 안고 휴대폰의 노예가 된 우리 모두에게 시사하는 경종의 글이다.

　동아대학교 박물관에 소장되어 있는 '見利思義見危授命' 즉 이익을 보면 의리를 생각하고 위태로움을 보면 목숨을 바친다는 뜻으로 국가의 운명이 풍전등화같이 위태로운 시기에 목숨을 바쳐 정의를 실천해야 한다는 의미를 담고 있다. 동아대학교 박물관에서는 안의사 순국일에 유묵 앞에서 간단한 추모식을 거행한다고 하였다. '志士仁人殺身成仁' 즉 지사와 인인은 자신을 죽여 인을 이룬다는 뜻으로 같은 의미를 가진다고 볼 수 있다.

　'天堂之福永遠之樂' 즉 천당의 복은 영원한 즐거움이란 뜻으로 독실한 가톨릭

신앙인으로서의 안의사를 보여주는 문구로, 지상의 부귀영화와 권력은 일순간의 복일지 몰라도 영원한 복락이 될 수 없고, 하느님이 주시는 평화와 안식만이 영원한 즐거움이라고 하였다.

안의사가 교수형에 처하여 마지막에 한 이야기가 동양평화의 삼창이었다고 전해진다. 하얼빈의거를 일으킨 궁극적인 목적은 조국의 독립을 뛰어 넘어 동양평화 나아가 세계평화를 추구하는 것이었다. 안의사의 유묵 중 '人無遠慮難成大業' 즉 사람이 멀리 내다보고 생각함이 없으면 큰일을 이루기 어렵다는 뜻으로 여기서의 대업은 동양평화를 말하는 것이다.

『동양평화론』은 1910년 2월 14일 사형언도후 형 집행만 남은 상태에서 먼저 『안응칠역사』를 3월 15일에 탈고하고, 순국한 3월 26일 사이인 11일만에 서문과 前鑑 일부분만 집필한 것이다. 일제 관동도독부 히라이시 고등법원장과의 대담에서 안의사는 동양대세와 평화정략에 대한 견해를 밝히고자 하니 1개월만 사형집행을 연기해 달라고 하자 법원장이 이를 허락하여 집필을 시작하였다. 그러나 사형이 조기에 집행됨으로 인하여 완성을 보지 못했다.

현재 서문, 전감의 일부분을 가지고 동양평화론 전체를 밝힐 수는 없다. 단편적으로 심문조서 등과 특히 안의사가 1910년 2월 17일 고등법원장과 면담한 내용을 담은 '청취서'에 동양평화론에 대한 이상이 담겨져 있다. 우선 동양의 중심지이며 요동반도의 항구도시인 여순을 영세중립지로 만들어 각국 대표에 의한 상설위원회를 설치함과 동시에 아래와 같은 정책을 시행할 것을 주장하였다.

전체적인 구상은

1)서문

19세기 제국주의의 시대에 동양삼국(한중일)의 단합을 강조하고, 이를 통하여 서구제국주의 열강의 침략을 막고 특히 防俄策(러시아)을 강구해야 한다고 주장.

2)전감

앞 사람의 일을 거울삼아 스스로 경계하자는 뜻.

3)현상

나타나 보이는 현재의 상태를 기술하고자 함.

4)복선

뒤의 일을 대비하여 미리 꾸며놓는 일. 즉 앞으로 발생할 사건에 대한 준비로서 그에 관련된 일을 앞에서 미리 비쳐보이는 것.

5)문답

물음과 대답 즉 서로 묻고 대답하는 것으로서 결론을 맺고자 했던 것.

그 구체적인 내용은

1)동양평화회의 조직

삼국인 민중에서 회원을 모집하고, 재정은 1인당 회비 1원을 모금하도록 했는데, 이는 국채보상운동을 모태로 했다고도 볼 수 있다.

2)공동은행의 설립, 공동화폐 발행

삼국이 공동으로 출자하여 은행을 설립하고, 공용화폐를 발행.

3)조직기구의 확대

삼국 주요 지역에 평화회의 지부와 은행지점 설치.

4)영세중립지 여순의 보호

일본 군함 5-6척을 항구에 정박시켜 보호 담당.

5)평화군 창설

각국 청년을 모집하여 평화군을 창설하고, 최소한 2개국어를 할 수 있게끔 교육.

6)공동경제 발전

일본의 지도 아래 한국, 청국의 상공업 발전 도모.

7)국제적 승인

한국, 중국, 일본 지도자가 로마교황으로부터 대관을 받음.

8)일본의 침략만행 반성

한국과 중국에 대한 일본제국주의의 침략 규탄과 대응

위와 같이 동양평화론의 내용은 오늘날 EU구상과도 유사한 지역의 안보 및 경제 공동체를 혜안을 가지고 구상한 안의사의 식견을 엿볼 수 있으며, 오늘날 한중일의 갈등을 해결하는 데도 일정한 시사점이 있다고 본다.

대구지역은 역사적으로 볼 때 지역적 특수성을 지니고 있는데, 임란 당시 가토 기요마사의 우선봉장이었던 김충선(일본명 사야가)이 일본의 조선침략의 부당성을 직시하고 조선 정부에 항복하여 이후 임진왜란을 극복하는데 큰 역할을 하였으며, 현재 김충선을 모시는 녹동서원이 가창 우록리에 있다.

또한 임란 당시 명나라 군대 제독 이여송의 부장이었던 두사충은 풍수지리에 밝아 명군 진지를 구축하는 것이 주 임무였는데, 전쟁 후 귀국하지 않고 귀화하여 대구에 정착해 살았던 인물로 만촌동 모명재는 두사충을 모시는 재실이다.

김충선과 두사충은 조선의 문물을 흠모하고 조선 백성들의 인정과 평화로운 삶을 동경하여 조선에 귀화, 정착해 살았는데, 특히 전란이 끝난 후 이 두 분은 가창 우록리에서 단양우씨 백록당 우성범과 함께 공부하고 교유하였을 뿐만 아니라, 그 후손들이 서로 혼인 관계를 맺으며 함께 살아가는 모습을 보였다. 이러한 점에서 우록리는 한·중·일 인사와 그 후손들이 함께 어우러져 살아간 좀처럼 보기 드문 '다문화 마을'이자 '평화의 마을'이라고 할 수 있다.

본 안중근연구소는 이러한 대구의 지역적인 특색을 고려하여 안중근 의사의 '동양평화론'의 물꼬를 대구에서 터볼까 한다. 안중근 의사는 국채보상운동에도 적극 가담하여 관서지부장을 자처했으며, 평양 명륜당에 선비 1,000여 명을 모아 놓고 특별강연을 하고 즉석에서 의연활동을 벌였으며, 어머니, 부인과 제수씨도 가지고 있는 패물을 내놓는 등 의연에 적극 가담하였다. 현재 국채보상운동기념사업회는 국채보상운동기록물을 유네스코 세계기록유산으로 등재하기 위하여 혼신의 노력을 경주하고 있다. 동시에 이에 걸맞은 아카이브관을 구축해야 하는데, 그 안에 주제관으로 '동양평화관'을 둘 필요가 있다.

국채보상운동 아카이브관에 동양평화관이 설치되면 녹동서원을 방문하는 일본인과 모명재를 찾는 중국인들에게 안중근 의사의 '동양평화론'의 정신을 알리는 동시에, 이를 실현하는 장이 될 수도 있을 것이며, 나아가 지역 관광산업의 진흥에도 기여할 수 있을 것이다.

3. 가톨릭신앙에 바탕을 둔 안중근의사의 행적

안중근(1879-1910)이 천주교를 신봉하게 된 것은 그의 부친 안태훈이 동학군을 진압하는 과정에서 정부미를 사용한 것과 관련되어 지금의 명동성당에 피신한 것이 계기가 되었다. 명동성당에 머무르는 몇 달간 프랑스인 신부가 정부미문제를 해결해 주었고, 성당에 있으면서 천주교강론을 듣고 성서를 읽으면서 천주교에 대한 믿음을 가지게 되었다.

이후 안태훈은 많은 천주교 관련 서적을 가지고 청계동으로 돌아왔으며, 청계동에 성당을 짓고, 프랑스 선교사 빌렘(J. Wilhelm, 洪錫九)신부를 초빙해 왔다. 그리하여 1897년 1월 안태훈은 베드로, 안중근은 토마스로 세례를 받았다. 또한 안중근의 숙부와 사촌, 청계동과 인근 마을에서 총 33명이 세례를 받았다. 그리고 안중근의 가족들인 안태훈의 어머니와 부인, 그의 아들 및 조카 8명, 누이와 며느리 등이 1898년 4월 빌렘신부로부터 세례를 받았다. 이를 계기로 황해도 일대에 천주교가 급속도로 전파되었다.

『안응칠 역사』에는 천주교와 관련하여 많은 지면을 할애하고 있다. 즉 안중근은 세례를 받은 후 경문의 강습과 도리의 토론을 통해 신앙을 돈독히 하였으며, 홍 신부와 함께 여러 고을을 다니면서 사람들을 권면하고 전도하면서 군중들에게 연설하였다.

연설내용을 살펴보면 "형제들이여, 내가 할 말이 있으니 꼭 내 말을 들어주시오. 만일 어떤 사람이 혼자서만 맛있는 음식을 먹고 그것을 가족들에게 나누어 주지 않는다거나, 또 재주를 간직하고서 남을 가르쳐 주지 않는다면, 그것을 과연 동포의 정리(情理)라고 할 수 있겠소. 지금 내게 별미가 있고 기이한 재주가 있는데, 그 음식은 한번 먹기만 하면 장생불사하는 음식이요, 또 이 재주를 한번 통하기만 하면 능히 하늘로 날아올라갈 수 있는 것이기 때문에 그것을 가르쳐 드리려는 것이니까 여러 동포들은 귀를 기울이고 들으시오.……이 천지 위에는 천주가 계시어 시작도 없고 끝도 없이 삼위일체로서 전능(全能), 전지(全知), 전선(全善)하고 지공(至公), 지의(至義)하여 천지만물, 일월성신을 만들어 이루시고 착하고 악한 것을 상주시고 벌주시는 오직 하나요 둘이 없는 큰 주재자가 바로 그 분이오.……이 천지간에 큰 아버지요, 큰 임금이신 천주께서 하늘을 만들어 우리를 덮어주고, 땅을 만들어 우리를 떠받쳐 주시고, 해와 달과 별들을 만들어 우리를 비추어 주시고 또 만물을 만들어 우리로 하여금 쓰게 하시니 실로 그 크신 은혜가 그같이 막대한데, 만일 사람들이 망녕되이 제가 잘난 척, 총효를 다하지 못하고 근본을 보답하는 의리를 잊어버린다면 그 죄는 비길 데 없이 큰 것이니 어찌 두려운 일이 아니며, 어찌 삼갈 일이 아니겠소. 그러므로 공자도 말하기를 '하늘에 죄를 지으면 빌 데도 없다'했소.……원컨대 우리 대한의 모든 동포·자매들은 크게 깨닫고 용기를 내어 지난날의 허물을 깊이 참회함으로써 천주님의 義子가 되어 현세를 도덕시대로 만들어 다 같이 태평을 누리다가 죽은 뒤에 천당에 올라가 상을 받아 무궁한 영복을 함께 누리기를 천만번 바라오."라고 하여, 독실한 천주교신앙인으로서 안중근의 모습을 엿볼 수 있다.

옹진군민이 돈 5천 냥을 경성에 사는 전 참판 김중환에게 뺏긴 일과 부인과 재산을 빼앗긴 이경주의 일을 자기자신의 일과 같이 열성을 다하여 해결하려고 백방으로 노력하는 모습은 독실한 가톨릭신앙인으로서의 사랑과 봉사를 실천했던 안중근 의사의 일면을 엿볼 수 있는 모습이다.

안중근은 천주교를 수용하면서 천주교를 통해 사회와 국가를 새롭게 인식하고 문명국가에 대한 포부를 갖게 되었다. 즉 동포를 대상으로 선교활동을 전개하면서 민족의 수난과 고통을 외면한 채 현실에 안주하고자 했던 제도교회의 선교정책에 비판의식을 갖게 되었다. 그리하여 인간의 영혼과 육신, 현세와 내세, 그리고 개인과 사회를 총체적으로 구원하고자 하는 신앙을 갖게 되었던 것이다. 따라서 안중근은 천주교사상을 통하여 근대 민권의식을 성숙시켜 나갔다고 볼 수 있다.

안중근은 백암 박은식, 도산 안창호 등과 함께 西友學會에 참여하여, 외국의 선진문물을 수용하여 국력을 기르자는 취지아래 전 국민을 계몽하고자 하였다. 안중근은 외국에서 국권수호의 의지를 실현해보려고 하였으나 르각(Le Gac, 한국명 郭元良) 신부가 권유한 교육의 발달, 사회의 확장, 민심의 단합, 실력의 양성을 실천하기 위하여 상해로부터 진남포로 돌아왔다. 그리하여 구국교육운동의 일환으로 1906년 진남포에서 三興學校(士興, 民興, 國興), 敦義學校를 세워 운영하였으며, 국채보상운동에도 적극 가담하여 관서지부장을 자청하였고, 평양에서 뜻있는 선비 1,000여 명을 모아 연설하고 의연금을 걷기도 하였다. 또한 산업활동을 통한 근대 민족국가의 건설이라는 취지하에 무연탄 판매회사인 三合義(일명 三合會)를 평양에서 경영하기도 하였다.

하지만 1907년 정미칠조약이 체결되고 일제에 의해 군대가 해산당하자 교육과 식산운동에 한계를 느껴 결정적으로 무장투쟁에 나서게 되었다. 무장투쟁을 하는 도중 부하들의 격렬한 저항과 반대를 무릅쓰고 의병전투 가운데 사로잡은 일본 군인과 상인들을 만국공법에 의해 풀어주었고, 풍찬노숙 가운데서도 동료 두 명에게 천주가 만물을 창조해 만드신 도리와 지극히 공변되고 지극히 의롭고 선악을 상벌하는 도리와 예수 그리스도가 세상에 내려오셔서 구속하는 도리를 낱낱이 권면하고 대세를 주었다. 이를 통해 볼 때 어떠한 난관에도 하느님께 의탁한 그의 모습을 엿볼 수 있으며, 안의사는 항상 묵주를 몸에 지니고 있었다고 전한다.

1909년 동지 12명과 함께 同義斷指會를 결성하고, 왼손 무명지 마디를 잘라 태극기전면에 '대한독립' 넉자를 혈서하였으며, 대한독립만세를 세 번 제창하고, 무장투쟁에 대한 결의를 다짐하였다. 그리고 침략의 원흉인 이토 히로부미를 하얼빈역에서 처단하여 대한독립의 의지를 천명하였다. 거사전에 대동공보사 이강에게 보낸 서한에는 "이 큰 일의 성공 여부는 하늘에 달려 있으나, 동포의 기도에 힘입어 성공하게 되기를 간절히 바랍니다."라고 하였다. 전하는 바에 의하면 거사 전일에는 총알의 앞부분에 십자표시를 하면서 천주의 도우심을 청하였고, 거사 후 이토의 절명소식을 듣고 성호를 긋고 감사의 기도를 바쳐 모든 것을 천주께 의탁한 것으로 볼 수 있다.

또한 일본인 井田泉은 "『안중근의사자서전』에서 밝히고 있듯 안중근은 이토 포살계획을 세운 후 이 거사의 성공을 위해 매일 아침마다 기도를 드렸으며, 이토가 사망했다는 사실을 확인하자 가슴에 십자가를 그리며 하느님께 감사기도를 드렸으며, 그의 가방 속에는 성경이 들어있었다. 그는 이토 살해행위가 하느님의 뜻에 합치하는 것으로 믿고, 하느님의 가호가운데 이 거사가 성공되었다고 믿고 있었다."라고 하였다.(정전천,「안중근とキリスト敎『キリスト敎學』, 日本立敎大學キリスト敎學會 , 1984, pp.142-146) 지금 하얼빈역에는 안중근이 이토를 향해 총을 쏜 자리가 화살표로 표시되어 있고, 이토가 총을 맞았던 장소도 네모형태로 표시되어 있다.

여순감옥에는 안의사가 수감된 독방이 보존되어 있으며, 자그만 책상이 하나 놓여 있다. 거기서 안중근은 유학적 소양을 바탕으로 200여 점의 유묵을 남긴 것으로 보고 있다. 지금 볼 수 있는 유묵은 안중근을 흠모한 여순감옥의 간수, 교화승려, 검찰관 등에게 써준 유묵을 그들이 소중하게 간직하고 있다가 후손들에게 물려준 것이었다. 안중근의 유묵은 국가와 민족에 대한 노심초사와 깊은 사랑이 깃들어 있어 보는 이로 하여금 숙연한 감을 느끼게 한다.

어머니와 아내에게 보낸 마지막 편지에서도 천당 영복의 땅에서 함께 만나기를 염원하였고, 장남 분도가 신부가 되게 해 달라고 희망을 피력하였다. 앞에서도 언급한 안중근의 유묵인 '天堂之福永遠之樂'은 신앙인으로서의 안중근을 잘 드러내는 것이다.

여순감옥에서 기술한 「한국인 안응칠 소회」에서도 "하늘이 사람을 내어 세상이 모두 형제가 되었다. 각각 자유를 지켜 삶을 좋아하고 죽음을 싫어하는 것은 누구나 가진 떳떳한 정이라. 오늘날 세상 사람들은 의례히 문명한 시대라 일컫지마는 나는 홀로 그렇지 않는 것을 탄식한다. 무릇 문명이란 것은 동서양, 잘난이 못난이, 남녀노소를 물을 것 없이 가각 천부의 성품을 지키고 도덕을 숭상하여 서로 다투는 마음이 없이 제 땅에서 편안히 생업을 즐기면서 같이 태평을 누리는 것이다."라고 하여, 신앙에 바탕을 두고 본인의 생각을 기술하고 있다.

안중근은 '殺身成仁'과 '捨生取義'를 실천한 믿음이 굳건한 독실한 신앙인이자 애국·애족을 실천한 순국선열로 동생들에게 남긴 옥중 유언에서 하늘나라에 가서도 우리나라의 독립을 위해서 기원할 것이라고 하였다. 대구가톨릭대학교 도서관 광장의 안중근 의사 추모비에 잘 새겨져 있는데, "내가 죽은 뒤에 나의 뼈를 하얼빈 공원 곁에 묻어 두었다가 우리 국권이 회복되거든 고국으로 반장해 다오. 나는 천국에 가서도 또한 마땅히 우리나라의 회복을 위해 힘쓸 것이다. 너희들도 돌아가서 동포들에게 각각 모두 나라의 책임을 지고 국민된 의무를 다하여 마음을 같이하고 힘을 합하여 공로를 세우고 업을 이루도록 일러다오. 대한독립의 소리가 천국에 들려오면 나는 마땅히 춤추며 만세를 부를 것이다."

이런 안의사의 염원은 연해주에서 발표한 「인심결합론」에도 잘 나타난다. 안의사는 글을 써면서 한국민의 대동단결만이 독립운동의 바탕이 될 수 있다고 보고 "이 불화하는 병의 원인은 교만병이다. 소위 교만한 무리들은 저보다 나은 자를 시기하고, 저보다 약한 자를 업신여기며, 동등한 자는 서로 다투어 아랫사람이 안 되려 하니 어찌 서로 결합함을 얻을 수가 있을 것인가"라고 하며, 교만을 바로 잡는 것은 겸손이라고 하여 이것은 마치 예수회 선교사 판토쟈가 쓴 『七克』을 빌어 이야기하는 것같다.

평신도를 중심으로 일어난 국권수호운동중 안중근의 의거는 가장 대표적이고, 가장 훌륭한 것이었다. 하지만 당시 교회당국은 당황하여 뮈텔주교는 직접 서울프레스를 찾아가 암살자가 천주교인 일 수는 없다고 하였다. 또한 경향신문의 논설을 통해 "비록 애국적 동기에서 나왔고, 또한 생명을 바치기로 결심하였으니 용맹하다 할지라도 살인은 악인즉 악으로 볼 수밖에 없다."고 하여, 그의 의거를 용인하려 하지 않았다.

그런데 안중근은 토마스라는 세례명으로 빌렘 신부에게 세례를 받은 사실을 고백하였다. 이러한 신앙고백은 그의 살인행위가 천주교 신앙상에서도 정당화될 수 있다는 소신을 밝힌 것이라고 볼 수 있다. 안중근은 여순감옥에서 재판을 받는 과정중 이토를 처단한 것은 "일개인의 자격이 아니라 義軍의 參謀中將으로서 此擧를 하였다."고 말함으로써 자신의 행위가 살인이 아니고 정당행위였음을 밝혔다. 안중근의 이러한 논거는 천주교에서 전쟁 중의 살인행위를 정당방위로 봄으로 독립운동도 하나의 전쟁인만큼 그의 살인행위도 당연히 정당방위로 간주될 수 있다는 데에 있었다.

안중근의 의거에 대해 1980년대에 들어와 천주교 신앙인의 측면에서 추적한 논문들이 발표되면서 안중근의거가 신앙심과 애국심이 조화를 이루어 발현한 정당한 행위였다는 주장들이 제기되었다. 그리하여 안중근의 순국과 의거를 기념하는 천주교회 측의 행사들과 연구업적들은 『가톨릭신문』에 신앙인 안중근으로 언급되었다. 즉 천주교회 측에서도 안중근을 천주교 신앙인으로, 단죄하였던 안중근의거를 애국적인 행동으로 인식하고 평가해야 한다는 주장을 추모식과 논문들로 표명하였다.

2000년대에 들어와서 신학적인 측면에서 안중근의거의 정당성을 보다 자세하게 규명하고자 하였고, 안중근의거가 전쟁 중에 전개한 정당한 행동이었다는 데 의견이 일치하였다. 그리하여 안중근의거를 추적한 학문적인 연구성과들이 집적되고, 실천의 측면에서 안중근의 신앙심과 애국심을 이해하고 본받으려는 많은 노력들이 계속되고 있다.

4. 맺음말

안중근의 천주교 신앙은 국가와 민족에 대한 분명한 정체성을 바탕으로 한 주체적인 신앙이었다. 어릴 때 익혔던 유학적 소양과 천주교신앙을 바탕으로 그의 행적은 한마디로 捨生取義와 殺身成仁이었다.

동포를 대상으로 선교활동을 전개하면서 민족의 수난과 고통을 외면한 채 현실에 안주하고자 했던 제도교회의 선교정책에 비판의식을 갖게 되었다. 그리하여 인간의 영혼과 육신, 현세와 내세, 그리고 개인과 사회를 총체적으로 구원하고자 하는 신앙을 갖게 되었던 것이다. 따라서 안중근은 천주교사상을 통하여 근대 민권의식을 성숙시켜 나갔다고 볼 수 있다.

안중근의 동양평화론의 구상도, 국가와 민족을 생각하며 신앙에 바탕을 둔 19세기 제국주의 시대에 대처한 논리였다고 볼 수 있다.동양평화를 위한 안중근의 이토 포살의거는 중국인들에게도 큰 영향을 주어 신해혁명과 항일운동에 단서를 제공하였다. 중국의 전 총리 저우인라이는 중조인민의 항일투쟁의 시작은 안중근의사의 하얼빈의거부터라고 하였으며, 자기 부인을 만나는 것도 안의사에 대한 연극을 지도하는 것이 계기가 되었다. 이로 볼 때 안의사는 두 사람의 간접 중매인이다.

특히 여순감옥에서 기술한 '동양평화론'은 천주교신앙에 근거를 둔 동아시아 공동연대의 평화구상이었다. 위에서도 언급한 대구의 특수한 인문적 환경을 살펴볼 때 대구는 한국의 여순으로 동양평화의 교두보가 될 수 있다고 본다.

2017년 안중근의사 추모특강과 미사를 대구의 주교좌성당 계산동에서 거행하였다. 한중일 국민들이 모여 안의사를 추모하고, 안의사의 동양평화의 정신을 다시한 번 환기시키는 기회였다.

안중근의사의 동양평화론 주장이 백년이상을 흘렀지만 오늘날 동아시아 삼국 나아가 세계평화를 위해서 우리에게 시사하는 바가 매우 크다고 볼 수 있겠다.

안중근의 가톨릭 신앙

-人權思想家의 측면을 중심으로-

원재연(덕성여대 역사문화연구소 연구교수)

1. 머리말

안중근의 가톨릭 신앙에 대한 연구사 정리는 지금까지 5~6차례에 걸쳐 가톨릭 신자 내지 교회사연구자들에 의해서 수행되어 왔다. 1980년대 이후 안중근의 사상을 천주교와 관련하여 집중적으로 설명한 최초의 연구자는 이주호이다. 이주호는 안중근을 한국의 천주교인으로서, 애국자였으며, 평신도 사도직 운동의 관점에서도 모범적인 선구자이자 토착화의 모델로 설명했다.[1] 1990년대에 와서는 안중근 의거에 대한 교회 내 부정적 견해를 일소하고 독립운동가로서의 정당한 명예를 회복해주려는 한국 천주교회의 움직임과 맞물려 한국교회사 연구자들의 집단적 연구성과가 나타나기 시작했다. 최석우 신부를 비롯하여 노길명, 조광, 홍순호 교수 등이

---

1) 이주호, 「신앙인 안중근론 -평신도사도직운동의 선구자」, 『최석우신부화갑논총』, 1982 ; 신운용, 『안중근과 한국근대사2』(안중근 평화연구원 편, 채륜, 2013.3.26) pp.27-71(안중근 연구의 현황과 쟁점)에서 재인용.

안중근의 가톨릭 신앙과 애국계몽운동, 의병항쟁, 동양평화론, 교회의 반응 등에 대한 상관성을 고찰하는 논문을 발표했다.[2] 이중에서 노길명 교수는 「안중근의 가톨릭 신앙」이란 논문에서, 안중근의 가정적 배경과 가톨릭 입교 과정, 교회 활동, 신앙과 영성, 제도교회와의 관계 등에 대해서 고찰하였는데, "안중근의 신앙은 국수주의적(國粹主義的)인 것이 아니라 가톨릭교회의 보편주의적 세계관과 민족주의 의식을 조화한 것으로서, 민족의 수난과 고통을 외면한 채 현실에 안주하고자 하는 제도 교회의 선교정책을 비판하고 인간의 영혼과 육신, 현세와 내세, 개인과 사회를 총체적으로 구원하고자 하는 신앙을 구체적인 행동으로 연결시켜 생활화하고 있었다."고 서술했다.[3] 안중근 의사의 신앙심에 대한 교회사학계의 관심은 2000년 11월 4일 명동 가톨릭회관 7층에서 개최된 학술심포지엄 "2,000년 대희년과 안중근 토마스"를 통해서 다시한번 재조명되었다. 이때 발표된 논문들은 한국 천주교회가 불행했던 지난 200년 역사의 오점을 성찰하고 민족 앞에 고해성사를 하는 심정으로 새로 시작되는 3,000년기를 새롭게 맞이하려는 '교회쇄신'의 관점에서 안중근의 신앙과 민족정신 등을 재조명하게 된 것이었다.[4] 이 발표에서 차기진은 「안중근의 천

---

2) 『교회사연구』 제9집(안중근 토마스 의사 특집호 : 한국교회사연구소, 1994)에 실린 다음과 같은 4편의 논문은 1993년 8월에 실시되었던 제100회 교회사연구 발표회 겸 안중근 의사 기념 심포지움에서 발표된 논문들이었다. 노길명, 「안중근의 가톨릭 신앙」 ; 홍순호, 「안중근의 동양평화론」 ; 조 광, 「안중근의 애국계몽운동과 독립전쟁」 ; 최석우, 「안중근의 의거와 교회의 반응」.

3) 위의 책 『교회사연구』 제9집(1994) pp.5-30. ; 이에 대해 신운용은, "노길명은 1990년대 안중근 사상을 연구한 대표적 연구자로 안중근의 전교활동, 민권수호활동, 애국계몽활동과 독립전쟁이 모두 하느님의 사랑과 평화를 이 세상에 구현시키려는 종교적 동기와 깊이 관련이 있음을 파악했으나, 천주교의 어떠한 사상이 안중근의 민족운동을 추동시켰는지에 대한 구체적인 연구까지 발전하지 못했다."고 평가했다. 신운용 앞의 글(2013) p.46

4) 이때 심포지엄에서 발표된 글들은 『교회사연구』 제16집(한국교회사연구소, 2001) pp.9-143에 실렸고, 관련 종합토론도 다시 정리되어 실렸다.(같은 책 pp.145-175) 구체적 논문들은 차기진, 「안중근의 천주교 신앙과 그 영향」 ; 장석흥, 「안중근의 대일본 인식과 하얼빈 의거」 ; 전달수, 「안중근 토마스의 신앙과 덕행」 ; 정인상, 「안중근의 신앙과 윤리」 ; 변기찬, 「안중근의 신앙과 현양에 대한 비교사적 검토」 등 모두 5편이다.

주교 신앙과 그 영향」에서 안중근의 교리인식은 정약종의 『쥬교요지』와 정하상의 「상재상서」 등의 인식체계를 계승한 것임을 구체적 교리의 내용 분석을 통해서 조목조목 설명을 전개했다.[5] 장석흥은 「안중근의 대일본 인식과 하얼빈 의거」에서 안중근의 문명개화론적 지향, 국권회복운동의 전개, 동양평화의 구도 등과 관련된 대일본인식의 상관성을 고찰하고 하얼빈 의거의 배경이 된 이토 히로부미의 죄상에 대한 안중근의 견해를 분석했다. 그는 안중근 구국운동의 특징으로서 언제나 정의(正義)와 인도(人道)에 바탕을 둔 점을 지적하고, 안중근은 "제국주의 침략을 배척해도 일본인을 미워하지 않음으로써 자유와 정의를 향한 높은 정신세계에서 구국운동을 전개하였고 이러한 기초 위에서 동양평화를 구상했다."고 평가했다.[6] 전달수는 「안중근 토마스의 신앙과 덕행」에서, 안중근이 실천한 덕행으로서 그의 신앙심에서 우러나온 항목들을 대범함과 용기[勇德, virtus fortitudinis], 천주를 흠숭하는 경신덕(敬神德, virtus religionis), 의덕(義德, justitia), 효경(孝敬, pietas), 애국심(愛國心, patriae amor), 평화애호가 등으로 나누어 설명했다.[7] 정인상은 「안중근의 신앙과 윤리」를 통하여, 안중근에게 있어서 종교활동은 그 자체가 민족운동

---

5) 약정토론자 최기영은, 발표자가 안중근 신앙의 구체적인 교리지식을 성공적으로 추출했다고 평가하면서, 아무런 자료없이 감옥에서 기억에 의존하여 기술된 『안응칠역사』에만 지나치게 의존하지 말고 구술사를 비롯한 흩어진 자료 모으기에 힘써야 하고, 안중근이 실력양성론에서 무장투쟁론으로 전환한 독보적 민족운동가였다는 점과 그 사상적 배경적 배경으로서 문명개화론 등을 지적했다. 위의 책 『교회사연구』 제16집(한국교회사연구소, 2001) pp.145-175

6) 이에 대해 약정토론자 윤경로는 안중근의 이토 포살을 히틀러 암살단에 들었던 미국 신학자 본회퍼의 발언, "술취한 운전사가 버스를 운전하고 있을 때는 승객들을 구출하기 위해서 술취한 운전사를 빨리 내리게 해야한다."는 말을 인용하면서 안중근의 의거야말로 본회퍼의 말에 비유될 수 있는 굉장히 종교적인 행위라고 평가했다. 위와 같은 곳 참고.

7) 이에 대해 토론자 박재만은, 발표자가 안중근의 덕행을 윤리덕(倫理德)의 측면에서만 고찰하지 말고 향주덕(向主德 : 믿음, 소망, 사랑)의 측면에서도 분석하면 좋았을 것이라고 평했다. 아울러 안중근의 하얼빈 의거는 윤리신학적으로 살인혐의가 아닌 것이 충분히 입증되는데, 그의 이토 포살행위가 신앙적 결단인가 아니면 단순한 인간적 신념의 결단인가를 따져보았을 때 틀림없이 신앙적 결단이었으므로 나라를 위해 목숨을 바친 순국자(殉國者)였고 교황 바오로 2세의 회칙 「제삼천년기」에서 말한 '새로운 순교자'(novus martyr) 또는 현대의 순교자였다고 평가했다.

의 하나였으며, 민족운동 또한 가톨릭 신자로서의 신앙에 그 뿌리를 두고 있었는데, 서유럽 중심주의 내지 서유럽 문화우월주의적이지도, 국수주의적이지 않고, 민족주체의식에 바탕을 둔 보편주의 세계관을 지향했다고 평가했다. 또 안중근은 전교활동, 민권수호활동, 애국계몽운동, 독립전쟁 등의 활동을 하느님의 사랑과 정의와 평화를 이땅에 이루기 위한 평신도 사도직의 실천으로 판단했으므로, 그의 조국애 또는 애국심도 신앙에서 나온 덕행이었다고 보았다. 또 안중근에게 있어서 조국애, 세계주의, 신앙심은 항상 동시적으로 이해되어야만 하는 상호긴밀성을 갖는 것으로 이해했다.[8] 변기찬은 「안중근의 신앙과 현양에 대한 비교사적 검토」를 통하여, 공동선에 위배된 공권력은 압제로 변질되는데, 이 "압제에 맞서 난폭하고 무자비한 행위를 포기하고 인간의 권리를 옹호하기 위해서 가장 약한 사람들이 취하는 방어수단을 택하는 사람들은 복음의 사랑을 증언하는 것이다"라는 『가톨릭 교회교리서』(1903항, 2306항)을 인용하면서 안중근의 의거를 프랑스의 성인 잔다르크(Jeanne d'Arc)의 활동이나 라틴아메리카의 독립전쟁 등과 비교할만한 탁월한 신앙심과 애국심의 발로라고 보았다. 그는 무력을 통한 방위를 정당화하기 위해서는 첫째 공격자가 국가나 국제공동체에 가한 피해가 계속적이고 심각하며 확실해야 하고, 둘째 이를 제지할 다른 방법이 실행불가능하거나 효력이 없음이 명백해야 하고,

---

8) 토론자 이동호는, 안중근이 주도한 동의단지회의 결의 내용 중에 만약거사가 실패할 경우 3년 안에 자살을 결행한다는 항목이 있음을 볼 때, 안중근이 과연 생명의 주인이 하느님임을 제대로 인식하고 있었는지 의문이라고 평가하면서 안중근이 과연 빌렘 신부를 도와 활발한 전교활동을 할 정도로 교리지식이 해박했는지에 대해서도 의문을 제기했다. 또한 안중근의 하얼빈 의거에 대해서도 "단 한번으로 끝나지 못하고 계속해서 사용해야 하는 무력의 상황이라면 폭력의 악순환을 초래한다는 점에서 정당성을 확보하기 어렵다"고 전제하고 안중근의 의식에 문제가 있다고 비판했다. 이에 대해 발표자 정인상은 안중근 의거를 통해서 생명존중 문제, 살인문제, 정당한 전쟁 등의 문제로 토론자의 문제제기를 분석한 후, 안중근의 의거는 무엇보다도 민족구원을 상위의 가치로 보고 민족구원을 선택한 행위였다고 답변했다. 필자는 이동호 신부의 문제제기를 인권(人權)의 관점에서 본격적으로 분석하여 안중근의 신앙심과 덕행이 교회 내의 교리와 어긋나지 않고 생명존중 정신을 구현한 것이었다고 평가한다. 또 안중근은 그 자서전에서 3년 내에 자살을 한다는 말을 기록하지 않았다. 이는 그의 생명관을 반영한 부분이라고 생각한다. 본고의 내용 참고.

셋째 성공의 조건들이 수립되어야 하며, 넷째 무력사용으로 제거되어야 할 재난보다 더 큰 재난과 폐해가 초래되지 않아야 한다는 등의 네 가지 조건에 비추어 안중근의 의거는 이러한 조건들에 위배되지 의전(義戰)이었다고 평가했다.[9]

안중근의 교리인식과 신앙심의 관계에 대해서 신학자 황종렬은 안중근의 천명론(天命論)을 주목하고『안응칠역사』에 나오는 안중근의 교리이해와 관련된 부분을 "안중근편 교리서"라고 평가했다. 그는 이 평가에서 전반적인 관점에서『주교요지』와 상통하지만, 관점에 있어서 차이가 난다고 보았다. 즉『주교요지』는 천주론 중심의 체계적 교리진술로 기획되고 그렇게 작용했지만, "안중근편 교리서"는 인간 존재의 존귀함에 근거하여 그 존귀함의 근원으로서 천주께 대한 본분을 구현할 것을 설득함으로써 도덕-태평시대와 영세영복의 구원을 열어가도록 초대되고 선포되었다고 평가했다.[10] 신운용은 스스로 '안중근의 사상을 천주교와 관련지어 본격적으로 기술한 연구자'라고 자부하고 1993년의 석사논문과 2005년의 발표논문을 통해서 안중근을 천주교 토착화의 전범(典範)으로 보았으며, 안중근 의거의 사상적 배경을 천명론(天命論)에서 찾았다. 그는 안중근이 종교인으로서 자신에게 주어진 '천명'을 '한국의 독립'과 '동양평화'임을 깨닫게 되었고, 그 천명을 실천한 결과가 바로 이토 히로부미를 처단한 것이었다고 강조했다. 동시에 안중근이 일본 천황을 긍정적으로 본 이유는 군주(君主)를 소천주(小天主)로 보는 천주교의 왕권신수설에 근거한다고 주장하면서 안중근이 죽는 순간에도 종용자약(從容自若)할 수

---

9) 토론자 윤민구는, 안중근 의거를 정당화하기 위해서는 하얼빈 의거를 전쟁의 한 부분으로 평가해야만 한다고 말했다. 그것은 교회의 십계명 중에서 제5계명에도 불구하고 살인이 허용되는 경우가 사형, 정당방위, 전쟁 등 세 가지 경우 밖에 없기 때문이라고 보고, 안중근 자신이 의병의 참모중장으로서 독립전쟁을 수행하는 중에 이토를 사살한 것이라는 진술을 한 점을 존중해야 한다고 말했다. 안중근이 교회에서 현양되기 위해서는 안중근의 성덕이 단순한 애국심 이상의 것임을 밝혀야 하는 과제가 주어졌다고 했다.
10) 황종렬, 「안중근편 교리서에 나타난 천·인·세계 이해」, 『안중근과 그 시대』(안중근의사기념사업회편, 2009.3)

있었던 것도 바로 천명을 실천했기 때문이라고 보았다. 윤선자는 구한말부터 통감부기와 일제강점기에 이르는 한국교회사를 한국사상사의 범위 내에서 연구하면서, 안중근의 계몽운동, 의열투쟁과 신앙의 상관관계 등을 해명해왔다. 또 빌렘 신부와 안중근 신앙 및 활동의 상관관계, 안중근 전교활동의 특징들을 파악하는데 노력해 왔다.[11]

　필자는 1993년 안중근에 관심을 가진 뒤부터 '안중근의 생애와 활동'에 대해 소논문을 작성하였고, 이어서 1994년 「안중근 연보」를 작성하였고, 2010년 안중근의 황해도 전교활동 및 교리인식과 신앙실천의 측면에 대한 일련의 연구작업을 진행해 왔다.[12] 이러한 일련의 작업을 통해서 필자는 안중근의 천주교 교리인식이 박해시대 이래 천주교회의 대중적인 교리서였던 정약종 순교복자의 『쥬교요지』와 그 아들 정하상 성인의 「상재상서(上宰相書)」 등의 영향을 받아 이단배척(異端排斥), 보유론적(補儒論的) 설명, 토착화된 비유로 천주(天主)의 존재와 속성을 설명하는 부분 등을 계승하고 있음을 파악했다. 그러나 한편으로 안중근의 교리인식은 1901년에 기술된 같은 황해도 출신의 김기호(金起浩, 요한, 1824~1903)의 『봉교자술(奉敎自述)』에 기록된 신앙심과 마찬가지로 박해시대에는 볼 수 없었던 근대적 인권개념[天賦人權論]을 도입하여 교리를 설명하거나 믿음을 권유하는 신앙실천의 측면

---

11) 윤선자, 「안중근 의사의 천주교 신앙과 애국계몽운동」, 『안중근의 義烈과 동양평화론』(안중근 의사 의거 89주년 학술심포지엄, 안중근의사숭모회, 1998) ; 윤선자, 「'한일합방'전후 황해도 천주교회와 빌렘신부」, 『한국근대사와 종교』(국학자료원, 2002) ; 윤선자, 「안중근의 민족운동」, 『종교계의 민족운동』(한국독립운동의 역사38 ; 한국독립운동사편찬위원회, 2008.8) ; 윤선자, 「해방 후 안중근 기념사업의 역사적 의의」, 『안중근의사 하얼빈의거 100주년기념 국제학술대회』(안중근의사기념사업회, 2009)
12) 원재연, 「안중근의 생애와 활동」, 『교회와 역사』 218~221호(1993) ; 원재연, 「安重根 年譜」, 『교회사연구』 제9집(안중근 토마스 의사 특집호 ; 한국교회사연구소, 1994) ; 원재연, 「안중근의 선교활동과 황해도 천주교회-김기호와 비교연구를 중심으로-」(안중근 의거 100주년 기념 심포지엄 발표문, 2009.10) ; 원재연, 「안중근의 선교활동과 황해도 천주교회」, 『안중근 연구의 성과와 과제』(안중근기념사업회 편, 2010.9) ; 원재연, 「구한말 안중근의 천주교 교리인식과 신앙실천」, 『교회사학』 제7호(수원교회사연구소, 2010.12)

을 보여준다고 이해했다.

본고는 안중근 의사에 대한 기존의 연구자들이 그를 진정한 애국심의 소유자 내지 모범적인 가톨릭신자, 애국심과 가톨릭 신앙이 혼연일체가 된 영웅, 위인 등으로 평가한 데에서 한 걸음 더 나아가, 안중근의 신앙과 신심의 이모저모를 새롭게 해석하거나 짚어보면서 안중근의 신앙심이야말로 민족, 국가, 동아시아, 전 세계를 아우르는 보편적인 인권사상(人權思想)에 기초하여 하느님 흠숭과 인류애를 실천한 인권사상가(人權思想家)의 면모를 보여주고 있음을 논증하고자 하였다. 오늘날 인권(人權, human rights)의 개념은 그 범위가 계속 확대되고 있지만13), 대체로 "인간에 있어서 기본적이며 양도할 수 없는 핵심적인 권리"14)로 정의된다. 본고에서는 "국가의 횡포로부터 개인인 인간의 자유 및 기본적 권리를 보호하는데 주안점을 두는 시민적, 정치적 권리"로 규정되는 제1세대 인권개념 뿐만 아니라 이에서 한걸음 더 나아가, '경제적, 사회적, 문화적 권리' 등 국가의 적극적 개입만이 효율적인 권리의 향유를 보존하는 제2세대 인권개념 및 개발에의 권리(right to development), 평화추구권(right to peace), 깨끗한 환경추구권(right to a safe environment) 등 국제사회의 연대에 호소하는 집단적 차원의 제3세대 인권개념까지도 망라하는 광의의 인권 개념을 사용하고자 한다.15) 아울러 이러한 개념에는 1948년 UN에 의한 세계인권선언과 1968년 테헤란 국제인권회의(International Conference on Human Rights) 및 1993년 비엔나 세계인권회의(World Conference on Human Rights)에서 거듭 확인

---

13) 인권 개념과 국제인권법의 범위가 확장되는 추세와 관련해서는 박기갑, 「21세기 국제인권법의 과제와 전망」, 『21세기 국제인권법의 과제와 전망』(삼우사, 1999) pp.10-12참조.

14) 위의 책, p.10

15) 같은 책, p.13 ; 이와 관련하여 제2세대 인권은 사회주의 이념에 영향을 받은 '경제적, 사회적, 문화적 권리' 등 국가의 적극적 개입만이 효율적인 권리의 향유를 보존하는 권리로, 제3세대 인권은 개발에의 권리(right to development), 평화추구권(right to peace), 깨끗한 환경추구권(right to a safe environment) 등 국제사회의 연대에 호소하는 집단적 차원의 인권으로 설명하고 있다.

된 '소수자의 보호'와 관련, "소수자가 자신의 문화를 향유하고, 신앙의 자유와 종교 활동의 자유를 행할 수 있다"고 하는 규정까지도 본고 전개의 주요한 이론으로 고려해 두고자 한다.[16] 본고의 작성에는 앞서 본문과 각주7, 8번에서 언급한 전달수, 박재만, 이동호 신부 등의 덕행의 실천, 인권론적 문제제기 등에서 많은 영감을 받았음을 밝혀둔다.

2. 天命 인식과 人權 사상

1) 敎理 이해와 天命 인식

안중근은 19세 때인 1897년 1월 중순, 빌렘(홍석구) 신부에게서 그의 일가 32명과 함께 집단 세례를 받는데, 세례명은 토마스(Thomas, 多默)였다.[17] 세례를 받은 후의 상황에 대해서 안중근은 다음과 같이 기술했다.

> 성서[經文]를 강습(講習)하고, 교리[道理]를 토론(討論)하면서 여러 달이 지나 신앙이 차츰 굳어지고 독실하게 되어 의심이 사라졌다. 천주(天主) 예수 그리스도[耶穌基督]를 숭배(崇拜)하면서 날이 가고 달이 가서 몇 해가 지나자, 그때 교회 사무(敎會事務)를 확장하고자 나는 홍 신부[洪敎師]와 함께 각지를 왕래하며 사람들을 권면하여 교리를 전했다.[勸人傳敎][18]

안중근은 교리서와 함께 성경[經典]을 직접 강습하고 토론해면서 교리를 배웠으며 그 결과 불과 몇 개월 만에 천주교리와 관계된 의심이 사라졌다고 고백했다. 안중근이 이때 주된 참고로 한 교리서는 앞서 언급한 바와 같이 정하상의 「상재상서」와 정

---

16) 이상의 인권(人權) 개념에 대해서는 원재연, 「황사영 백서의 인권론적 고찰」, 『법사학연구』 제25호(한국법사학회, 2002.4)를 참고 인용하였다.
17) 최석우, 「안중근의 의거와 교회의 반응」, 『교회사연구』 제9집(한국교회사연구소, 1994)
18) 안중근, 「安應七歷史」, 『安重根傳記全集』(국가보훈처, 1999). 이하 본장의 인용문들은 모두 이와 동일한 곳이므로 출전에 대한 별도의 언급을 생략한다.

약종의 『쥬교요지』였을 것이며, 그 외에도 『성교요리문답』, 『천주실의』, 『천주성교 공과』, 『칠극』, 『치명일기』 등 최소한 모두 8종 이상의 교회서적을 읽었을 것으로 추정되는데, 여기에는 문답교리서와 기도서, 각종 위인전 및 성경해설서 등이 포함되었을 것으로 본다.[19]

안중근은 이러한 교리서들을 통해서, 그의 아버지 안태훈과 마찬가지로 조선후기 이래 양반 계층의 유학자들이 천주교에 입교할 때의 전형적인 형태였던 보유론(補儒論)[20]적 사고에 입각하여 천주교리를 학습했을 것으로 보는데, 이는 자신이 익힌 교리를 동포들에게 전달하는 과정을 서술한 다음과 같은 자서전의 구절을 통해서 구체화된다.

ⓐ 한 나라의 임금이 정치를 공정히 하고 백성들의 생업을 보호하며 모든 국민들이 태평을 누릴 수 있게 되었는데 백성이 그 명령에 복종할 줄 모르고 전혀 충군애국(忠君愛國)하는 성품이 없다면 그 죄는 가장 중한 것이라 할 것이오. 그런데 이 천지간에 큰 아버지요, 큰 임금이신 천주께

---

19) 차기진, 앞의 글(2000) ; 하정호, 「안중근의 천주교 신앙연구」 가톨릭대 역사신학 전공 석사학위논문(2008.6) 등에서는 대략 7종 정도로 추정하고 있다. 필자는 여기에 『성경직해』나 『성경광익직해』등 박해시대부터 신자들의 주일 공소모임 교재로 활용되어온 성경해설서류가 앞의 안중근 자서전에서 나온 것처럼 포함되었을 것으로 본다.

20) '보유론(補儒論)'이란 예수회 선교사 마테오 리치가 중국에 전교할 때 취한 선교지 문화 적응주의적(適應主義的) 선교방식을 말한다. 리치는 유명한 유학자들의 도움을 받아 그리스도교를 중국 전통의 지배사상인 儒敎의 논리에 符合되게 하면서 유학자들의 부정적인 편견을 배제하고 천주교에 관심을 갖도록 유도했으며[合儒], 유교의 부족한 종교적인 측면을 補完한다고 하는 과정[補儒]을 거쳐서, 마침내 천주교의 교리가 유교의 수준을 초월하는 것임을 중국인들에게 설득력 있게 제시하는 단계[超儒]를 거치는 3단계적 선교방식을 말한다. 이에 대해서는 금장태, 『조선후기 儒敎와 西學 −교류와 갈등−』(서울대출판부, 2003) p.204 참고. 그러나 대체적으로 학계에서는 천주교를 전교할 때 유교의 가르침과 부합되는 방법으로 교리를 설명하거나 최소한 유교와 서로 어긋나지 않는 방식을 취함으로써 천주교에 대한 편견과 거부감을 불식시키는 방법들을 보유론이라고 지칭하는 것으로 이해해왔다. 보유론과 관련된 국내 학자의 연구로는 금장태, 「東西交涉과 近代 韓國思想의 推移에 關한 研究」(성균관대 박사학위 논문, 1978) 및 이의 보완서인 同人 『東西交涉과 近代 韓國思想』(1984, 성균관대 출판부) ; 金玉嬉, 『曠菴 李蘗의 西學思想』(가톨릭출판사, 1979) ; 최기복, 「儒敎와 西學의 思想的 葛藤과 相和的 理解에 關한 研究 − 近世의 祭禮問題와 茶山의 宗敎思想에 關聯하여 −」(성균관대 박사학위논문, 1989) ; 최소자, 『東西文化交流史研究』(삼영사, 1987) 등이 있다.

서 하늘을 만들어 우리를 덮어주시고, 땅을 만들어 우리를 떠받쳐주시고, 해와 달과 별을 만들어 우리를 비추어주시고 또 만물을 만들어 우리로 하여금 쓰게 하시니 실로 그 크신 은혜가 그같이 막대한데 만일 사람들이 망녕되이 제가 잘난 척, 충효를 다하지 못하고 근본을 보답하는 의리를 잊어버린다면 그 죄는 비할 데 없이 큰 것이니 어찌 두려운 일이 아니며, 어찌 삼갈 일이 아니겠소. 그러므로 공자도 말하기를 "하늘에 죄를 지으면 빌 데가 없다"[21]고 했소.

ⓑ "오늘 우리들은 죽을 지경을 면하기가 어렵게 되었으니 속히 천주 예수의 진리를 믿어 영혼의 영생을 얻는 것이 어떻소. 옛 글에도 '아침에 도를 들으면 저녁에 죽어도 좋다.'[22]고 하였소. 형들은 속히 전일의 허물을 회개하고 천주님을 믿어 영생하는 구원을 받는 것이 어떠하겠소?" 하고는 천주가 만물을 창조해 만드신 도리와 지극히 공변되고 지극히 의롭고 선악을 상벌하는 도리아 예수 그리스도가 세상에 내려오셔서 구속하는 도리를 낱낱이 권면했더니 두 사람이 다 들은 뒤에 천주교를 믿겠소 라고 하므로 곧 교회의 규칙대로 대세(代洗)를 주고 예를 마쳤다.

위 인용문 ⓐ, ⓑ를 통해서 보면, 『논어』 등 유교의 경전 구절들을 인용하거나 유교의 종지인 충효(忠孝)를 강조하면서 대군대부(大君大父)이신 하느님[天主]을 마땅히 흠숭해야 한다는 식의 논리를 전개하고 있는데, 이는 안중근의 전교가 전형적인 보유론적 교리이해에 바탕을 두고 있음을 보여준다.

그러나 안중근은 그가 읽은 「상재상서」의 영향도 있었겠지만, 빌렘 신부와 황해도 천주교회 전교회장들의 가르침 때문에 유교식 제사를 폐지하고 집안의 신주를 불사르는 등 보유론적 이해와는 상충되는 교회 가르침에 처음부터 적응해 갔으며, 『천주실의』 등 이른바 전형적인 보유론적 교리서에서는 잘 등장하지 않는 예수 그리스도의 십자가 대속(代贖)과 구원(救援), 부활(復活)의 가르침을 보유론적 설명과 거의 동시에 학습해갔다.

---

21) 『論語』八份篇；獲罪於天 無所禱也
22) 『論語』里仁篇；朝聞道 夕死可矣

ⓒ 지금으로부터 1800여년 전에 지극히 어진 천주님이 이 세상을 불쌍히 여겨서 만인의 죄악을 속죄하여 구원해 내시고자 천주님의 둘째 자리인 성자(聖子)를 동정녀 마리아의 뱃속에 잉태케 하여 유태국 베들레헴에서 탄생시키니 이름하되 예수 그리스도라 했소.

ⓓ 그 당시 유태국 예루살렘 성중에서 옛 교를 믿던 사람들이 예수의 착한 일 하는 것을 미워하고 권능를 시기하여 무고로 잡아다가 무수히 악형하고 천만가지 고난을 가한 다음 십자가에 못박아 공중에 매어달았을 때, 예수는 하늘을 향해 만인의 죄악을 용서해주십사 기도한 뒤에 큰소리 한 번에 마침내 숨이 끊어졌소.

ⓔ 예수는 사흘 뒤에 다시 살아나 무덤에서 나와 제자들에게 나타나 같이 지내기를 40일 동안에 죄를 사(赦)하는 권한을 전하고 무리들을 떠나 하늘로 올라가셨소.

ⓕ 예수께서 미리 제자들에게 예언했으되, "뒷날 반드시 위선하는 자가 있어서 내 이름으로 민중들을 감화시킨다고 할 것이니, 너희들은 삼가서 그것에 잘못에 빠져들지 말라. 천국으로 들어가는 문은 다만 천주교회의 문 하나밖에 없다.

위의 교리 설명 중에서 ⓒ,ⓓ,ⓔ는 각각 예수 그리스도의 동정녀 몸에서의 탄생[降生救贖], 십자가 죽음과 대속(代贖), 부활(復活)과 승천(昇天) 등에 대해서 안중근이 설명하는 내용인데, 보유론적 교리서인 『천주실의』 등에서는 중국인들에게 매우 생소한 이같은 내용을 아예 생략하거나 매우 축약된 형태로 약간만 언급하는 데 그쳤다. 따라서 이러한 예수 그리스도에 대한 확고한 인식은 전형적인 보유론적 인식에서 볼 수 없는 내용으로 안중근이 교리를 배울 처음부터 강습했다는 경서(經書) 즉 복음해설서와 정약종의 『쥬교요지』에 그 내용을 두고 있었던 때문으로 보인다. 또 ⓕ의 경우 그가 구원을 위한 유일한 방법은 천주교회 내에서 구해야 한다는 생각을 지니고 있었음을 보여준다. 이는 엄밀한 의미에서 보유(報儒)의 단계를 넘어서는 초유(超儒) 내지 탈유(脫儒)의 경지를 보여주고 있는 점이다. 그러나 안중근은 그의 천주교회 내 전교 봉사활동을 마친 1904~1095년 무렵부터는 예국계몽운동과 의병항일투쟁에 종사하면서, 같은 그리스도교 형제인 개신교[裂敎] 신자들과도 잘 화합하며 그들의 신앙을 비판하지 않았던 특징을 보여준다.

이른바 '안중근편 교리서', 즉 안중근이 자서전에서 언급한 교리학습 및 신앙체득 과정을 기록한 마지막 부분은 그의 교리인식의 귀결점이자, 그가 교회활동과 개인적인 신앙생활을 통해서 실천해나가야 할 결론에 해당되는 부분으로 평신도 그리스도인으로서의 당연한 의무이자 권리인 전교(傳敎)에 대한 안중근의 강렬한 결심이 담겨있는 부분이라고 할 수 있다.

> 원컨대 우리 대한(大韓)의 모든 동포, 형제, 자매들은 크게 깨닫고 용기를 내어 지난날의 허물을 깊이 참회함으로써 천주님의 의자(義子)가 되어, 현세(現世)를 도덕시대로 만들어 다같이 태평을 누리다가 죽은 뒤에 천당에 올라가 상을 받아 무궁한 영복(永福)을 함께 누리기를 천만번 바라오.

이처럼 전교에 대한 강렬한 결심은 천주의 의자로서 거듭난 신자들이 지켜 나가야 할 하느님으로부터 부여받은 사명[天命]이라는 인식의 토대를 형성했다. 이같은 천명사상(天命思想)은 인간의 고귀함에 대한 특별한 가치인식을 통해서 뒷받침 되어졌다. 그런데 안중근은 인간의 영혼이 불멸한다.[靈魂不滅]는 사상과, 이 영혼을 지닌 인간 존재의 고귀함과 존엄함에 대해서 교리학습 기간 중에 이미 자각을 했음이 드러난다.

> 대개 천지간 만물 가운데서 오직 사람이 가장 귀하다고 하는 것은 혼(魂)이 신령하기 때문이오. 혼에는 세 가지가 있는데, 첫째는 생혼(生魂)이고 … 둘째는 각혼(覺魂)이요 … 셋째는 영혼(靈魂)이니 그것은 능히 도리를 토론하고, 능히 만물을 맡아 다스릴 수 있기 때문에 오직 사람이 가장 귀하다는 것이오. … 허다한 동물들이 사람의 절제[다스림]을 받는 것은 그것들의 혼이 신령하지 못하기 때문이요, 그러므로 영혼의 귀중함은 이것을 미루어서도 알 수 있는 일인데, 이른바 <u>천명(天命)의 본성이란 것은 그것이 바로 지극히 높으신 천주께서 사람의 태중에서부터 부어넣어</u> <u>주는 것으로써 영원무궁하고 죽지도 멸하지도 않는 것이오.</u>[夫天地之間 萬物之中 惟人最貴者 以

其魂之靈也 魂有三別 一曰生魂 … 二曰覺魂 … 三曰靈魂 此人之魂 能生長 能知覺 能分辨是非 能

推論道理 能管轄萬物 故惟人最貴者 魂之靈也 … 然許多動物 雖人所制者 其魂之不靈所致矣 故

靈魂之貴重 推此可知而 卽所謂天命之性 此尊天主 賦卑于胎中 永遠無窮不死不滅者也]

　　이같은 천부영혼설(天賦靈魂說)은 비단 안중근의 교리인식에서만 나오는 것이
아니라 정약종의 『쥬교요지』나 정하상의 「상재상서」 등에서도 명백하게 서술되어
있다. 다만 동포들에게 전교할 때, 이러한 영혼의 소중함과 불멸함을 앞부분에 배치
하여 사람의 권한[人權]이 소중하고 고귀하며 이는 마땅히 보호받아야 한다는 의
식을 일깨워준 것에서 안중근의 독특함이 있었다.[23] 안중근이 인간 영혼의 고귀함
과 영원불멸에 입각한 인권의 소중함을 늘 전교나 교리교육의 서두에 드러낸 것은
외교인들에게는 인간다운 품위있는 삶을 위해서 영혼을 부여해주신 하느님께 대한
신앙이 필요함이 강조하기 위함이었고, 신자들에게는 하느님이 맡겨주신 고귀한 신
앙적 의무를 다하도록 촉구하기 위해서였는데, 후자는 곧 하느님 백성으로서의 신
자가 하느님께로부터 부여받은 사명, 즉 천명(天命 ; 천주의 명령)을 늘 잊지 않고
일상생활에서 실천하도록 일깨워준 것이었다.

---

23) 원재연, 앞의 글(2010.12) pp.137-141 이에 의하면 안중근은 김기호와 마찬가지로 교리교육
　　이나 전교활동시에 인간 영혼의 고귀함을 강조하면서 설명을 하고 있는데, 이는 박해시기인
　　정약종과 정하상의 활동 시기에는 볼 수 없었던 일로서, 자칫 반란을 도모한다는 오해를 살
　　수 있는 인권(人權)과 관련된 언급을 피하였던 것과는 자못 달라진 시대분위기를 반영하는
　　것으로 해석된다. 개항기 이후의 안중근과 김기호의 시대에는 서구 문물의 영향을 받아 인권
　　의 소중함에 대해 개안(開眼)하고 이를 당당하게 역설하면서 외교인들에게는 인간의 고귀한
　　품위에 맞는 도덕적 삶을 위해서 가톨릭 신앙이 필요함을 알려주었고, 기존 신자들에게는 올
　　바른 신앙인으로서의 교회적, 사회적 의무를 강조하기 위해서 이같은 인간존재의 고귀함과
　　천부인권의 소중함을 새삼 강조했던 것이다. ; 황종렬, 앞의 글(2009.3) p.315. 이에 의하면,
　　『쥬교요지』는 천주론 중심의 교리 진술로 기획되었고 또 그렇게 작용하였으나, 안중근편 교
　　리서에서는 인간론에서 천주론으로 옮겨가는 체제를 취하고 있는데, 이는 인간 존재의 존귀
　　함에 근거하여 그 존귀함의 근원으로서 천주에 대한 본분을 구현할 것을 설득하여 도덕-태
　　평시대와 영세영복의 구원을 열어가도록 하는 초대로 선포되었던 것이라고 하였다.

2) 共同體 의식의 확대와 人權 사상의 발전

이 장에서는 안중근이 전개한 인권활동의 신앙적, 사상적 배경이 된 공동체의식의 발전과정과 이에 따른 인권의식의 성장에 대해서 살펴보고자 한다. 안중근의 인권의식(人權意識)은 그가 세례받은 이후 일상의 삶 속에서 실천되어갔다. 그러나 안중근에게도 입교한 후 교회공동체 내에서의 다양한 체험을 통해서 인권의식의 폭이 확대되고 그 내용도 점차 변화되어 간 측면이 드러난다.[24] 안중근이 천주교에 입교하게 된 것은 그 부친 안태훈의 정치적 입지를 확보하고 가문의 생존권을 해결하기 위한 양대인자세적(洋大人藉勢的) 경향이 분명하게 드러나 있음을 부인할 수 없다.[25] 따라서 부친의 절대적 영향력 안에서 가문 전체가 집단 개종한 상황 속에서 자유로울 수 없었던 안중근도 그 초창기 교회활동의 범위가 부친과 선교사 빌렘의 전교담당지역을 넘어서지 못했음은 당연하다. 또한 자신이 전교하던 황해도 신천(信川)의 청계동을 비롯한 이웃 고을 해주(海州), 옹진(甕津) 등지의 천주교 신자들의 어려운 사정을 해결해주고자 총대가 되어 나섰던 경험이 지역, 향촌, 동일 종교집단 등의 매우 제한되고 배타적인 범위 내에서 그의 인권의식을 키워갔고 실천해 나갈 수밖에 없었다. 안중근은 1897년 1월 영세입교한 후 수개월 이상의 교리학습 기간을 거쳐서 신앙심을 다진 후, 늦어도 약 1년여 후인 1898년 4월경부터 그의 본당 신부가 된 빌렘 선교사를 수행하면서 전교회장, 복사 등의 조력자 역할을 수행하게 되었다. 해서교안(海西敎案)의 결말이 난 1903년 11월 이전까지 약 5년간

---

24) 기존의 연구자 중에는 안중근의 교회활동이 민권(民權)을 중시한 활동이었다고 본 견해가 더러 있었다. 앞서 언급했던 노길명, 조광의 연구논문들(1994년)과 윤선자(1998), 차기진(2000), 신운용(2009.3) 등이 바로 그것이다. 이들 연구자는 안중근이 활동하던 기간에 만난 백성들의 생존권을 보호하고 지켜주려는 노력 등에 대해서 언급했지만, 안중근의 공동체의식의 변화에 따라 인권존중 내지 보호의 대상이 변화되고 인권의 개념도 점차 확대된다는 사실에 대해서는 정확하게 지적하지 않았다.

25) 이에 대해서는 노길명, 앞의 논문(1994)p.28, 차기진, 앞의 논문(2000) p.14 등 여러 연구자가 언급한다.

평신도 봉사자로서 전교활동에 본격적으로 나섰다.[26] 이 기간 중에 안중근은 그가 순방하는 지역 내의 천주교 신자들과 관련된 억울한 일들을 바로 잡아주고 신자들의 인권을 보호하기 위해 다양한 활동을 펼쳤다. 안중근은 자서전에서 다음과 같이 서술했다.

> 그 무렵 두가지 사건이 있었다. 한 가지는 옹진군민(甕津郡民)이 돈 5천냥을 경성에 사는 참판 김중환(金仲煥)에게 빼앗긴 일이요, 한 가지는 이경주(李景周)의 일이다. … 그때 옹진군민이나 이씨가 모두 천주교회에 다니던 사람이라 내가 총대로 뽑혀서 두 사람들과 함께 상경하여 두 가지 일에 관여하게 되었다. …(하략)

안중근은 거의 적수공권으로 전 참판 김중환을 찾아가서 옹진군민에게서 꾸어간 5,000냥을 갚으라고 채근했지만, 김중환의 수하 노릇을 하는 정명섭이란 한성부 검사와 예절문제 등을 두고 날선 공방을 벌여야 했다. 또 천주교 신자 이경주에게서 재산과 아내를 약탈해간 해주부 지방대(地方隊) 위관(尉官)인 한원교(韓元校)가 모략으로 이경주를 고발하여 수감하고 이경주를 도우려던 안중근마저 수감될 처지에 놓였지만, 한성부 재판관 정명섭과 설전을 벌이면서 기싸움을 벌여서 겨우 수감되는 위기를 모면하고 결국 재판정에서 물러나오는 수밖에 없었다. 이러한 두 가지 사건을 해결해주려는 안중근의 취지는 좋았지만 당시 안중근의 활동은 소영웅주의 내지 해결사와도 같아서, 불법적이고 폭력적인 불한당들과 무력으로 충돌할 가능성이 다분했고, 실제로 활동의 효과도 없었던 패배의 경험만을 안중근에게 안겨주었다.[27] 안중근은 1903년 이후 해서교안에서 천주교측이 완전히 패소를 당한

---

26) 원재연, 앞의 글(2010.9) pp.307-348에는 19세기 말부터 20세기 초에 걸치는 기간 중 황해도의 전교상황에 대해 지역별 연례 교세통계표상의 변화를 분석하면서 안중근 일가와 빌렘신부에 의해 진전된 황해도 교회의 교세확장 과정을 구체적으로 분석, 설명해주고 있다.
27) 구체적인 내용은 원재연, 앞의 책(2010. 9) pp.328-323

후 자신이 빌렘 신부와 함께 노력해서 확장시켜놓은 교세가 형편없이 몰락하는 광경을 지켜보아야만 했다. 1902년 5월~1903년 4월까지 8개 본당에 약 2004명의 선교사가 활동했던 빌렘 신부의 황해도 교회는 그 이듬해 4개 본당의 약 878명의 신자 수준으로 축소되고 만다. 본당수는 반토막이 나고 신자수는 약 43% 수준으로 줄어들었던 것이다. 이 당시의 일에 대해서 안중근은 그의 자서전에서 비록 일부 신자들이라고 표현했지만 상당수의 신자들이 현실적인 이익[지역의 利權 등]을 얻기 위해 천주교에 입교함으로써 신자들과 외교인들간에 불필요한 마찰과 갈등이 심화되어 갔다. 그리하여 해서교안이 완전히 천주교회 측의 패소로 확정된 1903년 11월 천주교 신자는 전년도의 1/3정도로, 선교사는 3/4가 호출되거나 타지로 전출되었다.

이러한 참담한 결과에 낙심한 안중근은 1904년 발발한 러일전쟁의 결과로 일본 제국주의의 조선침략 의도가 명백해진 것을 확인하고 황해도 신천을 떠나 1905년에는 중국 상해로 갔고, 1906년에는 삼화항(진남포)으로 이사 가서 본격적인 애국 계몽운동, 특히 교육구국운동에 나섰다. 이렇게 하여 안중근은 프랑스 선교사에 세력에 의지한 선교활동을 완전히 청산하고 동시에 지역 신자들을 위한 권익옹호 투쟁도 마감하게 되었다. 계몽운동기 그의 관심은 더 이상 좁은 지역내 천주교 신자들만을 대상으로 하지 않게 되었고, 자연스럽게 전 국민을 대상으로 국민의 계몽을 통해서 민족의 주권을 수호하려는 운동으로 관심을 돌리게 되었다.[28] 따라서 이 시기(1904.7~1907.8) 약 3년간 안중근이 관심을 가졌던 인권운동의 대상은 전 대한국민이었고 구체적인 활동은 보안회를 방문하여 하야시 처단을 건의한 1904년의 의열투쟁 계획부터 시작되었다. 이후 안중근은 1906년 3월경부터 진남포에 이주

---

28) 신운용은 이와 관련하여, 안중근의 활동이 천주교인들의 문제해결에 진력하던 사적영역에서 민족문제의 구체적 해결방안을 강구하는 공적영역으로 전환되었고, 의열투쟁의 방안이 1904년 하야시와 부일세력 처단 계획에서 비롯되었고 나중에 하얼빈 의거도 그 연장선상에서 이루어진 것이라고 자리매김했다. 또 해외이주와 무력투쟁노선도 이 무렵부터 고민하기 시작한 것으로 보인다고 했다. 신운용, 앞의 글(2013.3)pp.392-393.

하여 그곳의 삼흥학교(三興學校, 초등교육기관) 재건과 돈의학교(敦義學校, 중등 야간교육기관, 영어학교)의 재정 등을 담당함으로써, 교육계몽운동에 매진했다. 또 1907년 3월부터는 미곡상과 석탄판매회사 운영을 통해서 민족운동의 자금을 마련하고자 식산흥업(殖産興業)에 손을 대었으나 일제의 방해로 실패하고 말았다.

이후 안중근은 1907년 8월 원산, 간도 등지를 거쳐 러시아령 블라디보스톡[海蔘威]로 망명하여 국내에서의 애국계몽운동을 완전히 청산하고 국외에서의 계몽활동과 본격적인 의병한항쟁의 길로 접어들었다. 안중근은 1908년 6~8월 경 안중근은 엄인섭 등과 함께 의병부대를 이끌고 두만강 최하단인 경흥군 노면 상리에 주둔 중이던 일본군 수비대를 급습하여 일본군 2명을 사살하고 여러 명에게 부상을 입히는 전과를 올렸다.[29] 그러나 일본군 포로를 놓아주면서 부대 위치가 노출되어 적에게 공격을 당하고 결국 안중근 의병부대는 적전 의견 분열과 부대원이 궤멸당하는 심각한 패전을 경험하게 된다.

의병항쟁 기간 중에 안중근의 만국공법에 대한 인식이 심화되고, 민족의 울타리를 넘는 동양인 내지 전 세계인의 구원(救援)을 그 대상으로 하는 보다 넓은 범위의 인권사상의 틀을 자연스럽게 갖추게 된다. 그리하여 의병 전쟁에 대한 목적의식이 명확해지며, 많은 죄없는 인명의 살상을 초래하는 의병전쟁의 한계성에 대한 성찰을 하게 되면서 외교적, 언론홍보적 측면에서 보다 효과적이고, 인명을 존중하는 항일투쟁의 방법으로 일찍이 1904년 7월에 시도했던 보안회를 통한 매국노 처단과 같은 성격의 의열투쟁의 길로 접어들게 되었다. 1909년 10월 하얼빈에서 이토를 포살한 것은 바로 이같은 안중근의 민족운동의 변화와 이에 상응하는 인권의식의 확대를 반영한 것으로 해석된다.

---

29) 조광, 앞의 글(1994)pp.65~93

3. 德의 실천과 人權 운동

1) 信心 형성과 德의 실천

안중근의 인권의식은 그가 소속의식을 갖는 공동체에 대한 범위가 확대되면서 그 대상도 자연스럽게 확대되어, 향촌사회의 천주교도에서 출발하여 대한제국의 전 국민의 범주를 거쳐, 한국, 일본, 중국을 포함한 동아시아 전 주민으로 점차 변화되었다. 이러한 안중근의 인권의식은 그의 공적활동을 통해서 공적으로 드러난 인권운동 외에도 사적 일상생활 속에서 끊임없이 실천된 덕행의 실천을 통해서 확인되어진다. 이 장에서는 먼저 사적 영역에 속하는 덕행의 실천이란 측면에서 이러한 덕행의 실천을 가능하게 한 신심의 형성과정을 확인하고자 한다. 이렇게 평소에 형성된 사적영역에서의 신심과 그 결과물인 덕행이 축적되면서 특정한 시기에 맞이하게 된 공적사건을 통하여 그의 인권의식이 인권활동으로 표출되기 마련이므로, 먼저 사적영역에 속하는 주요 신심(信心)의 형성과 일상적으로 반복되는 덕행(德行)의 실천에 대해서 살펴보아야 할 것이다.

앞서 언급한 바와 같이 안중근의 천주교리 인식은 정약종의 『주교요지』 및 『성경직해』 등 복음해설서의 학습을 통해서 형성된 천주 흠숭 신앙, 성모와 성인들의 전기를 읽으면서 형성되었을 것으로 추정되는 성모신심과 순교자신심 등으로 나누어 볼 수 있다. 그런데 이들 신심들은 천주, 성모, 성인들의 신앙과 덕행에 대한 반복적인 학습을 통해서 형성될 수 있으므로 자연스럽게 그 학습자인 안중근에게도 일상적인 삶의 순간마다 본받고 싶은 덕행의 실천기회를 제공해주었다. 안중근의 덕행에 대해서 선행 연구자들은 대신덕(對神德, 敬神禮)과 윤리덕(倫理德, 四樞德)의 측면에서 구체적인 분석의 성과를 남겼는데[30], 필자는 본고에서 특히 용서와 겸손의 미덕이 그의 일상적인 삶을 관철하고 있었음을 확인할 수 있었다.

---

30) 전달수, 앞의 글(2000), 정인상, 앞의 글(2000) 참고

안중근의 천주관(天主觀) 내지 하느님 인식은 그의 입교 후에 진행된 교리학습 및 교회 봉사활동 등을 통하여 자연스럽게 형성되어 갔는데, 그 특징은 어떤 상황에서도 흔들림없는 하느님에 대한 강인한 믿음, 대군대부(大君大父)로서 인간을 사랑하고 존중해주시는 하느님 인식을 골자로 하는 것으로 파악된다. 앞서 언급한 바와 같이 안중근은 그의 자서전을 통하여 1897년 1월 영세 직후 성경해설서를 비롯하여 문답교리서, 기도서, 수덕서, 전기 등의 다양한 교회서적에 대한 열심한 강습과 토론 등을 통하여 불과 수개월 만에 하느님에 대한 믿음을 확고하게 다졌기에 더 이상 의심이 사라지게 되었다고 표현했다. 안중근이 인재양성을 위해 교회에서 민립대학을 설립하자는 건의는 뮈텔 주교의 철저하고도 거듭된 거절로 완전히 무산되었는데, 그때 안중근은 "교(敎)의 진리는 믿을지언정 외국인의 심정은 믿을 것이 못된다."고 하면서 배우던 프랑스어 학습을 중단하였다.[31] 이 유명한 일화를 통해서 안중근은 상당수의 천주교 신자들에게서 보이는, 성직자와 갈등을 통해서도 그의 믿음이 흔들리지 않았음을 보여준다. 많은 경우, 평신도들은 그의 직속상관인 본당 신부는 말할 것도 없이 교구장 주교에게 억울한 무안을 당하게 되면 냉담자의 길을 걷게 되는데, 안중근은 결코 교구장 뮈텔 주교로부터 받은 정신적 상처에도 불구하고 하느님에 대한 믿음은 변치 않음을 잘 보여준다. 이러한 믿음에서 안중근은 하얼빈 의거 후 뮈텔주교에게 성사를 집행할 사제를 여순으로 보내달라는 그의 요청이 일언지하에 거절당했음에도 불구하고 뮈텔 주교를 원망하는 일언반구도 그의 자서전에는 남기지 않았다. 그리고 사형선고를 받고 마지막 집행을 앞두고 뮈텔 주교에게 보낸 편지에서도 결코 원망이 아닌 오히려 용서를 구하고 화해를 요청하는 겸손하고도 너그러운 태도를 취하고 있다. 이러한 겸손하고 너그러운 태도는 당시 천주교회에 대한 일제의 감시와 통제 속에서 교회의 안전과 유지에만 급급하던 뮈텔 주교의 공적 입장을 충분히 이해하였던 때문으로 생각된다.

---

31) 앞의 책, 『안응칠역사』

예수를 찬미합니다. 인자하신 주교께옵서는 죄인을 불쌍히 여기시고 그 죄를 용서해주시옵소서. 그리고 죄인의 일에 관해서는 주교께 허다한 배려를 번거롭게 하여 황공하기 이를데 없습니다. … 성모의 홍은, 주교의 은혜는 이루 감사할 말씀을 다할 수 없사오며 … 주교님과 여러 신부님께서는 다같이 일체가 되어 천주교를 위해 진력하시고, 그 덕화가 날로 융성하여 머지않아 우리 한국의 허다한 외교인과 기독교인들이 일제히 천주교로 귀화하여 우리 주 예수의 자애로운 아들이 되게 할 것을 믿고 또 축원할 따름입니다.[32]

성직자와의 갈등을 겪으면서도 결코 하느님에 대한 사랑과 믿음이 변치 않고 오히려 하느님 안에서의 축복을 기원하고 화해를 요청하기 위해 자신을 용서해달라는 이같은 겸손하고 열린 자세는 일찍이 안중근이 그의 관할 본당 신부였던 빌렘 신부로부터 무지막지하게 구타를 당한 후에도 마찬가지였다.

그동안 나는 홍 신부와 더불어 크게 다툰 일이 있었다. 홍 신부는 언제나 교인들을 압제하는 폐단이 있었기 때문에 여러 교인들과 상의하되, "거룩한 교회 안에서 어찌 이같은 도리가 있을 수 있겠는가? … 홍 신부가 이말을 듣고 크게 성이 나서 나를 무수히 때렸기에 나도 분하기는 했으나 그 욕스러움을 참았다. 그랬더니 뒤에 홍 신부가 나를 타이르며, …서로 용서하는 것이 어떤가 하므로 나도 역시 감사하다 하고 전일의 우정을 다시 찾아 서로 좋게 지내게 되었다.

안중근의 성직자에 대한 공경의 태도와 겸손한 표양은 그의 변함없는 하느님 사랑에서 비롯된 것이라고 할 수 있다.

안중근은 남다른 성모발현 체험을 통해서 볼 때 성모신심도 매우 깊었음을 짐작할 수 있다. 여순 감옥에 갇혀 일제의 법정에서 심문을 당하고 공판을 받던 시절, 안중근의 통역을 담당했던 園木末喜가 1910년 3월 15일 통감부 총무장관 石塚英贜에게 제출한 보고서에는 안중근이 처형을 앞두고 빌렘신부에게 고해성사를 한 내

---

32) 안중근, 「민주교 전상서」(1910년 경술 2월 15일)

용이 포함되어 있다. 안중근이 의병에 투신할 결심을 할 즈음 성모마리아가 찬란한 무지개 곁으로 접근하면서 안중근의 가슴을 어루만져 주고, 놀라지 말라, 염려하지 말라고 하면서 의로와 용기를 북돋워 주었다고 한다.[33] 이같은 성모신심 또한 루카복음 1,38의 "주님의 종이오니 말씀하신대로 제게 이루어지기를 바랍니다."라고 용감하게 신앙고백을 한 동정녀 마리아의 용덕(勇德)을 본받는 것으로 연결된다.

안중근은 순교신심도 갖고 있었을 것으로 추정된다. 그가 교리를 배우면서 정독했을 『주교요지』와 「상교우서」의 저자가 모두 순교자였고 자서전에는 천주교의 진리를 증거하고 천주님을 위하여 목숨을 바친 사람들이 몇 백만인지도 모른다고 한 진술 및 사형집행일을 예수의 수난 성 금요일로 해달라고 요청한 일 등이 있다. 이를 통해서 볼 때, 그는 분명히 순교자에 대한 인식을 토대로 순교자를 공경하고 있었을 것으로 추정된다. 어쩌면 그 자신을 조국의 독립을 위해 예수님께 봉헌하는 제물로 인식하고 있었을 가능성도 있다. 그러나 보다 구체적인 순교신심의 증거는 현 단계에서 찾아지지 않는다.

안중근은 이상에서 언급한 하느님께 대한 변함없는 흠숭의 자세, 성모신심 등을 통해서 자연스럽게 체득한 용서와 겸손의 덕을 그의 일상생활에서 실천해나갔다.

ⓐ 부친 안태훈의 선종 무렵 전후에 서울에서 연안을 향해 말을 타고 오다가 마부에게 모욕을 당하고 채찍으로 맞았지만 그냥 웃고 넘겨준 일화 - 「안응칠역사」
ⓑ 1908년 연해주 해삼위에서 한인청년회 사찰을 수행할 때 귀뺨을 맞아 한 동안 귓병을 앓았지만 때린 사람을 용서하고 화해한 일 - 「안응칠역사」
ⓒ 러시아령 연추 부근에서 한국인 일진회원들에게 잡혀 구타를 당하고 죽을 위기에 처했으나 좋은 말로 설득하고 석방된 일 - 「안응칠 역사」

---

33) "第1回 公判始末書" 『한국독립운동사 자료 7』 p.327 ; 노길명, 앞의 글(1994) pp.17-18에서 재인용

ⓓ 성사를 줄 사제파견을 거부한 뮈텔 주교와 마구 구타를 한 빌렘 신부를 용서한 일 -「안응칠
역사」

　ⓔ 여순감옥에서 쓴 유묵들, "百忍堂中有泰和", "忍耐", - 인내와 용서의 덕행 강조 -

　이상에서 언급한 일사생활 속에서의 용서와 인내는 안중근의 겸덕(謙德)에서 우
러나온 것이었다.

2) 계몽운동과 의병항쟁 중의 人權 운동

　안중근의 평소 신심과 덕행은 그가 공적으로 행한 사건들을 통해서 인권사상의
실천으로 드러났다. 앞서 언급한 바와 같이 본고에서는 "국가의 횡포로부터 개인
의 자유 및 기본적 권리를 보호하는데 주안점을 두는 시민적, 정치적 권리"로 규정
되는 제1세대 인권개념 뿐만 아니라, '경제적, 사회적, 문화적 권리' 등 국가의 적극
적 개입만이 효율적인 권리의 향유를 보존하는 제2세대 인권개념, 개발에의 권리
(right to development), 평화추구권(right to peace), 깨끗한 환경추구권(right to a safe
environment) 등 국제사회의 연대에 호소하는 집단적 차원의 제3세대 인권개념까지
도 망라하는 광의의 인권 개념을 사용하여 안중근이 행한 공적 활동 즉 애국계몽운
동과 항일의병 투쟁의 과정에서 보여준 인권활동의 사례를 제시하고자 한다.

　안중근은 1904~5년의 성찰과 모색기를 거쳐 1906년 진남포에서 천주교회에서
운영하다가 거의 문을 닫았던 초등교육기관인 삼흥학교를 재건하고, 영어를 가리키
는 야간 중등교육기관인 오성학교 등의 운영에 집안의 재산을 모두 투자하였다. 이
러한 교육계몽운동은 비록 진남포의 한 모퉁이에서 실시되기는 했지만, 당시 대한
국민 전체를 대상으로 교육을 받을 권리를 실현시켜 주기 위한 제2세대 인권개념에
입각한 인권활동의 하나로 보아도 좋을 것이다. 아울러 1907년 3월경부터 실시한
미곡상과 석탄회사 운영은 민족운동 자금을 마련하기 위한 식산흥업(殖産興業) 운

동의 성격을 띠고 있으므로, 제2세대 인권개념에 입각한 당시 대한국민 모두를 대상으로 한 생존권적 권리를 적극적으로 실천해간 인권활동의 하나로 볼 수 있을 것이다. 한편 1908년 이후 간도와 연해주를 거점으로 삼아 국내에 진격하여 일본군 수비대에 타격을 가한 의병항쟁과 그 의병항쟁의 연속선상에서 추진된 1909년 10월의 하얼빈 의열투쟁에서는 제1세대와 3세대 인권개념에 입각한 인권활동의 측면을 상정해볼 수 있다. 1908년 6월 안중근은 살려달라고 간청하는 일본군 포로들을 석방하면서 그의 동료 의병들과 다음과 같은 논쟁을 벌였다.

▷ "어째서 사로잡은 적들을 놓아주는 것이요?"

▶ "현재 만국공법에 사로잡은 적병을 죽이는 법은 전혀 없다."

▷ "저 적들은 우리들을 사로잡으면 남김없이 참혹하게 죽일 것입니다. 또 우리들도 적을 죽일 목적으로 이곳에 와서 풍찬노숙(風餐露宿)해 가면서 애써 잡았는데 놈들을 몽땅 놓아보낸다면 우리들의 목적이 무엇입니까?"

▶ "그렇지 않다. 적들이 그렇게 폭행을 일삼는 것은 하느님과 사람들이 다함께 분노하는 것인데, 이제 우리들마저 야만의 행동을 하고자 하는가? 또 우리가 일본의 4천만 인구를 모두 다 죽인 뒤에 국권을 도로 회복하려는 계획인가? … 충성된 행동과 의로운 거사로서 이토의 포악한 정략을 성토하여 세계에 널리 알려서 열강의 동정을 얻은 다음에라야 한을 풀고 국권을 회복할 수 있을 것이다."

안중근의 자서전 『안응칠역사』에 기록된 이같은 대화를 통해서 안중근은 그의 의병항쟁이 목표로 하는 것은 국제여론을 통한 대한제국 국권회복의 정당성을 확보하는 데 있음을 분명히 하였고, 동시에 야만적인 살인행위를 따라하지 말고 도덕적이고 정정당당한 만국공법에 따라서 전쟁을 수행함으로써 의병전쟁의 정당성을 확보하자는 주장이 설득력있게 펼쳐져 있다. 동시에 의병 동료들의 강한 반대에도 불구하고, 일본인 포로들에 대한 생명존중의 정신을 실천에 옮겨 석방해준 일은 비록 안중근의 고지식함과 이에 따른 패전의 책임에 대한 전술적 오류를 지적할 수는 있겠지만, 의병전쟁을 통해 인권존중의 정신을 실천에 옮겼다는 점에서 의병전쟁의 도덕적 정당성을 한 가지 더 추가할 수 있었고 이를 통해서 한국 독립에 대한 국제 여론의 긍정적 환기를 초래할 가능성도 있었음을 우리는 추정해볼 수 있다.

안중근은 1908년 백두산 부근에서의 의병투쟁에서 일본에 완전히 패한 이후, 죄 없는 무수한 인명(군인)들의 희생(죽음)을 초래하는 의병전쟁의 피해가 심각하고, 그 효과도 미미하다는 것에 대한 성찰을 통해서, 의열투쟁으로 그 의병항쟁의 형태를 변경하게 되었다. 1909년 3월 정천동맹(단지동맹)은 이같은 의열투쟁을 결의한 것으로 인권론적 관점에서 보더라도 무고한 인명의 희생을 방지함으로써 의병투쟁보다 인권존중의 정신에 한 단계 보다 더 가까이 접근하는 훌륭한 국권수호운동 내지 인권활동의 전략이었다고 해석된다. 안중근은 1909년 10월 하얼빈 역두에서 진행된 의열투쟁에서 이토 히로부미오 그 일행을 향해 백중백발 권총을 발사하던 중에 다음과 같은 생각이 들었다고 한다.

'저것이 필시 늙은 도적 이토일 것이다.'하고 곧 권총을 뽑아들고 이도오의 오른쪽을 향해서 네 발을 쏜 다음, 순간 생각해보니 십분 의아심이 머릿속에서 일어났다. 내가 본시 이토의 모습을 모르기 때문이다. 만일 내가 잘못 쏜다면 큰일이 낭패가 되는 것이라. … 그리고 다시 생각하니 만일 무죄한 사람을 잘못 쏘았다고 하면 일은 반드시 불미스러운 일이라고 잠깐 정지하고 생각하며 머뭇거리는 사이에 러시아 헌병이 와서 붙잡혔다.

안중근의 자서전에 나오는 이같은 기록은 그가 실제로 권총에 장전한 7발의 총알 중에서 6발만 쏘고 한 발을 그냥 남겨둔 채로 러시아 헌병에 체포됨으로써 그의 인권사상을 생사의 갈림길에 놓였던 일본인들을 대상으로 한 전쟁터에서 마지막으로 실현했던 셈이다. 안중근 의사가 수행했던 하얼빈 의거의 정당성은 이처럼 그의 높은 인권의식, 즉 생명존중의식에서 찾아질 수 있다고도 할 수 있다. 비록 당대에는 필자와 같은 평가를 한 이가 없었다고 하더라도 안중근의거가 역사책의 한 페이지를 계속해서 장식하는 무궁한 세월동안 안중근의 이같은 의롭고 신중한 행위는 그의 의거에 도덕적 정당성을 부여해주는 동시에 그의 의거가 인권운동의 실천적 결과물이었다고 해석할 여지도 남겨주는 것이다. 안중근이 하얼빈 의거가 끝난 이후 여순 옥중에서 동양평화론을 작성하게 된 것은 결코 우연한 일이 아니다. 그는 의병항쟁과 하얼빈 의거를 통해서 국가와 민족간의 생존경쟁 속에서 희생당하는 자국과 타국 국민들의 인권 실상을 체험하게 되었고, 그래서 인명 희생을 최소한 줄이면서 전쟁 중인 적대국 국민들끼리도 용서와 화해의 정신으로 협력해나간다면 동양평화 내지 세계평화를 이룰 수 있을 것이란 도덕적 신념과 이를 하느님이 적극 지원하고 인도해주실 것이란 믿음이 생겼을 것이다. 안중근이 작성한 미완의 동양평화론은 이같은 안중근의 인권의식이 천주교 신앙 안에서 구체화되고 실천된 역사적 경험을 통해서 작성된 것이다.

4. 맺음말

안중근의사의 가톨릭 신앙은 그의 애국계몽운동과 의병항쟁, 의열투쟁의 전 과정을 일관되게 관철하는 중심원리이자, 배경사상이었다. 특히 인간존중의 의식에 바탕을 둔 적극적인 인권 구호활동은 그의 공동체의식이 성장할 때마다 한 단계식 인권활동의 대상이 확대되는 커다란 진전을 보여주었다. 그리하여 안중근은 향촌에서 천주교 신자들만을 대상으로 다분히 해결사적 인권운동을 벌이던 수준에서, 황해도라는 좁은 울타리를 벗어나고 천주교회라는 특정종교집단을 탈피한 애국계몽운동 기간 중에는 온 대한제국의 국민들이 정당한 개화 교육, 민족교육을 받을 수 있는 권리[교육 인권]를 추구하였고, 곡물상과 석탄회사 등의 경영을 통한 식산

홍업운동과 국채보상운동을 통해서는 온 대한국민들이 경제적으로 자립하여 민족 경제를 되살릴 수 있는 생존권적 인권을 추구하였다. 그후 안중근은 국내에서의 애국계몽운동의 한계를 깨닫고 국외로 망명하여 계몽운동과 의병항쟁 등을 추진할 때 국권수호라는 민족 성원들을 위한 인권투쟁에 매진하면서도 민족적 이기주의에 매몰되지 않고, 국가간 민족간의 화해와 진정한 동양평화, 세계평화를 이루기 위해서 적국의 인민에 대한 생명의 존중정신까지도 발휘함으로써 그의 의병항쟁과 의열투쟁의 도덕적 정당성과 국제 여론 환기의 효율성을 도모할 수 있었던 것이다. 안중근의 이같은 인권활동은 그의 평소 신심과 이 신심에 따른 자연스런 덕행의 실천 결과였음은 더 말할 필요도 없다. 안중근의 굳건한 흔들림없는 하느님 사랑과 성모 신심, 순교자신심 등에 대해서는 그의 자서전과 공판기록 등에 나오는 덕행을 베푼 수많은 일화를 통해서, 또 그가 여순감옥에서 남긴 도덕적 지향과 신앙적 신심을 담은 유묵의 의미를 통해서 하나씩 밝혀지고 있다.

【참고문헌】

1. 사료 및 번역사료집

국사편찬위원회 편, 『韓國獨立運動史 資料6』(안중근의사 및 그 관련자 공판기록), 1976

국사편찬위원회 편, 『韓國獨立運動史 資料7』(第1回 公判始末書 포함)

국제안중근기념협회 저, 『백년의 충혼 안중근』(안중근 유묵 포함), 도서출판 백암, 2010

윤병석 역편, 『安重根傳記全集』국가보훈처, 1999 (*「안응칠역사」 포함)

2. 단행본 및 연구논저

『교회사연구』 제9집(안중근 토마스 의사 특집호 ; 한국교회사연구소, 1994)에 실린 다음과 같은 4편의 논문은 1993년 8월에 실시되었던 제100회 교회사연구 발표회 겸 안중근 의사 기념 심포지움에서 발표된 논문들이었다.

金玉嬉, 『曠菴 李蘗의 西學思想』(가톨릭출판사, 1979)

금장태, 「東西交涉과 近代 韓國思想의 推移에 關한 研究」(성균관대 박사학위 논문, 1978) 및 이의 보완서인 同人의 『東西交涉과 近代 韓國思想』(1984, 성균관대 출판부)

금장태, 『조선후기 儒敎와 西學 −교류와 갈등−』(서울대출판부, 2003)

김삼웅, 『안중근 평전』하람커뮤니케이션, 2009

김호일 엮음, 『대한국인 안중근 −사진과 유묵으로 본 안중근 의사의 삶과 꿈−』(눈빛출판사, 2010.7)

노길명, 「안중근의 가톨릭 신앙」, 『교회사연구』 제9집(한국교회사연구소, 1994)

노형호, 「안중근 토마스의 砲殺에 대한 윤리신학적 고찰 −신앙과 민족의식의 통합 측면에서−」 인천가톨릭대 조직신학 전공 석사학위 논문, 2001.12

박기갑, 「21세기 국제인권법의 과제와 전망」, 『21세기 국제인권법의 과제와 전망』(삼우사, 1999)

변기찬, 「안중근의 신앙과 현양에 대한 비교사적 검토」, 『교회사연구』 제16집(한국교회사연구소, 2001)

신운용, 『안중근과 한국근대사』(안중근기념사업회 안중근연구소 편, 채륜, 2009. 10)

신운용, 『안중근과 한국근대사2』(안중근 평화연구원 편, 채륜, 2013. 3. 26)

안중근의사기념사업회 편, 『안중근 연구의 성과와 과제』(채륜, 2010. 8)

안중근의사기념사업회 편, 『안중근과 동양평화론』(채륜, 2010. 8)

안중근의사기념사업회 편, 『안중근과 그 시대』(경인문화사, 2009. 3)

안중근의사기념사업회 편, 『안중근 연구의 기초』(경인문화사, 2009. 3)

안중근의사숭모회 편, 『대한국인 안중근 학술연구지』(2004. 10)

오경환, 「안중근과 인천천주교 초대주임 빌렘 신부」, 계간《황해문화》통권2호, 1994년 봄호(1994. 3)

원재연, 「구한말 안중근의 천주교 교리인식과 신앙실천」, 『교회사학』 제7호(수원교회사연구소, 2010. 12)

원재연, 「安重根 年譜」, 『교회사연구』 제9집(안중근 토마스 의사 특집호 ; 한국교회사연구소, 1994)

원재연, 「안중근의 생애와 활동」, 『교회와 역사』, 218-221호(1993)

원재연, 「안중근의 선교활동과 황해도 천주교회」, 『안중근 연구의 성과와 과제』(안중근기념사업회 편, 2010. 9)

원재연, 「안중근의 선교활동과 황해도 천주교회-김기호와 비교연구를 중심으로-」(안중근 의거 100주년 기념 심포지엄 발표문, 2009. 10)

원재연, 「황사영 백서의 인권론적 고찰」, 『법사학연구』 제25호(한국법사학회, 2002. 4)

윤병석, 『안중근 연구』 국학자료원, 2011. 4

윤병석, 「안중근 의사의 저술과 유묵 -안중근전집 편찬을 위한 기초작업-」, 『안중근 연구의 기초』(안중근의사기념사업회 편, 2009. 3)

윤선자, 「'한일합방'전후 황해도 천주교회와 빌렘신부」, 『한국근대사와 종교』(국학자료원, 2002)

윤선자, 「안중근 의사의 천주교 신앙과 애국계몽운동」, 『안중근의 義烈과 동양평화론』(안중근의사 의거 89주년 학술심포지엄, 안중근의사숭모회, 1998)

윤선자, 「안중근의 민족운동」, 『종교계의 민족운동』(한국독립운동의 역사38 ; 한국독립운동사편찬위원회, 2008. 8)

윤선자, 「해방 후 안중근 기념사업의 역사적 의의」, 『안중근의사 하얼빈의거 100주년기념 국제학술대회』(안중근의사기념사업회, 2009)

이기중, 「신앙인 안중근과 그의 의거에 대한 교회의 이해」, 부산가톨릭대 석사학위논문, 1998.10.

이주호, 「신앙인 안중근론 -평신도사도직운동의 선구자」, 『최석우신부화갑논총』1982

장석흥, 「안중근의 대일본 인식과 하얼빈 의거」, 『교회사연구』 제16집(한국교회사
연구소, 2001)

전달수, 「안중근 토마스의 신앙과 덕행」, 『교회사연구』 제16집(한국교회사연구소,
2001)

정인상, 「안중근의 신앙과 윤리」, 『교회사연구』 제16집(한국교회사연구소, 2001)

조 광, 『한국근현대 천주교사 연구』(경인문화사, 2010.2)

조 광, 「안중근 연구의 현황과 과제」, 『한국근현대사연구』 제12집, 2000년 봄호,
도서출판 한울

조 광, 「안중근의 애국계몽운동과 독립전쟁」, 『교회사연구』 제9집(한국교회사연
구소, 1994)

차기진, 「안중근의 천주교 신앙과 그 영향」, 『교회사연구』 제16집(한국교회사연구
소, 2001)

최기복, 「儒敎와 西學의 思想的 葛藤과 相和的 理解에 關한 硏究 - 近世의 祭禮
問題와 茶山의 宗敎思想에 關聯하여 -」(성균관대 박사학위논문, 1989)

최석우, 「안중근의 의거와 교회의 반응」, 『교회사연구』 제9집(한국교회사연구소,
1994)

최석우, 「안중근의 의거와 교회의 반응」, 『교회사연구』 제9집(한국교회사연구소,
1994)

최소자, 『東西文化交流史硏究』(삼영사, 1987)

하정호, 「안중근의 천주교 신앙연구」, 가톨릭대 역사신학 전공 석사학위논문
(2008. 6)

홍순호, 「안중근의 동양평화론」, 『교회사연구』 제9집(한국교회사연구소, 1994)

황종렬, 「안중근편 교리서에 나타난 천·인·세계 이해」, 『안중근과 그 시대』(안중
근의사기념사업회편, 2009. 3)

황종렬, 『신앙과 민족의식이 만날 때 -안중근 토마스의 이토 히로부미 저격에 관
한 신학적 응답-』 분도출판사, 2000

중국 및 중국 천주교회의 안중근 인식

유병호(중국 대련대학 한국학연구원 교수)

1. 들어가는 말

1909년 10월 26일, 하얼빈역두에서 발생한 한국의 항일지사 안중근이 일본의 한국침략 원흉 이토 히로부미를 사살한 사건은 세상을 경악시켰다. 일본 당국의 공식 발표를 거부하고 신문보도를 단속하였기 때문에 초기에는 사건의 진위와 안중근의 신분에 대한 각종 오보와 추측이 난무하여 세인을 어리둥절하게 만들었다.[1]

---

[1] 하얼빈의거가 있은 다음 『滿洲日日新聞』을 비롯한 일본 신문들은 언론보도를 통제하여 안중근의 성명을 ○○○ 혹은 凶漢으로 표기하였다(하얼빈의거에 대해 『만주일일신문』이 1909년 10월 27일 (夕刊)제5면에서 「伊藤博文 하얼빈에 도착」이란 제목으로 보도하였지만 주요 내용이 모두 ○○○○으로 표기되어 그 내용을 파악할 수조차 없었다. 이튿날 석간 제2면에 「悲報가 왔다」제목은 26일 오후 4시에 하얼빈에서 보낸 전보를 게재하였다. 안중근의 성명은 거론되지 않고 단지 "한인"이라고만 하였다. 그후 비록 안응칠 혹은 안중근이란 것을 밝히기는 하였지만 중국신문들은 이것을 중국식 발음으로 표기하였기 때문에 많은 오보를 내놓게 되었다. 예를 들면 『민우일보』는 殷礎(10월 30일자)이라 하였다가 溫泰南(11월 1일자)고 하였다가 다시 안응칠이라고 시정하였다. 『정종애국보』도 埃太南(10월 31일자)이라고 하였고 『하문일보』

일본당국의 수사가 진행되면서 사건의 시말과 안중근의 신상에 대한 정보가 세상에 알려지자 일본을 비롯한 세계 각국의 언론들은 이토 히로부미의 사망을 추모하면서 그를 동양평화를 유지한 공신으로 추앙하는 등 그에 대한 찬양으로 일색이 되었다. 사건현장인 중국의 거의 모든 주요 신문들도 이 놀라운 소식을 대서특필하면서 각종 專電, 譯電, 譯文, 긴급뉴스, 特別要聞과 더불어 사론, 논설 등을 연달아 게재하여 사건의 진상을 밝히는 동시에 의거의 의미를 조명하였다. 불완전한 통계에 의하면 『申報』2)는 약 54편의 기사를 연속 보도한 외에 5편의 시사평론을 발표하였다. 특히 10월 27일부터의 첫 거사보도로부터 1910년 3월 26일의 "임종유언"까지 추적 보도한 것이 주목된다. 『民吁日報』3)는 10월 27일부터 21일 동안 약 54편의 기사, 시사평론, 사설 등 형식으로 의거관련 내용을 연속 게재하였다. 특히 주목할 것은 이 신문이 사설형식으로 연재 발표한 「이토 히로부미 통감 암살사건을 논함」은 당시 중국 언론의 대표적인 시각이라고 할 수 있다. 『神州日報』4)는 안중근의 역사와 의거동기에 관한 기사 5편과 거사에 관련된 주요 소식 27편을 게재한 외에 논설 6편을 발표하였다. 특히 이 신문은 중국신문으로는 처음으로 안중근가 열거

도 安陰接(11월 3일)이라 오보를 내보냈다.

2) 『신보』는 1872년 4월 30일에 영국 상인 Emest Major에 의하여 상하이에서 창간되어 청나라 동치, 광서, 선통 3개 조대를 거쳤고 또 신해혁명, 5·4운동, 북벌전쟁, 항일전쟁, 행방전쟁을 거쳐 1949년 5월 27일 즉 상하이가 해방되면서 정간되었다. 78년 동안 25,600기가 발행된 이 신문은 근대 중국신문 역사에서 발행기간에 제일 길고 영향력도 제일 컸던 신문이었다. 이 신문은 신문보도를 중심으로 신문의 객관성과 공정성을 견지하여 세간의 광범한 신뢰를 받았다.

3) 『민우일보』는 1909년 10월에 상하이 프랑스조계지에서 于右任에 의하여 창간되었다. 그는 신문의 설립목적을 "국민정신을 진흥시키고 국민의 실력을 제고시키며 전제통치와 열강에 대항하는 것이라고 하였다. 특히 일본제국주의 중국침략죄행과 청정부의 매국행위를 폭로 비난하여 창간 48일 만에 폐간되었다.

4) 『신주일보』는 1907년 4월 2일에 상해 조계지에서 于右任이 창간한 첫 번째 신문이고 혁명파가 국내에서 창간한 첫 번째 대형 일간지이다. 신문을 창립하기 전에 자금을 모집하기 위해 일본에 간 于右任은 손중산을 만나서 동맹회에 참가하였다. 신문은 광서연호를 사용하지 않고 기원 역법을 사용하면서 뉴스가 있으면 꼭 게재한다는 원칙아래 혁명당의 봉기소식 등을 게재하고 부패한 청조정부를 비난하였다. 창간되어 80일 만에 신문사가 불탔다.

한 이토의 죄악 15조를 상세하게 게재하여 세인의 주목을 받았다.『時報』5)는 거사와 관련하여 22편의 기사를 보도한 외에 사설, 시사단평을 8편 게재하였다. 보황파의 신문임에도 의거의 정당성을 주장하고 이토의 죽음을 기뻐하면서 안중근의 인격에 대해 찬양한 것이 주목된다.『正宗愛國報』6)는 신문기사 17편을 게재하고 또 시사평론 4편을 발표하였다. 특히 이 신문의 시사평론은 용어가 풍자적이고 예리하여 警鐘적인 역할을 하였다. "한국의 지사는 총을 잘 쏘고 중국의 지사는 전보를 잘 친다." 등 사설은 다른 신문들도 轉載할 정도로 큰 영향력을 갖고 있었다.『大公報』7)는 기사 22편을 게재하고 시사평론 5편을 발표하였다. 이 신문은 특히 안중근의 재판과정에서 진술한 내용에 근거하여 그의 의거목적이 한국의 독립과 동양의 평화를 위한 것이고 이토 사살은 독립전쟁의 계속이고 전쟁수단의 하나였음을 강조하였다.『華字日報』8)는 처음부터 안중근을 "한국의 지사"라고 지칭하면서 이토

---

5) 『시보』는 1904년 6월 12일에 상하이에서 창간된 신문으로 무신변법이후 보황당이 국내에서 창간한 첫 일간지이다. 강유위의 문하생 荻葆賢과 羅晉分이 사장과 주필을 담당하고 양계초도 창간에 간여하였다. 이 신문은 완고파를 비판하는 동시에 혁명파도 비판하면서 군주입헌을 주창하였다. 이 신문은 평론, 편집, 출판 등 면에서 중국 신문업의 발전에 크게 공헌하였다. 1921년에 정간되었다.

6) 『정종애국보』는 1906년 북경에서 王子貞, 丁寶臣이 발기하고 李樹年이 주편을 담당하였다. 1913년 정간되기까지 8년 동안 중국에서 回族의 대표적 일간지로 되었다. 신문의 이름과 마찬가지로 이 신문은 애국사상을 선전하고 민주주의를 표방하면서 민중의 계몽을 역점에 두었다. 이 신문은 언론자유를 주창하고 편집이 활발하여 독자들의 환영을 받았을 뿐만 아니라 당시의 시대조류를 반영하였다.

7) 『대공보』는 1902년 6월 17일 滿人 英華가 천진 프랑스조계지에서 창간한 保皇파 신문으로 청말 민국시기 유명한 일간지이다. 이 신문은 국내의 대중 도시와 남양, 미주, 일본 등지에 65곳의 발행처를 설치하고 매일 4, 5천부의 신문하여 당시 화북지역을 대표하는 대형일간지로 되었다. 특히 이 신문이 뉴스가 빠르고 편집이 정교할 뿐만 아니라 시정에 대한 비평 등으로 일약 당시 중국의 대표적 신문으로 평가되었다. 1927년 이후 국민당정부에 대한 지지를 표명하였고 항일전쟁이 시작된 다음 전면 항전을 주장하였다. 일본의 점령으로 천진, 상하이 판이 폐쇄되자 홍콩, 중경, 계림 등 판을 신설하고 항일의 입장을 견지하였다. 해방 이후 홍콩에서 현재까지 발행을 계속하고 있다.

8) 『화자일보』는 홍콩개항초기인 1871년 3월에 창간된 中文 신문으로 처음에는『中外新報』부속지로 발행되다가 1872년 4월부터 독립 발행되었는데 초기에는 매주 3번 발행되었다. 1941년 12월 일본군이 홍콩을 점령하면서 정간되었다가 1946년 4월과 6월에 복간되었지만 재정난으로

의 저격을 "총살"이라는 용어를 사용하여 기쁨 마음을 감추지 않았다. 언론은 당시 중국사회의 안중근에 대한 시각을 대표적으로 반영하였다고 할 수 있다.

안중근에 대한 중국시각의 다른 대표적인 것은 사회지도자와 유지 및 학자들이 안중근을 기념하기 위해 남긴 題詞 및 추모문장에서도 반영되었다. 손문, 장태염, 양계초 등 중국근대사를 주도하였던 역사적 인물들의 題詞와 詩句들은 중국의 반제 반봉건투쟁에서 안중근은 민중을 불러일으키는 旗幟로 되었음을 알 수 있다.

해방이후 비록 안중근은 장기간 중국사회에서 사라지는 듯 하였으나 주은래가 "중조 양국인민의 항일투쟁은 1910년에 안중근이 하얼빈역에서 이토를 저격하는 것으로부터 시작되었다."고 평가하는 등 결코 중국인들의 기억 속을 떠나지 않았다. 개혁개방이후 특히 중한수교 및 경제문화교류가 활성화되면서 조선족을 통한 한국의 안중근 기념 및 연구가 중국경내에서 중국인들의 안중근에 대한 관심과 재조명이 하얼빈과 대련을 중심으로 서서히 다시 일어나기 시작하여 결국 오늘에 이르러 양국 정상을 통하여 전통적 우호를 상징하는 대표적인 사건으로까지 되었다.

2. 하얼빈의거에 대한 시각

1909년 10월 26일 오전 10시, 안중근이 하얼빈역두에서 이토 히로부미를 사살한 의거는 일본당국의 소식 봉쇄 및 언론단속으로 이틀이 지난 28일에야 각 신문들이 보도하기 시작하였다가 10월 29일에야 그의 죽음을 공식 시인하였다.[9]

중국의 주요 신문들도 28일부터 이 놀라운 소식을 일제히 전하였다. 초기에 사건의 진상을 밝힐 수는 없었으나 일본의 중국침략의 원흉 이토 히로부미가 사살되었

다시 정간되었다. 이 신문은 초기 홍콩의 역사와 청나라 후기의 정세 및 신해혁명을 연구하는 중요한 자료로 각광 받고 있다.
9) 「大凶報!! 大悲報!! −하얼빈에서 伊藤博文 조난−」, 『만주일일신문』, 1909년 10월 29일 (朝刊 제5면)

다는 소식으로만 하여도 흥분하기 충분하였다. 『華字日報』는 29일자에 의거소식을 전하는 동시에 "총 소리가 울리자 원흉은 쓰러지고 경보와 전보가 떠들썩하게 전해지자, 온 세상을 놀랐다. … 우리는 갑자기 이 소식을 듣고 어둠 속에서 광명을 보고 겨울 이후 천둥소리를 듣는 것"[10) 같았다고 솔직하게 기쁜 마음을 감추지 않았다.

이튿날 『大公報』는 아직 이름도 알 수 없는 한인의 거사에 대하여 "완전한 주권으로 갑자기 남에게 강점되고 아름다운 강산은 갑자기 다른 나라에게 약탈당하였다. 인생에서 가장 비통한 일이 이보다 더 한 것이 있겠는가?"[11)고 동정하면서 "일본에 귀속된 이후부터 (한국의 --필자주) 일반 국민은 모두 소리를 외치며 일본에 반항하는 것을 일로 삼았다."[12)고, 이것은 한국 국민의 대일항쟁의 일부분에 지나지 않고 지속 항쟁의 하나라고 지칭하였다. 그러면서 "천하의 일은 압박이 강할수록 그 반대의 힘은 또한 더욱 커지는 법이다. 한민이 비록 어리석지만 한두 명의 지사가 용감하게 나서서 조국광복을 뜻으로 삼는 자가 없겠는가?"[13)고 하여 이토의 죽음은 그이 통감정치가 자초한 것이고 세인이 한국을 망하였다고 무시하여서는 안된다고 경고하고 나섰다.

이외에 『時報』도 논설을 발표하여 한국에서 살신성인하는 자객이 나타난 것에 대하여 찬탄을 보내고 거사의 정당성에 대하여 논하였다. "바닷가의 문약한 나라에서 의외로 曹沫, 荊卿 같은 동배들이 있어 생명으로 나라의 원수를 갚는다는 것이다. 한인이 받은 고통은 매우 깊었고 계획은 더욱 은밀했다. 한번 명중하지 않으니 계속해서 한층 더 노력했다. 상대방과 함께 죽겠다는 분노는 일상생활과 언동 사이에 항시 있었다. 한인들이 한을 품고 피눈물을 흘리며 평소에 기세를 펼치지 못한 것은 이미 오래 되었다. 한인의 격앙과 분발은 충분히 천하의 야비한 민족을 부

---

10)「한인이 이토를 총살한 일을 논함」, 『화자일보』, 1909년 10월 29일.
11)「代演說: 일본 이토 공작의 암살된 일을 논함」, 『정종애국보』, 1909년 11월 1일, 1-2면.
12)「言論:이토공이 암살된 것을 들은 소감」, 『대공보』, 1909년 10월 28일.
13)「言論:이토공이 암살된 것을 들은 소감」, 『대공보』, 1909년 10월 28일.

끄럽게 할 수 있다. 비록 나라가 망하였지만 망국의 성터가 황폐하고 보리만 무성하게 자란 나머지 목적을 달성하기 위한 방법을 기다렸다. … 깊은 지혜와 침착한 용기로 군대를 위해 충성을 다하여 무기를 들고 사직을 보호하고 적개심을 조정하며 충성을 다하는 맹렬함은 일본인이 자랑한 무사도와 비교해도 부끄러울 것이 있겠는가?"14)고 하였다. 『正宗愛國報』도 所感이란 명목으로 사론을 발표하여 "망국할 때 이렇게 목숨을 희생한 사람이 몇 사람이나 될까? 그러나 오늘 세태는 우연히 한인을 만나면 그들을 망국노라고 부르는데 의외로 망국한 사람을 놀랍게도 국민의 치욕을 씻을 수 있으니, 이 시대 최고의 영웅이 아닌가? 이런 사람은 세상의 각 강국에서 흔히 불 수 없는데 현제 조선이란 어지러운 세계에서 나왔다니 극히 기이하지 않는가?"15)고 하였고 "한인이 쌓인 원수는 매우 깊다. 국토가 모두 소실되고 역법이 바뀌며 종묘가 땅에 떨어지고 사직은 폐허가 되고 군은 나중에 신이 되고 백성은 노략되었다. 정말로 일본과 같이 죽자는 아픔과 불공대천의 원한이다.… 한인이 고통을 참고 한을 품는 것은 일조일석의 일이 아니다. 러일전쟁 이후부터 일본인은 삼한 병탄주의를 실행하는 것을 착수하고 오늘에 이르러 이토의 정책은 이미 완전히 성공했다. 한인은 참을 수가 없고 더 이상 기다릴 수 없다." "슬프구나! 세상에 어찌 친히 남의 종묘와 사직을 몰살시키고 다시 유유하고 편안히 놀며 즐겨 원래의 수명을 보존할 수 있는 자가 있겠는가?16)"의거는 한국인의 일본침략에 대한 정당한 해위에서 나온 자랑스러운 일이라고 추케 세웠다.

하얼빈의거에 대한 중국신문의 평가는 여기에 그치지 않고 나아가서 의거의 성격을 규명하는 작업까지 진행하였다. "나라가 망했지만 민중의 의기가 망하지 않으면 그 나라가 여전히 망했다고 할 수 없다."17)고 전제하여 의거는 한국은 비록 나라가

---

14) 「이토가 암살된 일을 논함(1)」, 『시보』, 1909년 10월 28일 제1면
15) 「社說: 이토 통감 암살 안건을 논함(1)」, 『민우일보』, 1909년 10월 28일 제1면
16) 「演說: 전보를 읽은 소감」, 『정종애국보』, 1909년 10월 30일.
17) 「代演說: 일본 이토 공작의 암살된 일을 논함」, 『정종애국보』, 1909년 11월 1일, 1-2면.

망하였지만 민중이 망하지 않았다는 것을 세상에 알린 壯擧이라고 평가하면서 비록 "암살"이라는 형식을 취하였지만 이는 정치적 암살로, 혁명군을 보충하는 변화된 기능이라고 규명하였다. 『民吁日報』는 10월 29일자 "大陸春秋"란에 "18세기이래 열강이 궐기하고 병탄이 격렬해지기 시작하고 망국도 많아지기 시작했다. 망국이 많아지자 반항은 역시 점차 맹렬해지면서 암살의 풍조도 더욱 세차졌다. 대부분 종족의 암살은 원래 정치의 불평등에서 기인한다.… 혁명군을 일으키기가 어렵고 효과를 거두기는 쉽지 않다는 점을 고려하여 암살이 일어나게 되었다. 암살은 혁명군을 보충하는 방법이며 변환된 기능이다. 비록 암살은 국내에서 일어나거나 국제에 홍기한 점에 차이가 있지만 자유를 바라고 평등을 선망하여 천부인권을 회복하고 인도주의를 유지하는 데는 일치하다. 그래서 세계 종족의 암살을 모두 정치적성격을 지닌다. 그래서 종족 암살이라기보다는 여전히 정치 알살이라고 하는 것이타당하다."[18]고 하였고 또 "정치개혁의 수단은 항상 다섯 걸음을 넘지 않은 탄알로백만의 혁명군대를 대체하는 것이었다."[19]고 하면서 의거의 영향력을 주시할 것을당부하기도 하였다. 그러면서 이런 특수 임무를 수행하는 의사는 "다행히 성공하면 나라를 광복시킬 수 있으며 자신의 명성에 존귀와 영예를 줄 수 있다. 불행히 실패하더라도 충분히 양심과 속이 없는 일반 망국노를 부끄럽게 만들 수 있다. 이것은앉아서 죽음을 기다리는 것보다 낫지 않겠는가?" … 이 정의롭고 뜨거운 피는 충분히 천고에 전해지고 不朽할 것이다.[20]고 하면서 아무나 할 수 없는 영웅적 행위임을명기시켰다.

그러면서 이러한 정치적 암살을 유독 한국인만 할 수 있는데 대하여 감탄과 부러움을 아끼지 않았다. "정치상의 암살은 동아시아 조선인에게는 타고난 특성을 갖고

---

18)「大陸春秋: 아아, 歌舞영웅의 영광스런 歸結」, 『민우일보』, 1909년 10월 29일 제3면
19)「社說: 이토 통감 암살 안건을 논함(1)」, 『민우일보』, 1909년 10월 28일 제1면
20)「代演說: 일본 이토 공작의 암살된 일을 논함」, 『정종애국보』, 1909년 11월 1일, 1-2면.

있다고 할 수 있다. 작년 통감 이토 히로부미의 미국인 고문 스티븐스는 국경을 넘지 않았는데도 한인은 이미 그들을 샌프란시스코 역에서 총격했다."[21]

어떤 사람들이 이런 의거의 효과에 異議를 제기하는데 대하여 『민우일보』는 "안중근은 한 사람의 손으로 잔학함을 제거하고 탕무(湯武)가 넘어뜨린 정치를 행사할 수 있는데 비록 눈앞에 당장 효과를 거두지 못하더라도 달성한 것으로 그의 후인에게 경고하는데 충분하다. … 오늘 한인이 이 탄환을 날리는 것은 일본의 정책 진행의 방침에 영향을 미치지 못하지만 만인이 울면서 하소연하는 것과 진언한 천편의 문서에 해당하다. … 아주 멸망한 나라가 많지만 원한을 품고 고통을 참으며 일격을 생각하고 분노를 터뜨리는 자는 극히 적다. 이 정치암살을 한인으로 하여금 동아시아의 좋은 평판을 독차지하게 했다."[22]고 하였다. 『신주일보』는 "일본과 러시아의 암투는 아직 끝나지 않았으며 아마 2차 만주 전쟁이 일어날 것이다. 그래서 러시아는 재정대신을 파견하고 일본은 이토 공작을 파견하여 원동에서 만나서 만주 문제를 협의했다. 영국과 프랑스 등 다른 국가도 기회를 놓쳐서 국제간의 권리를 상실할까봐 다투어 사람들을 원동으로 파견하였다. 중국의 멸망은 만주가 도화선이 될 것이다. 이때 동북삼성 존망의 위기는 임박하여 사태가 극도로 위급하였다. 동북삼성으로부터 확충하여 중국 본부 18성을 처분할 것이며 분할의 처참함은 곧 보일 것이다. 얼마 전에 이토 공작은 한인 자객에게 살해되었고 동아시아의 정세는 갑자기 이로 인해 일변했다. 우리나라 생사존망의 긴박함은 약간 완화될 수 있다."[23]

---

21) 「社說: 이토 통감 암살 안건을 논함(1)」, 『민우일보』, 1909년 10월 28일 제1면
22) 「社說: 이토 통감 암살 안건을 논함(2)」, 『민우일보』, 1909년 10월 29일 제1면
23) 「社說: 금일의 위기를 논함」, 『신주일보』, 1909년 10월 31일 제1면.

3. 안중근에 대한 역사적 시각

1) 안중근의 身像에 대한 평가

영웅 안중근의 신상은 자연히 언론과 독자의 주요한 관심사의 하나이다. 비록 거사 초기에 각가지 오보와 추측이 난무하였지만 일본당국이 사건에 대한 조사와 재판이 시작되면서 안중근의 신상이 점차 세상에 공개되기 시작하였다. 중국신문의 기사를 보면 다분히 안중근에 대한 애정을 엿볼 수 있다.

『시보』는 거사직후 러시아헌병에 체포되었을 때의 안중근의 모습을 "이토 공작을 암살한 살인범의 나이는 약 스물 살 정도이고 눈빛은 늠름하고 양복을 입어 일본인 사이에 서있으면 식별할 수 없다. … 압송된 후 표정이 태연하고 침착하며 두려움이 없었고 모든 언동은 평소와 특별히 다르지 않았다."[24]고 하였고『신주일보』는 "그는 얼굴이 사람을 위협할 정도로 날카롭고 … 체포되어 러시아 경찰국으로 압송됐을 때 표정이 태연하고 침착하며 두려워하지 않았다. 모든 언행이 평소와 조금도 다르지 않았다."[25]고 하였다.

『廈門日報』는 여순에 이송되는 안중근의 신상을 "몸이 마르고 뚱뚱하지 않았다. 신장은 약 5尺 4寸을 넘고 얼굴에는 선비의 기색을 띠고 코가 약간 높으며 용모가 수려하다. 양장 외투를 입고 머리에 서양식 모자를 착용했다. 태연자약하고 활보하며 나아가 걱정스럽거나 두려운 기색은 하나도 없었다."[26]고 하여 일본 헌병의 감시하에 감옥을 향하여 활보하는 영웅적 모습을 그린 것처럼 묘사하였다.

이외에『하문일보』와『화자일보』등 신문은 관동도독부 지방법원에서 재판받을 때의 안중근의 모습을 "자태가 아주 단정하고 평소처럼 의기양양했다. … 두 손을

---

24)「地方要聞: 조선 자객의 餘聞」,『시보』1909년 11월 3일.
25)「要聞: 이토가 암살된 자세한 기록」,『신주일보』1909년 11월 3일 제2면.
26)「애국당 자객이 여순에 들어오다.」,『하문일보』1909년 11월 19일 제2면.

가슴 앞에 가로놓고 눈길로 재판장을 똑바로 보고"[27])있다가 "또한 이토의 죄상을 열거할 때 음성은 더욱 웅장해졌고 이목구비가 거의 불을 토할 듯했다."[28])고 하면서 "예리한 언사가 거세어졌을 때 방청자들은 모두 감동해 존경심이 생겼다."[29])고 전하였다.

『하문일보』는 또 안중근은 평소에 "국가 대사를 이야기할 때마다 분개하고 비장한 노래를 부르고 눈물을 줄줄 흘린"[30]) 애국가라고 소개하였다.

2) 한국의 國魂

러일전쟁이후 중국인들은 군권과 외교권을 박탈당한 한국은 이미 일본에 완전히 병탄되어 망국하였다고 인식하였다. 따라서 이러한 한국의 오늘이 내일의 중국으로 될 수 있다고 보면서 망연자실을 금치 못하였다. 이러할 때에 한국의 열혈청년 안중근이 살신성인의 정신으로 하얼빈에서 일본의 한국침략의 원흉인 이등박문을 사살하였으니 중국인들이 어찌 한국에 대한 시각을 달리하지 않을 수 없고 또 앞으로 공동항일의 동지로 인식하자 않을 수 있겠는가?

하얼빈 의거가 있은 후 러시아 블라디보스톡에서 간행된 한글신문 『大東公報』는 1909년 12월 12일자에 1면과 2면을 완전히 할애하여 중국인들이 안중근의 의거를 찬양하는 논설을 전제하였다. 1면에는 「快哉一擊, 高麗尙有人也!」라는 『大同日報』논설을, 제2면에서는 미국 샌프란시스코에서 중국인이 경영하는 『世界日報』의 논설 「韓人其不亡矣」와 『中西日報』의 논설 「論伊藤之被暗殺」을 번역 게재하였다.[31]) 논설「快哉一擊, 高麗尙有人也!」는 "조선의 국권은 비록 망하였다하나 조선인민의 정신은 오히려 망하였다하지 못할 것이니……이제 또한 동아에서 하늘을

---

27)「안중근이 심문을 받은 상세한 기록」, 『화자일보』, 1910년 2월 22-25일.
28)「東三省:안중근의 자백서」, 『대공보』, 1910년 2월 9일.
29)「안중근이 심문을 받은 상세한 기록」, 『화자일보』, 1910년 2월 22-25일.
30)「애국당 안중근의 역사」, 『하문일보』, 1909년 11월 23일.
31)『大東公報』, 海外의 韓國獨立運動史料Ⅸ, 러시아①, 國家報勳處, pp.331-332.

놀래고 땅을 움직이는 일을 연출하야 하얼빈에서 이등박문을 포살하였다."고 하였고 논설「韓人其不亡矣」은 "병력의 한 소리가 국혼(국혼은 나라의 정신이란 말)을 떨치고 적국의 간담을 서늘케 하였다."고 하였고 하면서 한국인의 정신은 살아있고 국혼이 살아있다고 하였다.

靑邱恨人32)은 「讀安重根感言」에서 "한국은 망하였지만 안중근과 같은 지사들이 아직도 살아 있다. 그들은 조국을 회복할 열의를 품고 귀중한 목숨까지 아끼지 않았으며 나라를 위해 희생함으로써 적들에게 선전포고를 하였으니 오늘날 조선에 있어서 최종의 승패는 아직 알 수 없는 것이다. 일본이 합병한 것은 한국의 영토일 뿐, 대한 사람의 애국심, 대한 사람의 大韓魂은 일본이 합병할 수 없는 것이다. 그러니 조선이 과연 망하였다고 할 수 있으랴!"33) 靑邱恨人은 또 「聞哈爾濱砲擊」란 시를 지어 "청천 하늘에 터진 벼락인 양/육대주를 떨친 총소리/영웅은 노하여 괴수를 죽이고/독립을 외쳤노라, 조국은 재생하리."고 단언하였다.34) 王燾도 「讀安重根先生傳」란 시를 지어 "이 전통 길이길이 키워 간다면 따사로운 봄날이 다시 오리라."고 확신하였다.

중국인들의 이러한 인식은 "중화주의사상"으로부터 일대 전환으로써 3.1운동이후 한국의 민족독립운동에 대한 동정과 지지로 연결되어 종국적으로는 1930년대의 중한 공동항일전선을 이룩하는 밑거름으로 되었다.

3) 원수를 갚아준 영웅

안중근에 대한 중국인들의 인식은 또 이등박문에 대한 증오에서 더욱 극대화되었다.

---

32) 신규신(1879-1922)이라는 주장도 있음.
33) 백암 박은식 저, 이동원 역, 『불멸의 민족혼 安重根』, 한국일보사, 1994, pp.125-126.
34) 靑邱恨人, 「聞哈爾濱砲擊」, 백암 박은식 저, 이동원 역, 『불멸의 민족혼 安重根』, 한국일보사, 1994,, p.180.

이등박문은 1895년 갑오 청일전쟁에서 청나라가 20여 년간 애써 경영한 북양해군을 전멸시켰을 뿐만 아니라 「마관조약」을 통하여 청나라로부터 요동반도와 대만 그리고 팽호열도 및 부속 도서를 뜯어가고, 군비배상금으로 2억 량을 빼앗아가고, 중경 사시 등지를 통상항구로 개방시켜 내하항선을 개척하였으며 통상항구에 공장을 설치하고 일본상품의 내지세금을 감면시키는 허다한 혜택을 강요 획득하였다. 조약체결을 위해 일본을 방문한 청나라 원로정치가 李鴻章은 "섬나라 후배인 이등박문"의 갖은 조롱을 받아 일생의 최대치욕이었다고 한탄하였다.[35] 동방의 중앙대국으로 자부하던 청나라가 서양이 아닌 일본에 패배하여 갖은 수모를 받았으니 그 충격이 조선이 "丁卯胡亂", "丙子胡亂"에서 받은 충격과 같았을 것이다. 이때로부터 이등박문은 중국인들로부터 두려우면서도 가증스러운 공적으로, 일본의 중국 침략의 원흉으로 지목되었다. 이러한 이등박문이 한국인 안중근에 의해 사살되었으니 중국인들이 어찌 놀랍고 기쁘지 않았겠는가?

중국인들은 모두 안중근은 "중국인들이 하려고 하면서도 하지 못한 일을 한" 일대 쾌거를 거행하였다고 하면서 안중근은 중국을 대신하여 원수를 갚아준, 역사의 관건적 시각에 나타나 살신성인한 영웅으로 극찬하였다. 또 선견지명이 있는 중국인들은 일찍부터 일본의 대륙정책과 이등박문의 야심에 대하여 주목하면서 "韓滿이 위기에 처했음에도 불구하고 중국이 무사하리라 생각하여서는 안된다."는 위기감을 갖고 있다가 이등박문의 죽음은 적어도 일본의 중국침략을 수년간 뒤로 미루는 작용을 하였다고 보고 감격하여 마지않았다.

『민우일보』는 단독 직입적으로 "조선의 원수는 우리의 원수다. 일본은 조선을 만주로 건널 다리로 삼아 遼瀋을 껴안고 일본 열도를 돌아가려고 한다. 이 거동을 하고 있을 때 삼한에서 한 사람이 뜻밖에 분기하여 이토의 신속하게 행진하는 재능

---

35) 유병호, 「중국인들이 바라본 안중근의 형상」, 『한국민족운동사연구』 43, 2005.6, 한국민족운동사학회, p.236.

을 꺾었다. 비록 한인이 스스로 자신의 원한을 갚은 것이지만 이것은 우리에게 지극한 행운이 아닌가? 이 행동은 한인이 한 것이라 다행이구나! 만약 불행히도 우리나라 사람이 한 것이라면 요동 삼성은 이토의 묘지가 될 것이다."36) "만약 우리 국민이 어리석어 이 행동을 했으면 만주를 무덤으로 삼아도 대가를 치르는데 부족할 것이다."37)고 하면서 "조선인이 쏜 한발 총탄의 힘은 수년 후의 만주의 태도를 바꿀 수 있을 것이다."장담하였다.38) 그러면서 또 이토의 죽음으로 안심할 것이 아니라 일본의 침략정책이 계속 추진될 것이라고 예언하면서 銳意 주시할 것을 당부하는 것도 잊지 않았다. "일본 수상 가츠라 타로는 이미 선언을 했다. 그는 이토의 정책을 계승하여 일본의 문화를 동아시아에 확장시킬 것이라고 했다. 그렇다면 이토는 정말로 죽지 않았다. 오오! 이토가 죽지 않았으니 우리 동아시아에서 죽을 사람이 많을 것이다."39)

羅南山은 백암 박은식이 滄海老紡室이란 필명으로 집필한『安重根傳』을 위해 지은「安重根序」에서 "그런데 우리 華人 역시 대단히 감사하게 여기는 것은 무엇 때문인가? 일본은 오래 전부터 만주와 한국을 탈취하려고 시도하였다. ……갑오전쟁 때 그들은 이미 요동반도를 탈취하였고 을사년에는 러시아와의 전쟁에서 승리한 위세를 몰아 이등박문은 한국의 통감이 되었으며 ……또 만주여행을 떠났는데 그의 의도는 장차 러시아 대신과 협상하여 만주를 분할하자는 것이다. 널리 알려진 세계여론에 따르면 만주문제를 처리한 다음에는 각국의 밀사와 협의하여 중국의 재정을 감독하고 그 자신이 중국의 통감이 되려고 하였다 한다. 이것은 이등박문이 한국의 통감뿐만 아니라 나아가서 중국의 통감이 되겠다는 말이 아니고 무엇인가? 만약 安氏의 일격이 없었더라면 이등박문은 아세아 전체를 이미 자기의 손아귀에

36)「社說: 이토 통감 암살 안건을 논함(2)」,『민우일보』, 1909년 10월 29일 제1면
37)「大陸春秋: 아아, 歌舞영웅의 영광스런 歸結」,『민우일보』, 1909년 10월 29일 제3면
38)「要聞(1): 이토가 암살된 사건(續論)」,『민우일보』, 1909년 10월 28일 제3면
39)「時事小言」,『신주일보』, 1909년 11월 1일 제3면.

넣었을 것이다. 우리 華人이 심심히 감사하게 여기는 까닭도 바로 여기에 있는 것이다.”고 하면서 안중근은 중국을 일제침략의 위기에서 구하여 준 은인이라고 하였다. 동시에 “작은 한국에서 일대호걸이 나타났는데 유독 우리나라에 그런 인물이 없냐고 하면서 흥분을 금치 못하였다.”[40] 曾鏞도 같은 책의 서문에서 “이등박문은 한국을 기만하던 술책으로 중국을 꾀어보려고 각국 밀사와 하얼빈에서 만나기로 약속하였다. 만약 이 모임이 결말을 보게 되었더라면 동아문제는 끝을 보았을 것이며 중국이 망할 날도 멀지 않았을 것이다. 그러면 왜인들이 독판을 치게 되고 黃帝의 후손들은 영원히 노예나 마소처럼 될 것이다. 그러니 安君이 이등박문을 저격한 것은 실로 왜인들의 야심적인 정책에 대한 치명적인 타격이다. 安君이 중화민국에 기여한 공로가 어찌 작다고 할 수 있으랴.”[41]

안중근에 대한 감사의 마음은 신문잡지의 논설에서도 마찬가지였다. 『民吁日報』[42]는 「이등박문통감암살안건을 논함」이란 두 번째 논설에서 “일본인들은 고려를 만주진출의 발판으로 삼고 遼瀋일대를 일본의 것으로 만들려 하였다. 일본이 이 일에 착수하자 三韓의 지사가 나서서 長驅直入하려는 그들의 말발굽을 끊었다. 비록 한국 사람의 원수를 갚기 위한 것이지만 우리에게는 얼마나 다행한 일인가? 이번 일이 한국인에 의해 이루어진 것은 천만다행한 일이다. 만약 불행하게도 이 일이 우리 국민에 의해 이루어졌다면 온 遼東三省은 이미 이등박문의 텃밭이 되어 버렸을 것이다.”[43]고 하면서 안중근은 일본이 러시아와 더불어 만주를 분할하려던 음모

---

40) 羅南山, 「安重根序」, 백암 박은식 저, 이동원 역, 『불멸의 민족혼 安重根』, 한국일보사, 1994, pp.29-30.

41) 曾鏞, 「安重根序」, 백암 박은식 저, 이동원 역, 『불멸의 민족혼 安重根』, 한국일보사, 1994, p.46.

42) 『民吁日報』는 중국 근대민주언론운동가의 한 사람인 于右任이 1909년 상해에서 창간한 신문이다.

43) 「論伊藤統監暗殺案」(2), 『民吁日報』, 백암 박은식 저, 이동원 역, 『불멸의 민족혼 安重根』, 한국일보사, 1994,, p.142.

를 저지시켰는데, 이러한 행동이 다행히 한국인이 저질렀을 망정이지 만약 중국인이 저질렀다면 일본은 필경 이를 구실로 만주에 출병하여 점령하였을 것이라고 하였다. 실지로 청 왕조가 풍전등화와 같았던 1909년은 중국역사에서 국력이 제일 쇠약하였던 시기로 일본이 출병하였을 경우 기필코 서양열강에 의해 분열 망국하였을 것이다.

4) 亞洲 第一義俠

하얼빈 의거직후 중국인들은 안중근을 천고에 빛날 자객으로 보았는데 韓炎은[44] 자객은 국가존망의 위급한 시기에 간신을 처단하여 나라를 구한 영웅이라고 하면서 안중근은 世道人心에 감응하여 수천년 만에 하늘이 한국에 내린 인물이라고 평가하였다. 그는 계속하여 荊軻[45]나 聶政[46]과 같은 중국 역사에서 제일 유명한 자객에 비하여 안중근은 "三韓의 賢人이며 세계의 영웅이다. 고대로부터 남의 나라를 멸망시키려는 자는 그 나라에 인재가 없다는 것을 확인한 다음에야 손을 썼다. 옛날 紂王의 수하에 賢人 3명이 있었기 때문에 周나라는 殷나라를 공격하지 못하였고 虞나라에는 宮之奇, 百里溪가 있었기 때문에 秦나라는 나라를 침공하지 않았다. 하늘이 안중근을 태어나게 한데에는 깊은 뜻이 있을 것이다. 하늘이 그가 태어나서 난을 겪게 하였을 뿐만 아니라 큰 벼슬도 못하고 나라의 존망과 생사를 같이하게 한 것은 무슨 까닭이겠는가? 타 버린 향불의 재에서 욱렬한 향기가 풍

---

44) 韓炎. 韓復炎이라고도 함. 江蘇省 泗陽 사람으로 근대혁명가이다. 젊어서 청군에 가입하였다가 동맹회 회원으로 됨. 鎭南關과 黃花崗 봉기에 참가하였고 2차 혁명 때에 黃興의 후임으로 討袁軍 총사령관을 담임. 혁명이 실패하자 일본으로 망명하였다가 1910년에 강소성에 돌아와 군대를 조직하여 사양을 공격하였으나 실패함. 후에 상해에서 체포되어 살해됨.

45) 荊軻. 중국 전국시대 말기 魏나라 자객으로 기원전 227년에 燕나라 태자 丹의 명령을 받고 秦나라 왕궁에 들어가 地圖 안에 감추었던 비수로 秦始皇을 찌르려하였지만 실패하고 피살되었다.

46) 聶政. 중국 전국시대 韓나라 협객으로 살인죄를 짓고 濟나라에 숨어서 백정노릇을 하였다. 한나라 대신 嚴遂가 그를 찾아와 황금 100鎰을 주면서 재상 俠累를 죽일 것을 부탁하자 노모가 생전이므로 일단 거절하였다가 노모가 별세한 다음 협루를 칼로 찔러 죽이고 자살하였다.

기고 줄 끊어진 현악기에서 미묘한 악곡이 울린다고 하더니, 혹시 하늘이 한국에 이 사람을 태어나게 한 것은 세계의 후세 사람들이 그의 업적을 논할 때에 한국이 망한 것은 인재가 없어 망한 것이라고 비웃지 못하게 하기 위한 것이 아닌지 모르겠다."[47]고 하면서 안중근은 하늘이 한국에 내린 인물 즉 자객이라고 찬양하였다.

중국 근대 정치가이며 사상가인 梁啓超[48]도 「秋風斷藤曲」에서 "창해장수 박랑사에서 秦王을 치듯, 하얼빈 역의 총소리 세계를 떨쳤네. 만민이 荊軻같은 영웅을 우러러보니, 그 사나이 평소인양 태연자약하고"라고 읊으면서 안중근을 張良[49]과 荊軻에 비유하였다.

자객론은 또 『民吁日報』와 같은 진보적인 신문에 의해 이론화되어 안중근의 의거와 같은 자객행위는 피압박민족이 민족해방과 독립을 쟁취하기 위한 적극적인 불가피한 수단이라고 평가되었다. 또한 아세아 각 식민지 반식민지 국가에는 안중근과 같은 자객이 적기 때문에 하루빨리 독립을 쟁취할 수 없다고 결론을 지었다.

『民吁日報』는 사설 「論伊藤統監暗殺案(一)」에서 "張良이 철퇴로 秦王의 마차를 친 사건이라든지 荊軻가 진나라 왕궁에서 秦王을 찌르려던 사건은 모두 정치적 암살이다"고 하면서 근래의 정치개혁가들은 "왕왕 5步 이내에서 정치적 적수를 암살하는 행동으로 백만대군의 혁명을 대체하려"하고 있다고 하면서 "이 사건은 有史 이래 東亞의 크고 작은 10여 개의 나라에서 지금까지 없었던 일"로 "한국 사람

---

47) 韓炎, 「安重根序」, 백암 박은식 저, 이동원 역, 『불멸의 민족혼 安重根』, 한국일보사, 1994, p.35.

48) 양계초(1873-1930), 중국 근대 정치가이며 사상가. 호는 任公. 康有爲의 학생으로 입헌군주제를 주장. 1898년 戊戌정변에 참가하였다가 실패하자 일본으로 망명하여 보황당을 조직하고 청조의 개조강화를 주장. 서양의 과학지식연구방법을 중국학계에 도입한 학자임. 주요 저서로는 『中國歷史研究法』, 『中國近代30年學術史』『飮氷室文獻』등이 있음.

49) 장량, 호 子房임. 전국시기 韓나라 귀족으로 秦나라가 한나라를 멸망시킨 후에 조선에서 장수를 물색하여 博浪沙에서 秦王을 암살하려 하였다. 그 자객은 무게가 120근에 달하는 철퇴로 진왕을 쳤으나 철퇴는 진왕이 탄 수레에 맞지 않고 부관이 탄 차에 맞았다고 한다. 그후 장량은 한고조 劉邦의 모사로 활약하였다. 본문에서 말한 창해장수란 장량이 고용한 자객을 말한다.

은 참으려고 하여도 참을 수 없고 기다리려고 하여도 기다릴 수 없게 되어"[50] 저지른 행위로 이등박문 본인을 죽이고자 한 것이 아니라 나라의 원수를 갚으려 하였을 뿐이었다고 논평하였다. 그러면서 "아세아에서 망한 나라는 많지만 원한을 품고 모진 고생을 마다하며 일괄적으로 분풀이를 할 결심을 내린 자는 얼마나 보기 드문가? 바로 이 때문에 정치적 암살이란 東亞에서 오직 한국 사람만이 독차지할 수 있는 美名으로 되었다."[51]고 하면서 한국인은 殺身成仁의 애국정신이 있는 민족이라고 찬양하였다.

『民吁日報』두 번째 사설에서 진일보로 "암살이란 혁명군의 보조적 수단이며 그의 형식을 바꾼 기능이다. 비록 국내 또는 국제문제에 기인하는 등 부동한 점이 있기는 하지만 그의 종지를 요약한다면 자유를 희망하고 평등을 사랑하면 선천적인 인권을 회복하고 인도주의를 유지하려는 것이어서 대체로 일치한 것이다."[52]고 하였는데 상술한 관점은 안중근이 법정에서 의병참모중장의 자격으로 이등박문을 사살하였다는 것과 상응한 이론으로 의혈투쟁도 독립투쟁의 일환이라는 결론을 지었다.

위에서 보는 것처럼 중국인들이 말하는 자객은 결코 테러리스터 즉 단순한 암살 행위를 거행한 자객이 아니라 국가의 존폐위기의 긴급한 시각에 살신성인하는 영웅 혹은 식민지 반식민지의 혁명군이 자유와 평등을 쟁취하기 위해 백만 대군이 없어 특수한 행동을 취한 의사로 보았는데, 중국 근대 민주혁명가 사상가인 章太炎[53]의 "亞洲第一義俠"이란 徽號가 제일 적합한 귀납이 아닌가 생각한다.

---

50) 「論伊藤統監暗殺案(一)」, 『民吁日報』, 백암 박은식 저, 이동원 역, 『불멸의 민족혼 安重根』, 한국일보사, 1994, p.135.

51) 주17과 같음.

52) 「論伊藤統監暗殺案(二)」, 『民吁日報』, 백암 박은식 저, 이동원 역, 『불멸의 민족혼 安重根』, 한국일보사, 1994, p.140.

53) 장태염(1869-1936), 이른은 章炳麟, 자는 枚叔, 호는 太炎, 大同. 중국 근대 민주혁명가 사상가 학자로 젊어서 經史를 전공하고 후에는 유신운동에 참가하여 민주혁명을 제창하였다.

5) 민족혁명의 선각자

안중근의 하얼빈의거 전후는 孫文을 위수로 하는 중국 혁명당인들이 부패한 청조통치를 뒤엎고 강력한 민족국가를 건립하기 위해 고군분투하던 시기이다. 거듭되는 실패와 좌절로 방황하던 이들에게 안중근의 의거는 열혈청년들의 본보기로 되어 살신성인으로 혁명의 성공을 취득하려는 자들이 나타나기 시작하였다. 그후 혁명당인들은 "조선의 의사 안중근이 이등박문을 사살한 행위와 汪精衛가 섭정왕 載灃을 알살한 것의 혁명의 先聲이다."고 할 정도로 안중근의 행위가 중국의 민족주의혁명에 영향을 주었다고 긍정하였다. 羅南山은 더 나아가 "우리 중국이 異族 (만주족을 말함-필자 주)에게 패망한 이후로 300년간 광복을 위한 의거가 누차 일어났지만 매번 좌절당하고 말았다. 최근 수십 년이래 지사들이 동분서주하여 그 기회를 잡고 때를 기다려 일어나려 할 때에 秦王을 치려던 子房과 같은 인물이 한국에 나타났다. 그런 후 얼마 지나지 않아 지사들이 黃花崗을 피로 물들였고 武昌에서 봉기하여 우리민족의 주권을 회복하였다. 그렇다면 安氏의 의거가 우리들에게 정신적인 도움을 주었다고 할 수도 있다."[54]고 하면서 안중근의 의거가 신해혁명에 직접 영향을 주었다고 평가하였다.

5·4운동 전후시기 반제반봉건투쟁의 일환으로 중국에서 신문화운동이 일어나자 안중근의 의거는 또 선각자들이 민중을 불러일으키는 깃발의 하나로 이용되었다.

중국의 신민주주의혁명의 선구자 진독수는 『敬告青年』이란 글에서 "吾愿青年之爲孔墨, 而不愿其爲巢由; 吾愿青年之爲托爾斯泰与達噶爾(R.Tagore.印度隱遁詩人), 不若其爲哥倫布与安重根."[55]이라고 하면서 청년들에게 과감히 진취하여야

1919년 5·4운동이후 점차 정치활동에서 탈퇴하여 학술에 전념하였다. 저서로는 『章氏叢書』, 『章氏叢書續編』, 『章氏叢書三篇』, 『章太炎全集』등 5권이 있다.

54) 羅南山, 「安重根序」, 백암 박은식 저, 이동원 역, 『불멸의 민족혼 安重根』, 한국일보사, 1994, p.30.

55) 『青年雜志』1卷1号, 1915年 9月 15日 發行.

지 은퇴하여서는 않된다고 호소하였다.

　신문화운동시기에 안중근의 하얼빈의거는 중국 현대화극의 주요 소재로 되어 수많은 신식 연극들이 출현하였다. 중국 현대화극의 선구자의 한 사람인 任天知[56]는 1910년 말에 상해에서 진보적인 연구단인 進化團을 조직하고 봉건통치를 비판하고 혁명을 주창하는 많은 연극을 창작 공연하였다. 그중에서 「安重根刺伊藤」은 수개월간 남경, 상해, 무한, 장사 등지에서 공연되어 열렬한 호평을 받았다. 孫文은 일찍이 연극단을 찬양하여 "是也學校也"라는 제사를 써주었는데 이로써도 진화단의 교육적 역할이 얼마나 컸는가 하는 것을 알 수 있다. 같은 시기 春柳社와 같은 유명한 전문극단에서도 「安重根刺伊藤」을 공연하여 호평을 받았다. 5·4운동이 발발하자 중국 각지에서는 "21개 조약"을 폐지하고 매국역적을 징벌하며 일본으로부터 靑島를 되찾고 일본상품을 배격하는 반일애국운동이 광범하게 일어났다. 각지 학생연합회에서는 강연단과 연극단을 조직하여 거리와 부두 그리고 역전에서 시민들에게 반일애국선전을 진행하였다. 모택동이 혁명을 시작하였던 호남성 장사시의 학생연합회에서도 「高麗亡國史」, 「哀臺灣」 등 화극을 공연하였다. 호남성 제1사범학교의 중학생들은 20여 일의 시간을 들어 화극 「安重根」을 준비 공연하여 사회적으로 큰 반응을 일으켰다. 같은 시기 천진 北洋直隷第一女子師範學校에 다니던 鄧穎超(원명 鄧文淑)은 연극 「安重根」에서 안중근 역을 배당받고 얼마 전에 일본에서 귀국한 周恩來를 요청하여 지도를 받았는데 이것이 인연이 되어 두 사람은 세기적인 사랑을 하게 되었다.

　안중근에 대한 연극은 민간예술의 소재로도 되어 영웅을 노래하고 반일정서를

---

56) 임천지, 출생 연월일 불명, 일찍 일본에 유학하여 일본신파극을 연구하였음. 1910년 말에 상해에서 進化團을 설립하고 혈사의(血蓑衣), 安重根刺伊藤 등 연극을 창작하여 공연하였다. 경제적 사정과 내부분열로 1912년 말에 극단을 해산하였다. 진화단은 중국 현대화극의 산생과 발전의 기초를 마련하였다.

일으키는 수단으로 되었다. 저명한 근대 민간예술인인 成兆才[57]는 1920~1928년 하얼빈에 와 華樂園, 慶豊園 등 극장에서 「安重根刺殺伊藤博文」이란 評劇을 공연하여 관중들의 열렬한 환영을 받았다. 1927년부터 張學良은 동북 각지에 36개소의 모범소학교 즉 新民小學校를 설립하였는데 이 학교들에서는 매일 아침 수업을 시작하기 전에 교가와 함께 안중근의 노래를 부르는 것으로써 반일민족정서를 북돋았다. 1937년 중국의 전면항전이 시작되고 국공합작이 이루어지자 周恩來와 郭沫若은 田漢이 이끄는 유명한 진보적 극단인 南社에 지시하여 안중근에 관한 연극을 만들어 무한, 장사 등 항일최전선에서 공연하게 하였다.

안중근의 사적은 많은 중국 사람들을 항일투쟁에 투신하도록 고무하였다. 중국 현대문학의 거장인 巴金은 자기 자서전에서 "안중근이 이등박문을 사살한 사적은 나에게 매우 깊은 인상을 주었다. 그는 나의 청소년시기에 숭배한 제일의 영웅이다."[58]고 하였다. 중국공산당의 초기 활동가의 한 사람이었던 運代英은 5·4운동 전야에 廬山에 유람을 갔다가 저녁에 우연히 안중근의 전기를 보고 감동을 받아 혁명에 투신하게 되었다고 하였다.

주은래는 "중조 양국인민의 항일투쟁은 1909년에 조선의 항일지사 안중근이 하얼빈에서 이등박문을 저격하여서부터 시작되었다."고 평가하였는데 이는 중국과 한국의 항일무장독립운동의 시작을 의미할 뿐만 아니라 이러한 시작이 될 수 있는 수많은 사람들이 안중근을 본보기로 항일투쟁에 투신하기 시작하였다는 뜻도 내포된 것으로 해석할 수 있다.

6). 평화주의자

『동양평화론』은 안중근이 여순감옥에서 집필한 『동양평화론』과 일본 관동지방

---

[57] 성조재(1874-1929), 자는 捷三, 潔三, 예명은 東來順. 화북성 灤縣 출생. 「楊三姐告狀」, 「安重根刺殺伊藤博文」등 100여개 극본을 창작 공연하였음.

[58] 巴金, 「火」

법원의 법정에서 진술에서 구체적으로 언급되었다.『동양평화론』은 비록「序文」과 「前鑑」밖에 완성하지 못하였지만 그의 동양평화사상 즉 동북아평화체제를 건립할 것에 관한 사상의 전체를 파악할 수 있는 중요한 단서이다. 안중근의 이러한 사상은 시대를 초월한 것으로 당시 중국 사람들에게 정확히 이해가 되지 않았지만 소박한 반일사상에 입각하여 중한 양국의 민족영웅이라는 관점으로 일괄하였고 그후 점 차 시대의 발전에 따라 동북아지역공동체의 주장이 나오면서 원조적인 사상이 안 중근의『동양평화론』사상에서 비롯되었음을 인식하게 되었다.

안중근의 거사동기에 대한 중국 사람들의 인식은 周浩가 쓴「安重根序」를 통하여서 대략 알 수 있다, "비록 한국 노인들의 이야기와 지난날 그 나라의 사대부였던 사람들의 시편을 통해 많은 것을 알게 되었지만 그것은 대개가 그의 담력에 탄복하거나 과감히 목숨을 바친 그의 용기를 찬양하는데 그쳤으며 가장 깊이 있게 운위한 것도 讀書서로 浩然의 기를 길렀다고 하였을 뿐, 그의 품행 道義와 거사 종지에 대해서는 전해진 바가 극히 적었다. ……安君이 이등박문을 저격한 것은 다만 조국의 원수를 갚기 위함만이 아니라 세계평화의 공적을 없애 버리기 위함이라는 것이 알려지게 되었다. 그러므로 그는 비단 한국의 공로자일 뿐만 아니라 또한 동아의 공로자이며 세계의 공로자이다."[59] 그리고 潘湘도「安重根序」에서도 "만약 안중근의 일격이 없었더라면 비단 한국이 존속될 수 없었을 뿐만 아니라 동아의 평화도 이루인하여 파괴되었을 것이며 중국의 운명도 어찌되었을지 모른다. 그가 격분하여 이런 행동을 취한 것은 다만 한국의 원수만을 갚기 위함이 아니라 기실은 세계의 공적을 처단하기 위한 것이었다. 그리하여 일본 사람들로 하여금 감히 저들의 음모를 즉시 실행치 못하게 하였다."고 평가하였다.[60] 曾鏞도「安重根序」에서 안중근이

---

59) 周浩,「安重根序」, 백암 박은식 저, 이동원 역,『불멸의 민족혼 安重根』, 한국일보사, 1994, pp.33-34.
60) 潘湘纍,「安重根序」, 백암 박은식 저, 이동원 역,『불멸의 민족혼 安重根』, 한국일보사, 1994, p.42.

"이등박문을 저격한 것은 나라의 치욕을 씻고 복수하기 위한 것뿐만 아니라 기실을 세계의 공적을 처단하기 위해서였다"[61]고 동감을 표시하였다.

중국인들의 상술한 인식이 백암 박은식의 『安重根傳』의 「緖言」중의 "중근은 세계의 평화를 위하여 이등박문을 평화의 공적으로 그 괴수로 여기고 그를 없애 버리지 않으면 화를 면치 못하리라 여겼기에 자기 목숨을 던져 세계의 평화를 이룩하는 것을 무상의 행복으로 생각하였다. 주의가 상반되니 기필코 같이 살아 있을 수 없었으며 결국 이런 사건이 발생하게 된 것이다. 이렇게 논할진대 세계로 시야를 넓히고 평화의 대표자를 자임한 안중근의 거사를 어찌 한국의 원수만을 갚기 위한 일이라 할 수 있으랴!"[62]에서 비롯되었다고 보기는 힘들 것이다. 그보다도 안중근의 거사를 세계평화를 위해 평화의 공적을 사살한 세계적 영웅이라고 보는 것이 당시 중국에서의 보편적인 시각이라고 보는 것이 합당할 것이다. 了遺는 「題安重根先生傳後」에서 "나는 중국에 온지 오래되어 중국 사람들이 안중근의 이야기를 하는 것을 들은 적이 있다. 그들은 안중근의 두 눈은 번개 같으며 한 눈으로는 조선을 보고 다른 눈으로는 중국을 보고 있었다고 하였다. 그들이 안중근을 숭배하는 심정은 낯 색과 언사에서 뚜렷하게 나타난다."[63]고 하였다.

4. 안중근에 대한 오늘의 시각

안중근은 오늘도 중국 사람들에게 있어서 제일 익숙한 한국의 항일투사, 심지어는 유일한 항일영웅이라고도 할 수 있다. 50~60대의 사람들은 전설처럼 傳誦되어 온 이야기와 해방초기에 소학교 교과서에 있는 안중근의 이야기를 통하여 안중근

---

61) 曾鏞, 「安重根序」, 백암 박은식 저, 이동원 역, 『불멸의 민족혼 安重根』, 한국일보사, 1994, p.46.
62) 백암 박은식 저, 이동원 역, 「緖言」『불멸의 민족혼 安重根』, 한국일보사, 1994, p.53.
63) 了遺, 「題安重根先生傳後」, 백암 박은식 저, 이동원 역, 『불멸의 민족혼 安重根』, 한국일보사, 1994, p.132.

을 알았다고 한다면 40~50대의 사람들은 1980년대 초에 중국 전역에서 흥행하였던 조선영화 『안중근이 이등박문을 쏘다』를 아직도 생생하게 기억하고 있다. 하지만 1950년대 후반기부터 1976년까지 중국은 "좌"적 사상의 영향과 문화대혁명으로 是非가 전도되어 안중근에 대한 언급을 금지하였다.

1980년대에 들어서 중국에서 안중근 기념활동은 다시 재개되었고 점차 활기를 띠기 시작하였다. 1983년 조선문 『長春文藝』에는 송정환, 황현걸이 공동으로 지필한 「안중근전」이 4기에 걸쳐 연제되었다. 이 전기는 내용이 충실하고 취미성이 강하여 중국 조선족사회의 환영을 받았다. 같은 해 7월, 楊昭全이 집필한 『安重根傳』이 商務印書館이 출판한 외국소설총서에 수록되어 세간의 화제를 모았다. 1989년 10월, 안중근의거 80주년을 계기로 길림성사회과학원에서는 중국에서 처음으로 안중근 연구국제학술회의를 소집하였는데 여기에는 중국 길림성, 흑룡강성, 요녕성과 상해 그리고 한국, 일본에서 온 20여명의 학자들이 참석하였다. 회의 참가자들은 10월 26일 오전 9시 30분에 하얼빈역에서 기념의식을 거행하였다.

오늘 젊은 세대들 가운데서도 안중근은 그다지 낯설은 인물은 아니다. 연변교육출판사에서는 동북지역 조선족학교에서 사용하는 조선어문교과서 제9책에 「열혈의 투사 -- 안중근」이란 문장을 실어 청소년들에게 애국주의교육을 진행하는 교재로 삼았다. 근래에 안중근을 소재로 한 소설들이 큰 인기를 받고 있는데 2000년도 중국소설학회에서 평의한 10대 흥행 중편소설가운데는 阿成[64]의 『安重根擊斃伊藤博文』이 들어있는 것이 이를 방증하는 것이라고 할 수 있다. 그리고 중국의 저명한 작가이고 童話大師인 夏輦生이 김구, 안중근, 윤봉길, 이봉창을 소재로 창작한 소설 『船月』, 『虎步流亡』, 『回歸天堂』등 "한류 3부곡"은 중국문단은 물론이고 화인문화권까지 큰 반응을 일으켰다. 미국 强磊출판사와 全美中國作家聯誼會는 상

---

[64] 하얼빈시작가협회의 작가임.

술한 3부작을 중문 繁字體와 영문으로 미국에서 출판하였다. 한국에서 영화『도마 안중근』이 제작되자 중국 내의 언론과 네트진들 사이에는 기대에 찬 댓글들이 쏟아져 나왔고 잇따라 안중근의 일대기를 회고하는 글들이 줄을 지었다.

재중한국인의 수가 늘어나면서 안중근기념사업은 재중한국인과 중국 조선족을 비롯한 당지 중국인들과 연결하는 고리로도 작용하여 중국에서 한민족의 위상을 높이는 중요한 역할을 하였다. 2008년 6월 20일 청도 이창구 호산체육장에서는 "제1회 안중근의사컵 세평화 중한우호 울타리축구대회"가 개막되었는데 이번 대회에는 총도조선족축구협회, 한중체육협회의 주관으로 성황리에 진행되었다.[65] 같은 날, 안중근의사 의거 백주년기념 사진영상자료 순회전이 청도국제공예품성에서 열렸다. 이번 행사는 주청도한국총영사관과 사단법인 한중친선협회, 하얼빈시조선민족예술관에서 주최하였다.[66]

안중근기념사업은 의거와 순국의 현장인 하얼빈과 대련지역의 전통으로, 이 두 지역에서는 당지의 조선족들뿐만 아니라 한족들 사이에서도 장기간 부동한 형식으로 지속적으로 진행되고 있다.

1) 하얼빈 지역

거사 현장인 하얼빈에서는 안중근에 대하여 남다른 자호감과 긍지감을 가지고 각종 기념행사를 활발히 전개하고 있다. 1987년부터 하얼빈 조선족 퇴직간부 문화활동센터와 조선족부녀聯誼會 등 공동히 매년 3월 26일과 10월 26일에 안중근의거 및 순국일 기념보고회, 좌담회, 문예공연 등 활동을 진행하여 왔다. 김우종, 서명렬, 김성배, 최범수 등이 선후하여 상술한 활동에서 안중근사적보고 혹은 연구보고를 하였다. 하얼빈의 조선족 민간예술인 김재곤은 1984년에 중병으로 움직이기 힘

---

65)『흑룡강신문』, 2008년 7월 2일.
66) 위와 같음.

든 상황에서 안중근의 동상을 제작하였는데 매번 기념활동에서 이 동상을 단상 중앙에 모셔놓고 활동을 진행하였다.[67]

1992년 3월, 하얼빈시에서는 흑룡강성 안중근연구회를 설립하고 김성배를 회장으로 선임하였다. 이 연구회는 지금까지 중국에서 정부에 등록된 유일한 안중근연구회라고 할 수 있다. 지금까지 이 연구회는 수차에 걸쳐 보고회, 좌담회 등을 조직하였으며 하얼빈시에 있는 안중근 관련유적을 고증하는 등 중국에서 안중근 연구 및 기념사업의 발전을 위해 간과할 수 없는 업적을 이루었다. 특히 김우종(흑룡강성 당사연구소 전임 소장), 서명훈(하얼빈시민족종교사무국 전임 부국장) 등의 노력으로 근래에 하얼빈에서는『불멸의 민족혼 --안중근』(이동원 역, 백암 박은식 저, 『안중근전』), 『논문, 전기, 자료--안중근의사』(김우종, 최서면),『안중근의사 할빈에서의 열하루』(서명훈 저) 등 연구저서들이 발행되어 세상의 이목을 끌고 있다.

하얼빈시 조선족사회의 안중근에 대한 사랑과 열성은 마침내 당지 정부를 감동시켰다. 조선하얼빈시인민정부에서는 안중근을 "하얼빈의 역사인물"로 선정하였을 뿐만 아니라 "하얼빈시가 선정한 세계 40대 偉人" 가운데 한 사람으로 선정하였다. 中共 하얼빈시 宣傳部 부장과 시 문화국장을 역임하였던 작가 王洪彬은 오페라 『安重根』을 창작하여 무대에 올렸다. 작곡은 호남성 음악협회 부주석을 담임하였던 저명한 음악가 劉振球가 담당하였다. 이 가극이 중국의 3대 오페라극장의 하나인 하얼빈가극원에서 공연될 때 중국 사람들 사이에서 큰 호평을 받은 것은 물론이고 한국, 미국, 일본 등 나라의 한국인들이 소식을 듣고 감상하려 달려왔다. 그후 한국에서 이 오페라를 무대에 올렸는데 선후 40여 차례 공연하여 성황을 이루었다. 오페라뿐만 아니라 하얼빈시에서는 2005년 3월 24일에 하얼빈 歌劇院교향악단에서는 "안중근의사 의거 95주년기념"교향악 음악회를 개최하기도 하였다.

---

67) 김우종,「在中國的安重根研究和紀念活動」,『中韓抗日愛國運動論文集』1, 북경대학 歷史系 동북아연구소, 1999.10, p.14.

이외에도 안중근 기념행사는 하얼빈시정부가 주관하는 대형행사들의 일부분으로 자주 등장하였다. 하얼빈을 대표하는 행사인 氷雪축제에서도 안중근 기념행사는 빼놓을 수 없는 행사로 되었다. 1997년 제23기 하얼빈빙설축제에는 "안중근의사 기념 사진전시" 코너가 마련되어 있었다.

근래에 이르러 안중근을 기념하는 하얼빈시의 활동은 규모나 형식 등 면에서 모두 큰 변화가 일어났다. 2006년 7월 하얼빈시정부는 "2006년도 하얼빈 韓國周"개최를 계기로 하얼빈시 조선족문화관 내의 136평 면적에 "안중근의사기념관"과 전시관 그리고 遺墨紀念碑(조린공원 즉 옛 하얼빈공원 내)를 설치하였다. 관내에는 흑룡강대학 교수가 제작한 안중근 동상과 사진자료 등 300폭이 전시되어 지금까지 중국 내에서 규모가 제일 큰 안중근 기념관으로 되고 있다.

안중근 기념사업은 하얼빈시에서 이미 단순한 기념사업의 범위를 초월하여 사회 경제 문화의 발전을 촉진하는 촉매로, 중한 양국의 경제문화교류의 가교역할을 담당하고 있다. 2007년 6월 하얼빈시 경제협력촉진국은 "하얼빈안중근항목기획발전有限會社", 흑룡강성 조선족商工會"와 한국신세기기술연구원주식회사, 한국원양건설주식회사 등과 공동으로 하얼빈시 송북구의 20,000㎢의 부지에 130억을 투자하여 2010년 10월까지 하얼빈 신세기공원을 설립하기로 하였다. 공원 내에는 호텔, 생활서비스, 명절경축 등 구역 외에도 특별히 안중근영화 TV촬영센터, 안중근공원이 설치된다.[68] 이때가 되면 하얼빈은 명실공한 안중근연구의 메카로 떠오를 것이다.

2014년 1월 19일에 중국정부는 양국정상의 협의에 따라 하얼빈역 청사 내에 안중근의사 기념관을 개관하고 2006년에 개관하였던 하얼빈시 조선족문화예술관 내에 설치되었던 안중근기념관을 폐관함으로써 다년간 의거현장에 기념시설을 조성하려던 염원을 마침내 실현하였다. 이외에 흑룡강성 텔레비죤방송국은 중국 외

---

68)『흑룡강신문』, 2007년 6월 18일.

교부와 연합으로 실록 "안중근"을 제작하여 금년 의거기념일에 맞추어 방송하려고 제작을 추진하고 있다.

2) 대련 지역

안중근은 1909년 11월 1일에 12명의 일본 헌병의 압송 하에 조도선 등 9명과 함께 하얼빈을 출발하여 장춘을 거쳐 11월 3일에 여순에 도착하여 여순형무소에 수감되어 1910년 3월 26일까지 4개월 23일간 옥중생활을 하였다. 이 기간에 안중근은 여순감옥에서 10여 차례의 심문과 여순관동지방법원에서 6차례의 공판을 받았을 뿐만 아니라 자서전『안응칠역사』와 정론『동양평화론』(미완성)을 집필하였다. 만약 하얼빈의거를 행동으로 보여주었다면 여순감옥과 여순관동지방법원에서 말과 글로 그의 사상을 세상에 알려주었다. 이런 의미에서 대련은 하얼빈과 더불어 안중근 연구 및 기념에서 제일 중요한 2개 극을 이루고 있다.

대련지역에서 안중근 기념사업은 여순감옥을 언급하지 않을 수 없다. 안중근 연구의 기초자료라고 할 수 있는 자서전『안응칠역사』와 정론『동양평화론』(미완성)을 집필한 곳일 뿐만 아니라 32세의 젊은 생명을 조국과 민족을 위해 순국한 유서가 깊은 곳이기 때문이다. 비록 아무런 고증도 거치지 않았지만 1980년대 초에 여순감옥 내의 감방 복도에는 "조선의 항일지사 안중근이 수감되었던 감방"이라는 간판이 걸려 있어 관람자들의 마음을 설레게 하였다. 중한 수교이후 여순감옥은 한국 여순순국선열기념재단의 후원을 받아 1998년에 여순감옥 내에 "안중근의사가 수감되었다고 추정되는 감방"과 "안중근의사 순국한 絞刑室"을 복원하였다. 이는 지금까지 안중근 관련유적지에 설립한 첫 기념시설로 중요한 의의를 갖는다. 2003년에 여순감옥에서는 상기의 교형실 옆방에 안중근 전시실을 설치하고 안중근의사의 일대기와 유묵 등을 전시하여 비교적 완정한 안중근의사기념 체제를 이룩하였다.

이외에 한국 여순순국선열기념재단은 또 여순관동도독부지방법원 구지를 매입하고 복원을 거쳐 2005년 5월에 여순일본관동법원구지진열관을 개관하였다. 이 진열관에는 비록 이 법원에서 판결을 받은 중국의 항일지사들도 전시하였지만 안중근의사가 6차례 재판을 받은 법정이 복원되고 여기에 안중근의 일대기를 다룬 영상이 방영되어 관람자들에게 큰 감동을 준다. 이외에 여순감옥과 대련대학 한국학연구원을 한국광복회의 후원을 받아 2009년 의거 백주념을 기념하여 여순감옥 내에 안중근을 중심으로 하는 단재 신채호, 우당 이회영 등 여순감옥에서 순국한 한국항일지사 기념관을 개관하였다.

대련지역에서는 민간단체에서의 안중근 연구 및 기념행사도 활발히 진행되고 있다. 2000년 대련시의 조선족노인협회에서는 산하에 100여 명이 참여한 "안중근연구회"(회장 李贊國)를 설립하고 매년 거사 및 순국일에 기념행사를 진행하였다. 이 연구회는 2005년부터 노인협회란 한계를 넘어서 연구회 임원을 젊은 세대로 교체하고 젊은 회원들을 흡수하는 등 변혁을 거쳐 대련대학 한국학연구원과 공동으로 지역의 안중근 연구 및 기념활동을 주도하는 단체로 성장하였다.

5. 맺음말

안중근은 19세기 초에 식민지, 반식민지로 몰락되는 중국인들에게 민족의식을 고양시켜 민족해방과 국가독립을 위해 투쟁하는 용기를 넣어주는 촉매제로 작용하였다. 또한 동등한 운명에 처한 한국인들과 반일연대투쟁을 진행할 수 있는 교량작용도 하였다. 때문에 안중근은 중국에서 가장 잘 알려진 한국인으로, 한국의 대표적인 민족영웅으로, 세계적인 영웅으로 추앙되었다.

하지만 상당한 기간 중국의 안중근에 대한 시각은 살신성인의 정신으로 동양의 평화를 지키기 위해 중한의 공동한 원수 이토 히로부미를 사살하였다는데 그치고 그의 동양평화사상에 대하여서는 평가받지 못하였다. 물론 안중근의 "동양평화론"이 세상에 늦게 알려진 것과도 관련이 있지만 현재에도 중한 양국의 안중근에 대한 추모가 일본의 역사왜곡에 대응과 맞물려 진행되는 것과 일정한 관련이 있기 때문이다.

안중근의 위대함은 그의 거사를 주도한 동양평화사상에 있다고 본다. 이것은 불화와 충돌을 거듭하고 있는 오늘의 동북아 현실을 개변시키고 평화와 공영의 미래 동북아를 건설하는 가장 원초적인 이론이기 때문이다.

이런 의미에서 앞으로 안중근의 동양평화사상과 그의 신앙에 대하여 보다 세심한 검토와 연구를 진행할 것이 요구된다. 하지만 생명의 순간까지 정신적 支柱로 되었던 그의 천주교신앙은 중국에서 외면되고 있을 뿐만 아니라 천주교 내에서 조차 언급되지 않고 있다. 비록 대련 한인천주교회 등에서 안중근 순국기념 등 활동을 전개하고 있지만 유감스럽게 중국의 종교정책에 의하여 이러한 활동들이 중국인 천주교회와 연결되고 있지 못하고 있다. 이것 역시 앞으로 안중근에서 풀어야할 중요한 과제가 아닌가 생각한다.

일본 및 일본천주교회의
안중근 인식

미야자키 요시노부(나가사키외국어대학 강사)

1. 서론

안중근이 한국의 독립과 동양 평화를 호소하고 일본근대화의 공로자인 伊藤博文를 천단한지 100여 년이 지났다. 그 때부터 많은 세월이 흘러갔지만 안중근은 오늘날을 살고 있는 우리에게 다가와 진지하게 마주 대하도록 촉구하고 있다. 특히 일본인에게 안중근의 존재는 동양의 조금만한 나라로부터 세계열강과 비견할 수 있는 '일등국'으로 발전했다는 '빛나는 근대'에 대해 의문을 던지고 있는 것이다.

본고에서는 우선 일본에서 진행되어 온 안중근 연구를 개관하고 그 특칭을 알아본 다음, 당시 일본천주교회가 안중근을 어떻게 인식하고 있었는지 관련 출판물에 게재되었던 글을 살필 것이다. 그리고 태평양전쟁 후(전후), 일본천주교회가 과거에 일본이 일으켰던 전쟁이나 식민지배에 대해 어떻게 다루어 왔는지를 보고 안중근 연구의 방향에 대해 제시하고자 한다.

2. 일본의 안중근 연구개요

일본의 안중근 연구개요에 관해서는 강은성 「安重根義擧100周年——日本における安重根研究の現況と課題」(『朝鮮大學校學報Vol.9』2010年) 에 잘 정리되어 있어서 이를 요약해서 소개한다.

1) 제1단계: 패전에서 1970년대까지

伊藤博文를 사살한 안중근에 대해서 일본에서는 패전 후 오랫동안 전전(戰前)과 같이 연표에 하나의 사건으로 기술될 뿐, 연구 대상이 되지 못되었다.

일본의 안중근 연구는 1970년대 이후 在日조선인에 의해 시작되었다고 할 수 있다. 그 시작은 박경식[1]이었다. 그는 안중근의 경력과 사상을 개략적으로 저술하는 데 그쳤지만 관련 문헌자료를 제시함으로써 후학을 위해 길을 열어주었다고 할 수 있다.

그 후 최서면과 김정명(일본명; 市川正明)[2]이 자료를 발굴함으로써 안중근 연구는 실증적으로 검증할 수 있게 되었다. 최서면은 1969년12월에 일본 神田(칸다)의 고서점에서 일본어로 번역된 「安重根自傳」을 발견하였다. 이어 김정명은 1972년에 출판한 저서에서 일본어역 옥중일기 「韓國人安應七所懷」(소위 <東京本>)를 게재하였다. 특히 1979년에 펴낸 『安重根と日韓關係史』에서는 공판기록, 판결문과 함께 그가 '자필본'이라 단언하는 「安應七歷史」(1978년2월에 나가사키에서 발견된 소위 <長崎本>[3] 말미에 '以下略'이라 적혀 있음)를 게재하여 학계뿐만 아니라 사회에도 큰 파문을 일으켰다. 그는 1979년 9월에 일본 국회도서관 헌정자료실소장

---

1) 朴慶植, 「安重根とその思想」(『未來』51, 1970年12月號)
2) 金正明 편저, 『伊藤博文暗殺記錄 安重根hその思想と行動』〈明治百年史叢書 第169券〉原書房, 1972年 市川正明『安重根と日韓關係史』〈明治百年史叢書 第282券〉原書房, 1979年4月(『安重根と朝鮮獨立運動の源流』〈明治百年史叢書 第457券〉原書房, 2005年9月)
3) 현재 학계에서는 사본설이 유력하다.

『七條淸美關係文書』에 포함되어 있는 사본합책『安重根傳記及論說』을 발견하였다. 그 내용은 <長崎本> 말미에 '以下略'으로 생략된 부분도 포함한 安重根自敍傳의 完本傳寫本(소위 <國會圖書館本>)과, 동시에 발견된 「東洋平和論」(사본)이다. 이와 같이 안중근 연구는 최서면과 김정명에 의해 근거자료를 확보할 수 있게 되었던 것이다.

2) 제2단계: 1980년대에서 2000년초까지

1980년대에 들어 새로운 자료에 의거하여 안중근 연구가 본격화되었다. 김철앙[4]이나 강덕상[5] 등에 의한 글들은 개설적인 것이지만 자료 분석을 바탕으로 이루어진 연구라는 점에서 연구수준을 높였다.

이 시기에 안중근 연구를 주도한 연구자는 中野泰雄(나카노 야스오)[6]이다. 그는 "저는 오랫동안 일본 역사는 청일전쟁으로부터 노일전쟁에 이르는 과정은 어쩔 수 없는 길이며, 1910년의 日韓倂合(원문대로 표기)과 대역사건 이후 길을 잘못 선택했다고 생각해왔습니다. 그러나 安義士(원문대로 표기)의『東洋平和論』과『伊藤博文十五箇條の罪狀』을 읽음으로써 일본근대사는 1868년의 明治維新까지 거슬러

4) 金哲央, 「安重根の最後の論說『東洋平和論』をめぐって」(『統一評論』178, 1980年9月號)『義士・安重根』(金哲央『人物・近代朝鮮思想史』雄山閣出版, 1984年3月)

5) 姜德相「安重根の思想と行動」(姜德相『朝鮮獨立運動の群像──啓蒙運動から三・一運動へ』靑木書店, 1984年2月, 「朝鮮と伊藤博文」(『季刊三千里』49號, 1987年春)

6) 中野泰雄「歷史と審判:安重根と伊藤博文」(『亞細亞大學經濟學部紀要』8─1, 1982年9月), 「歷史と審判」補遺(『亞細亞大學經濟學紀要』9─1, 1983年9月), 「安重根──日韓關係の原像」(亞紀書房, 1984年7月(增補版, 1990年4月), 「安重根義士と東洋平和」(『亞細亞大學經濟學紀要』第10券第3號, 1985年12月), 「近代ナショナリズムと日韓關係」(『亞細亞大學經濟學紀要』第12券第2號, 1987年8月), 「伊藤博文と安重根」(『亞細亞大學經濟學紀要』14─3, 1989年11月), 「アジアから見た近代日本史」(『亞細亞大學經濟學紀要』15─1, 1990年3月), 「日本人の見た安重根」(『亞細亞大學經濟學紀要』15─2, 1990年5月), 「安重根義士と東洋平和論」(『亞細亞大學國際關係紀要』創刊號1, 1991年11月), 「生き生きて亞細亞大學31年」(『國際關係紀要』〈亞細亞大學國際關係學會〉3─2, 1994年3月), 「日本における安重根義士觀の變遷」(『國際關係紀要』〈亞細亞大學國際關係學會〉3─2, 1994年3月), 『安重根と伊藤博文』恒文社, 1996年10月, 「平和の使徒安重根と日韓關係」(『アジアフォーラム』〈大阪經濟法科大學hアジア硏究所〉14, 1997年1月)

서 다시 보아야 된다고 깨달았다"고 한다. 그는 이를 계기로 해서 안중근 연구를 정력적으로 진행하여 1982년에 처음으로 논문을 발표한 후 많은 논문과 단행본을 썼다.

中野(나카노)의 연구가 지니는 연구사적 의의는 첫째로 안중근의 활동과 사상, 재판의 성격, 후세 사람들에게 남긴 기억 등에 대해서 종전보다도 상세히 구명한 점이다. 둘째로 일본근대사를 안중근의 시각, 즉 동아시아의 관점에서 조명하고 일본근대사의 통설을 비판적으로 재검토할 것을 촉구한 점이다. 말하자면 일본근대사를 岩倉具視(이와쿠라 도모미), 大久保利通(오오쿠보 도시미치), 그리고 伊藤博文와 山縣有朋(야마가타 아리토모)를 비롯한 長州군벌의 아시아침략주의론을 중심으로 한 저술에서 勝海舟(가츠 가이슈), 西鄕隆盛(사이고 다카모리), 中江兆民(나카에 쵸민) 등을 비롯한 아시아주의자를 중시하는 저술로 전환해야 한다고 주장한 것이다.

조경달[7]은 종래 안중근의 행위(伊藤博文 암살)만을 가지고 그를 영웅적으로 평가해온 경향에 대해 안중근의 진가는 오히려 그 사상의 숭고함에 있다고 하여 그가 조선근대사상사에 차지할 위치를 밝히려고 하였다. 조경달에 의하면 안중근은 천부인권론의 입장에서 사회진화론에 근거한 약육강식적인 세계의 현실을 부정하고 도덕으로의 회귀를 호소한 것이고 더구나 「東洋平和論」을 저술함으로써 근대문명에 대한 비판을 전제로 한 아시아연대의 길을 제창하였다. 이것은 당시 조선의 부르주아 민족운동이 사회진화론을 수용하고 自強論이나 強權論을 주장함으로써 내셔널리즘의 고양을 촉진하였지만 제국주의를 비판할 수 없었던 현실 속에서 안중근이 주장한 바에 근거하여 제국주의 비판 논리를 획득할 수 있었다는 점으로 미루어 조선근대사상사에서 코페르니쿠스적 전환을 가져왔을 뿐더러 근대일본의 아시

---

7) 趙景達「安重根──その思想と行動」(『歷史評論』469, 1989年5月號), 「朝鮮における日本帝國主義批判の論理の形成──愛國啓蒙運動期における文明觀の相剋」, (『史潮』新25號, 1989年6月)

아주의는 근대주의적인 조류가 대세를 이루었다는 점을 고려하면 근대주의를 객관화할 수 있는 지평을 열어놓았다고 강조하였다.

1980년대 이후는 안중근에 관한 역사소설이나 전기가 많이 간행되어 안중근이라는 인물이 널리 알려지게 된 것도 하나의 특칭으로 꼽을 수가 있다.

上垣外憲一(가미가이토 켄이치)[8], 大野芳(오오노 카오루)[9], 海野福壽(운노 후쿠쥬)[10]는 伊藤博文 암살 사건에 있어 단독 저격설을 부정하고 일본정계가 암약했다(複數 저격설)고 지적하였다. 그러나 현시점에서는 '진범'에 대해서는 추측 수준에 머물고 있으며 논거가 충분치 않다. 또 사건을 둘러싸고 당시 대한제국이나 일본의 반응은 안중근에 의한 저격설을 전제로 하고 있다.

이와 같이 안중근 연구는 1980년대 이후에 본격화되었고 언론매체나 역사교육을 통해서도 올바른 안중근의 모습이 알려지게 되었다.

3) 제3단계: 2000년대 초기

1990년대 후반 이후 일본사회의 우경보수적인 경향이 뚜렷이 드러나게 되었다. 「새 교과서를 만드는 모임」이 편찬한 역사교과서나 『만화 혐한류(嫌韓流)』에서는 안중근을 "한국병합에 신중하고, 병합을 찬성하는 세력을 막고 있었던 伊藤博文를 살해한 테러리스트", "안중근은 틀림없이 테러리스트이다. 한국인이 테러를 찬미한다니 몰상식이기 짝이 없다. 세계에서 테러를 없애려고 노력하고 있는데, 테러를 찬미한다니 한국인은 인류의 적이"라고 일방적으로 적개심을 부추기고 있다.

요즘 주목받고 있는 것은 伊藤博文의 통감정치를 긍정적으로 평가하는 연구가 한국과 일본의 연구자들 사이에서 대두되고 있는 점이다. 그 대표적인 연구는 伊藤之雄(이토 유키오)와 이성환을 대표로 하는 한일의 연구그룹이 2006년에서 2008

---

8) 上垣外憲一『暗殺h伊藤博文』〈ちくま新書268〉筑摩書房, 2000年4月
9) 大野芳『伊藤博文暗殺事件——闇に葬られた眞犯人』新潮社, 2003年8月
10) 海野福壽『伊藤博文と韓國併合』靑木書店, 2004年6月

년까지 공동으로 연구를 진행해온 『伊藤博文と韓國統治——初代統監統治をめぐ る百年目の檢證』(2009년)[11]의 간행이다.

그 책은 연구 목적에 대해서 "伊藤를 어떻게 평가하는가에 관해서는 일본과 한 국의 역사인식 문제를 생각함에 있어 가장 중요한 쟁점 중의 하나이고 그 평가의 차 이는 바로 한일간 역사인식의 갭을 상징한다고도 할 수 있다....이런 기회에 한일간 역사 인식의 갭을 조금이라도 메우고 양국간에 상호이해가 깊어지기를 바랐기 때 문"이라고 언급하고 있다. 책에는 모두 12편의 논문이 수록되어 있고 伊藤의 한국 통치 구상과 통치사상, 그리고 그 구체적인 전개, 특히 한국사법정책과 한국인의 반 응을 고찰하고 있다. 논자에 따라 伊藤에 대한 평가에는 차이가 있으나 전반적으로 伊藤를 긍정적으로 평가한 책이라 할 수 있다.

伊藤를 긍정적으로 평가하는 대표적인 논자는 伊藤之雄이다. 그는 책에서 "伊 藤博文의 입장은 병합을 목적으로 한 것이라기 보다는 한국인이 자발적으로 협력 함으로써 한국을 보호국으로서 일본에게는 싼 비용으로 근대화시키고, 일본 그 다 음에 한국을 위해 이익을 도모하려는 것이었다"고 지적한다. 또 다른 논문에서도 "1907년7월에 제3차한일협약을 체결한 후에도 원로인 伊藤통감은 병합을 하지 않으면서 한국을 통치하는 구상을 추진하고 있었지만 1909년1월에서 2월에 걸쳐 서 한국황제 순종이 조선남북순행을 실시한 다음 伊藤는 병합을 하지 않을 수 없 다고 판단하였다. 그러나 그 후에도 副王(총독) 밑에서 한국에게 책임내각제나 공 선제를 수반하는 식민지(지방)의회를 설치함으로써 어느 정도 자치권을 부여하는 등 실제로 전개되었던 병합과는 다른 이상을 가지고 있었다"고 강조한다.

그의 말을 그대로 따른다면 안중근에 의한 伊藤博文 사살은 伊藤의 구상을 좌 절시키고 병합을 앞당긴 잘못한 행위가 되고 만다.

---

11) 伊藤之雄・李盛煥『伊藤博文と韓國統治——初代韓國統治をめぐる百年目の檢證』ミネルヴァ 書房, 2009年6月

石田雄(이시다 다케시)[12)]는 伊藤博文의 東洋平和觀을 안중근의 그것과 대비시켜 논급하였다. 石田에 의하면 伊藤와 안중근은 둘 다 동양평화를 중시하고 있었음에도 불구하고 마지막에 대결하지 않을 수 밖에 되고 만 이유는 한국의 독립유지와 관련된 문제에서 차이가 생겼기 때문이었다. 그러나 伊藤가 애당초부터 한국독립을 부정하는 의미로 동양평화라는 용어를 사용한 것이 아니었다. 차이가 생긴 최대 원인은 문명관의 차이에 연유한다. 안중근은 천부인권론에 입각하고 있었으며, 伊藤는 사회진화론적인 우승열패, 즉 서구적 문명관에 입각하고 있었다. 伊藤는 일본의 국력이 아직 약했던 시기까지(1901년까지)는 자국의 방위와 동양평화를 위해서 조선에 다른 국가들이 영향력을 행사할 수 없게 하고 조선독립을 유지하는 것을 과제로 삼고 있었는데, 국력이 증대해나감에 따라(1902년 이후) 강자의 권리로서 팽창주의로 전환하고 동양평화를 위해서 한국의 종속화를 보호육성이란 명목으로 정당화하기에 이르렀다고 한다.

4) 사상사의 과제────일본제국주의 비판논리의 형성

안중근의 생애는 애국계몽운동 및 의병운동을 통일시키는 궤적을 나타내고 있고 생성기 조선근대내셔널리즘의 원형을 이루고 있다.

안중근은 전통적 유교사상의 천부지성을 기초로 하여 사회계약설(천부인권설)과 그리스도교사상이 복합한 사상체계를 갖추고 있었다. 그는 의병투쟁을 즈음하여 국제법=신의에 충실히 따르는 것을 최우선의 전략으로 삼았는데, 그 기저에는 천부인권론의 보편적 원리가 있었다.

또 안중근은 내셔널리즘과 기독교적 휴머니즘이 연결된 저항 정신을 가지고 있었다. 안중근이 민족의 독립을 위하여 자신을 바친 것과 교회에 충실히 따르면서 조

---

12) 石田雄「伊藤博文の『東洋平和』觀────安重根のそれと對比して」(『翰林日本學研究』〈翰林大學翰林科學院日本學研究所〉第8集, 2003年12月)

선인으로서의 신앙의 주체성을 일관하게 유지한 것은 그리스도교와 종교의 본연의 자세에 대한 문제 제기가 될 것이다.[13]

안중근의 「東洋平和論」은 현대적 의의를 지니고 있다. 그의 동양평화론은 조선의 개화파가 주장한 중립론과도 일본의 아시아주의자가 주창한 아시아연대주의와도 차원이 다르고 아시아제국의 자주 독립에 의거한 평화론이다. 구체적으로는 제국주의에 의한 동아시아 침략에 대항하여 한·중·일의 자주 독립에 의거한 3개국 연대와 그 실천 방법을 구상한 것이다. 그의 동양평화론은 반제국주의, 자주독립, 평화주의를 기초로 하면서 먼저 동양 3국이 공동체를 구성하여 세계에 규범을 제시하려고 했던 것이었다.

5) 화해를 위한 실마리

안중근과 伊藤博文에 대한 평가가 엇갈리는 전제로서 일본근대사에 대한 긍정적 평가, 일본중심적 역사관이 있다. 일본근대사를 동아시아근대사와의 관련짓고 보는 시각이 결여되고 있는 것이다. 中野泰雄는 일본근대사를 아시아라는 관점에서 보는 것을 안중근에게서 배웠다고 하여 종전의 일본근대사의 통설을 비판하였다.

안중근이 거론한 「伊藤博文十五箇條の罪狀」은 사실을 그대로 지적한 것이다. 그리고 그의 「동양평화론」은 천부인권론의 보편적 원리로부터 출발한 아시아연대주의, 나아가서는 세계평화론으로 이어가는 것이다. 안중근은 당시에 있어 드물고 탁월한 사상가이었다고 할 수 있을 것이다.

안중근이 쓴 휘호는 확인된 것만이라도 60장이 남아 있다고 한다. 그것은 안중근과 직접 접해서 감명을 받은 재판소와 감옥의 일본인 관계자들에 의해 계승되어 왔다. 그들은 안중근을 존경해 마지않았다고 한다. 거기에는 일본근대사를 객관화할 수 있는 시각을 찾을 수 있다. 또 안중근 연구가 진행되면서 그의 사상과 활동이

---

13) 井田泉「安重根とキリスト教」『キリスト教學』〈立教大學キリスト教學會〉26, 1984年12月)

점점 밝혀지고 있으며, 동양평화를 희구했던 사상가로서의 모습이 널리 알려지게 되었다.

이처럼 안중근에 대한 정당한 평가는 자국중심주의적 역사관을 극복하고 동아시아 공통의 역사인식을 획득함으로써 동아시아 여러 국가들과 국민들이 화해로 나아가는 실마리를 찾을 수 있는 가능성을 창출할 것이다.

3. 일본천주교회의 안중근 인식

1) 가톨릭출판물에 나타난 안중근 인식과 특징

일본천주교회는 안중근을 어떻게 보고 있었을까. 당시 간행되고 있었던 교회 관련 출판물에 게재된 내용을 보고 살피고자 한다.

우선 오오사카(大阪)주교가 인가한 『聖若瑟教育院月報』에 「安應七と安重根」[14]이란 주제로 논설이 실려 있다. 이 월간지는 1910년 4월에 창간되었으며, 기술 내용으로 미루어 보면 실제로 안중근이 처형되기 전에 인쇄된 것 같다.[15] 어쨌든 안중근에 관해서 천주교회의 공적인 출판물에 처음으로 게재된 것으로 생각된다.

먼저 주목을 끄는 것이 천주교신자와 애국심에 관한 언급이다.

세상 사람들은 천주교신자라면 애국심을 잃고 만다든지 애국심이 없다고 한다. 이러한 잘못된 평가는 청일전쟁, 북청사변, 노일전쟁 이전이라면 어쨌든 노일전쟁을 치르고 난 오늘날에는 이미 없어졌어야 하는 것이다. 그런데도 이름이 난 학사나 박사 선생님들 중에도 여전히 이런 枉評

---

14) 『聖若瑟教育院月報』1910年 4月號(創刊號), P8~11(「安應七と安重根」)   첨부자료로서 별도로 전문을 실었다.

15) 빌렘신부한테서 영성체를 했다고 기술한 뒤 "사형집행은 3월25일이었는데, 어느 정보에 의하면 그날은 성금요일이라 해서 안중근 본인이 (날짜를 변경할 것을) 요청하자 관헌이 이를 수락하여 23일로 바꾸었다"고 되어 있다.

을 공공연히 하는 이들이 있다.[16]

이 글에서는 천주교회에 대한 대표적인 비판이 묘사되고 있다. 즉 천주교신자와 애국심의 문제이다. "청일전쟁, 북청사변, 노일전쟁 이전이라면 어쨌든"이라고 한 것은 이 전쟁들을 통해서 천주교신자들이 진정한 애국자답게 군인으로서 훌륭하게 싸워서 천주교신자임과 애국자임이 모순되지 않았다는 것을 증명한 사례들을 염두에 두고 한 말이다.

참고로 청일전쟁이 일어나기 1년 전인 1893년에 저명한 철학자 井上哲次郎(이노우에 데츠지로)가 『敎育과 宗敎의 對立』을 발간하여 그리스도교신자이면서 동시에 일본국민일 수는 없다, 그리스도교는 일본 국체와 맞지 않는다고 주장하고 나섰다. 이것은 천주교를 포함한 그리스도교계에게는 매우 충격적이었고 그리스도교 邪敎觀을 불식하는 것이 얼마나 어려운가를 절감케 했던 것이다.

그런데, 논자는 그러한 반그리스도교 지식인들은 안중근을 제대로 보아야 된다고 지적하고 다음과 같이 언급한다.

안중근은 틀림없이 천주교신자이자 애국자이다. … 만약 그의 심정은 얼마나 결백하다고 해도, 또 그 목적은 한인(韓人)이 볼 때 얼마나 정당하다고 해도 그 수단은 매우 온당치 못하다. 더군다나 伊藤 公은 한국에게 큰 은인이다. 公은 시종일관 동양평화를 위해 일한다고 해서 한국의 이익과 韓人의 행복을 증진시키려는 입장을 고수하였던 것이다. 공이 한국에 대해서 편 정책은 매우 온화(溫和)주의적이었으며, 조금이라도 기개 있는 인사들은 公의 그러한 자세를 아주 답답하게 여길 정도였던 것이다. 안중근 등은 公의 본뜻을 헤아리지 않고 오로지 애국심에 사로잡혀 드디어 저런 짓을 저지르고 말았다. 이것은 결국 오해에서 생긴 일이다. 얼마나 무서운 오해인 것일까. 이렇게 오해를 하고 만 것으로 보아 안중근은 증오해야 할 대상이라기보다는 오히려 불쌍한 자라고 해야 할 것이다. … 누가 천주교신자가 되어도 세상 사람들이 걱정하는 것처럼 애

---

16) 앞 글(「安應七と安重根」)

국심은 결코 사라지지는 않는다. 반대로 강해지는 것이다. 그러한 사례는 멀리서 찾을 필요가 없다. 안중근은 어떠한가. 훌륭한 애국심을 간직하고 있다. 그러나 애석하다! 오해 때문에 저 , 암살이라는 큰 죄를 저지르고 말았다. 나는 그의 심정을 헤아려줄 수 있지만 그가 취한 방법은 절대로 용납하지 않는다. 아니 최대한 피난할 것이다.[17]

위에서 본 바와 같이 논자는 伊藤博文에 대해 긍정적으로 평가하고 있는데, 이것은 제2장에서 본 것처럼 伊藤를 긍정적으로 파악하는 연구 시각과 상통된다고 볼 수 있다. 또 천주교신자인 안중근은 애국자임을 명백하게 함으로써 천주교는 애국심과 서로 용납지 않는다는 비판을 피하는 것과 동시에 그 애국심이 잘못 발휘되었다고 지적한다. 안중근은 伊藤의 진의, 즉 한국의 이익과 행복을 늘리려고 했다는 의도를 알 수가 없어서 오해를 했다는 것이다. 이러한 부분에서 당시 일본교회가 처해 있던 상황을 알 수 있다. 만약 안중근이 천주교신자가 아니었더라면 그가 애국자임을 그토록 강조하지는 않았을 것이다.

안중근이 수단으로 택한 저격, 암살은 우리 천주교신자의 입장에서 보면 있을 수 없는 일이다. 저격, 암살은 천주십계의 제5계에서 엄격하게 금지되어 있다. 게다가 안중근은 다른 동지들과 서약의 뜻으로 무명지를 잘랐다고 하는데, 이것 또한 제5계에서 엄금되어 있다. 이러한 점들로 미루어 보면 그는 거듭 제5계를 어긴 대죄인이다. 나는 절대로 봐 줄 수 없다. 바로 이 때문에 지극히 난폭한 일이라고 지적하는 것이다. 여순으로 가신 빌렘신부도 그에게 伊藤公을 살해한 것은 죄 깊은 일임을 자각하라고 충고했을 정도이다.[18]

이와 같이 안중근에 의한 伊藤처단은 제5계를 어긴 살인이자 대죄라 지적하고 있는 것이다.

---

17) 앞 글(「安應七と安重根」)
18) 앞 글(「安應七と安重根」)

그런데, 이 논설에서는 주제인 안중근에 관련된 내용 이외에 조선천주교회가 통감부의 정책에 찬동하여 만족하고 있다고도 언급하고 있다.

> 이런 기회를 이용해서 한마디 더 하겠다. 한국기독교 선교사들은 韓人에게 반일사상을 주입한다고 신문이나 잡지에서 종종 그들을 공격한다. 하지만 반항파(反抗派) 소위 개신교파 선교사들은 그럴지 몰라도 내가 아는 천주교 선교사 중에는 반일사상을 형성하는 자는 단 한 사람도 없다. 모두가 통감부에 의한 종교단속이 매우 관대하고 공평한 점에 만족해 있는 것이다.[19]

이렇게 일본에 의한 조선 통치를 조선천주교회가 긍정적으로 받아들이고 있을 것이라는 견해는 다음에 거론할 논설에서도 현저하게 나타나 있다.

안중근에 관해서는 일본천주교회의 대표적인 정기간행물인 『聲』에도 매우 간단하게 언급되고 있다. 한국강점 후에 실린 논설[20]에 의하면 조선천주교회 지도층은 천주교의 원칙인 정교분리와 통치자에 대한 복종에 따라 행동하고 일본에 의한 통치에 협력할 것이라고 언급하고 있다. 논자는 한국병합으로 공명하고 周到한 조선총독부가 통치하게 되었으므로 조선천주교회는 안심해서 포교활동에 전념할 수 있게 되었다고 일본에 의한 조선통치를 환영하고 있다. 그리고 그들 조선천주교회 지도층은 새로 동포가 된 조선민족의 동화 사업을 추진해나가는 데에 있어 일본의 중요한 협력자가 될 것이라고 단언하고 있다. 그리고 언제나 권위를 존중하고 질서를 중시하는 그들의 특성으로 萬世一系 황실을 받드는 일본국체를 이해하고 국체를 옹호하기 위하여 힘쓸 것이라고 지적하고 있다. 이러한 관점에서 본다면 안중근에 대한 평가도 명백해진다. 즉 안중근은 천주교 가르침을 어긴 자이며 천주교신자라고는 하지만 극히 예외적인 인물인 것이다.[21]

---

19) 앞 글(「安應七と安重根」)
20) 『聲』1910年12月號(第421號)「朝鮮に於る外國宣教師問題」P. 1 ~ 5
21) 첨부자료로서 별도로 해당 부분을 실었다.

위에서 본 일본천주교회 관련 출판물에 실린 두 가지 기사에 의하면 안중근에 의한 伊藤 처단은 살인죄로 인식되고 있었다. 그리고 안중근은 천주교신자이지만 천주교 정신을 위배한 자이며, 아무리 애국자라 할지도 한국의 발전을 원했던 伊藤의 진의를 오해했다고 보고 있었던 것이다. 이와 같은 인식의 배경에는 당시 일본천주교회의 국가에 대한 자세, 즉 국체 옹호나 애국심을 중시하는 점이 지적된다. 그리고 천주교의 원칙인 정교분리와 통치자에 대한 복종에 따라 행동한다면 조선천주교회도 당연히 일본에 의한 통치에 협력할 것으로 보고 있었던 것이다.

그러한 일본천주교회의 국가에 대한 자세를 이해하기 위해 그 배경에 관해서 약술하겠다. 일본천주교회는 豊臣秀吉(도요토미 히데요시)가 내린 선교사 추방령을 시작으로 뒤를 이은 도쿠가와(德川)정권에 의한 그리스도교 금지 정책으로 엄한 탄압을 받아 오랫동안 비밀리에 신앙을 지키고 후세에 물려줄 수밖에 없었다. 개항하고(1858년) 메이지(明治)국가가 성립된(1868년) 이후도 그리스도교 금지 정책은 그대로 유지되었고 실제로 천주교신자에 대한 탄압 사건도 일어났다. 그러나 신교 자유를 허용하도록 요구하는 구미열강의 압력을 이기지 못해 결국 메이지정부는 그리스도교를 묵인함에 이르렀다(1873년). 그리고 1889년에 제정된 제국헌법에 처음으로 신교 자유가 명문화된 것이다. 파리외방전교회 연차보고에 의하면 "금년의 최대 사건은 헌법 제정였다. 그 28조로 드디어 신교 자유가 일본인에게 주어진 것이다. … 우리 신자들은 다른 일본인들보다도 기쁨을 표명하였다…. 자신이 믿고 있는 종교를 자유롭게 방해를 받지 않고 실천할 수 있게 되었고 법적인 장애가 없어졌으므로 승리라 기뻐했던 것이다…. 헌법 반포 당일과 장엄 감사미사 날에는 모든 성당에 상당히 많은 신자들이 몰려들어 영성체하는 이도 많았다"[22]고 한다.

근대화 즉 서구화를 지향하는 메이지국가의 방침 아래 그리스도교는 널리 퍼져

---

22) 松村菅和h女子カルメル修道會共譯『パリ外國宣教會年次報告1(1846~1893年)』(聖母の騎士社, 1996年), P189; 1889年に關する北緯代牧區からの報告

나가듯 했으나 제국헌법 제정을 거쳐 井上哲次郎(이노우에 데츠지로)의 『敎育과 宗敎의 對立』에서 현저하게 나타났듯이 그리스도교는 애국심을 잃게 하여 따라서 일본인에게 해롭다는 주장이 펼쳐져서 그리스도교에 대한 반감이 급격히 널리 국민들 사이에 퍼져나갔다.

이러한 현상은 메이지초기 이래 추진되어온 서구화에 대한 반발이며, 특히 외래종교인 그리스도교를 겨냥한 것이었다. 이것은 도요토미집권기와 도쿠가와집권기에 걸쳐서 민중들 사이에 침투했던 그리스도교 사교관을 불식하는 것이 매우 어렵다는 것을 의미하였다.

교회는 오랜 고난 끝에 신교 자유를 누릴 수 있게 되기는 했지만 반그리스도교 감정이 거센 상황 속에서는 호교적인 입장을 고수하지 않을 수 없었다. 천주교회는 로마서를 근거로 세속 통치자는 하느님으로부터 국가 통치를 위임받은 자로 보고 복종하도록 지도하기 때문에 일본에서는 교회 지도층은 신자에게 열심히 신앙생활을 보내는 것과 동시에 일본 국민으로서 통치자인 천황을 숭경하고 국가 발전을 위해 힘을 다하도록 가르쳤다.

따라서 일본이 대외전쟁을 치를 때면 일본천주교회는 애국심이 검증받는 것으로 인식되었다. 청일전쟁기에는 교회마다 전승기원미사를 집행함으로써 전쟁을 지원하였다.[23] 러일전쟁기에는 일본교회는 의연금을 모아 협력을 아끼지 않았다. 이 때 피오10세교황은 일본정부에 대해 만주와 몽고지방에 있는 가톨릭교회를 보호해 줄 것을 요청하였으며, 전쟁이 끝나자 교황 특사를 보내 천황에게 전쟁 승리를 축하하고 요청대로 전쟁 기간 중 가톨릭교회를 보호해 주었는데 대해 감사의 뜻을 전달하였다.[24]

1912년에 일본정부는 신도(神道)계, 불교계, 그리스도계 교단(가톨릭도 포함됨)

---

23) 五野井隆史『日本キリスト敎史』吉川弘文館, 1990年9月, P286
24) 五野井 앞 글, P289

을 내무성으로 불러 국민도덕의 회복과 진흥을 위해서 종교계 전체에게 협력을 요청하였다. 이어 교단 대표들은 회의를 열어 "皇道를 扶翼하여 더욱 국민도덕의 진흥을 도모할"것을 결의했으며, 정부가 추진하는 천황을 정점으로 한 국민교화정책의 일익을 수행해나가기로 하였다.[25]

이처럼 안중근에 의한 伊藤처단이나 한국강점이 일어났던 당시, 일본천주교회는 국가를 위해 협력한다는 것이 기본 입장이었음을 알 수 있다. 따라서 안중근에 대한 일본천주교회의 인식은, 본고에선 교회 관련 출판물에 나타난 매우 한정된 언급을 통해서 본 것이지만, 부정적일 수 밖에 없는 것이다. 그리고 천주교신자라는 관점에서는 천주십계 제5계를 어긴 죄인으로 규정되는 것이다.

2) 전후의 동향

앞 절에서 본 바와 같이 기본적으로 국체(國體)를 옹호하는 입장을 견지하여 충군애국(忠君愛國)을 가르쳐왔던 일본천주교회는 전후에 어떤 길을 걸어 온 것일까. 그 개요를 언급하고자 한다.

오늘날에 이르기까지 일본천주교회는 전쟁책임에 관해 여러 차례에 걸쳐 공식 성명을 발표한 바 있다. 그 중 처음으로 이루어지게 된 것이 1986년에 개최된 제4차 아시아주교협의회연맹(FABC)총회에서 白柳誠一(시라야나기 세이이치)추기경(당시 일본주교회의 회장)에 의해 아시아인들에게 표명된 사죄이었다. 시라야나기추기경은 미사 강론에서 다음과 같이 언급하였다. "저희들 일본 주교들은 일본인으로서도 교회의 일원으로서도 일본이 제2차세계대전 때 초래한 비극에 대해 하느님과 아시아태평양지역에 사는 형제들에게 용서를 빕니다. 저희들은 이 전쟁에 관여한 자로서 아시아태평양지역 분들의 생활이나 문화에 여전히 고통스러운 상처가 남아

---

25) 五野井 앞 글, P291

있는 것에 대해 깊이 반성하는 바입니다. 저희들은 이 미사를 통해서 아시아태평양 지역에서 희생을 당하셨던 분들을 위해 평안을 빌며, 일본이 또다시 같은 잘못을 저지르지 않을 뿐더러 아시아에서 진정한 인간해방과 평화를 위해 공헌하도록 교회로서의 책임을 다한다는 결의를 다지겠습니다."26)

이 사죄 표명은 이에 앞서서 열렸던 1986년도 정기주교회의에서 FABC도쿄총회에서 주최국 주교단으로서 전쟁 책임을 표명하는 것을 검토하여 승인된 주교단의 공식 표명이다.27)

그렇다면 왜 전후 40년이나 지나가고 나서야 주교단이 전쟁 책임을 표명하기에 이르렀던 것일까. 매우 중요한 주제이지만 본고에서는 몇 가지 추측할 수 있는 점을 거론하고 앞으로의 과제로 하겠다.

우선 교회측은 피해자였다는 인식이 교회 관계자들 사이에 폭넓게 공유되고 있었을 것이다. 전쟁이나 식민지화 등 국책에 협조한 측면보다도 애국심이 없는 외래 종교라 비난 받으면서 반감과 증오의 대상이 되고 있었던 교회로서는 자신은 피해자이며, 패전 후에야 비로소 억압으로부터 해방되고 완전한 신교 자유를 누릴 수 있게 되었다고 인식하지 않았나 생각한다.

다음으로 교회는 신사 참배와 같은 신교 자유에 관한 사안에 대해서는 매우 민감하게 대 처하였는데, 그 반면 정치적 및 사회적인 문제에는 관여하지 않으려는 입장을 견지해서가 아닌가 싶다.28)

---

26) カトリック中央協議會編『カトペディア'92』(1992年), P401~402, 第4囘アジア司教協議會聯盟總會におけるミサ說敎
27) 岡田武夫「戰前h戰中と戰後のカトリック敎會の立場」『信敎の自由と政敎分離』(日本カトリック司敎協議會社會司牧委員會編, 2007年), P70
28) 그러한 가설을 설명하기 위해서는 제2바티칸공의회에 참석했던 주교에 관한 일화가 참고가 될 것이다. "공의회 기간 중 일본의 어떤 주교가 기자로부터 다음과 같은 질문을 받은 적이 있었다. '세계에서 유일하게 원자 폭탄의 피해를 입은 일본, 그 나라 주교로서 원폭 문제를 어떻게 생각하나?' 그러자 그 주교는 '그것은 정치 문제이므로 대답할 수가 없다'고 말했다고 한다. 요즘에야 일본주교단은 원자력발전소에 대해 반대의사를 표명하는 등 적극적으로 발언

그리고 공산주의와의 대치 상황을 들 수 있을 것이다. 가톨릭교회에게 큰 위협이자 적이

인 공산주의와의 싸움은 일본 국내에서도 '위험사상'과의 싸움으로 인식되고 있었다. 일본 교회는 공산주의로 인해서 천황제가 부정되고 국가 사회 질서가 파괴되고 만다고 경계한 것이다. 그래서 가톨릭교회가 방파제 역할을 맡아서 국가 사회 질서를 지키고 공고히 할 수 있다고 주장하기도 하였다. 전후에도 공산주의의 위협은 사라지기는커녕 더욱 증대해간다고 인식되었다. 사실 공산주의 세력에 의해 가톨릭교회는 세계 곳곳에서 공격과 박해를 받고 있었고 그러한 정보는 일본 교회 안에서도 널리 보도되고 잘 알려져 있었다. 따라서 공산주의와의 전쟁은 태평양전쟁 이전, 전쟁 중, 그리고 패전 후에 걸쳐 시종일관 계속되고 있었으며, 그 때문에 교회로서 과거의 역사를 되돌아볼 수 있는 형편이 못되었을 것이다.

그런데, 일본교회는 1986년에 전쟁 책임에 대해 사죄한 난 후에도 교서 등을 통해서 전쟁 책임을 언급하여 용서를 빌고 평화 구축을 위해 노력을 할 것을 다짐해 왔다.[29]

하고 있기는 하지만 당시에는 교회와 사회외의 관계에 대한 이해는 이 정도 밖에 되지 못되었던 것이다."(カトリック中央協議會『敎會情報ハンドブック2013』(2012年11月)「特輯Ⅰ：今,第2バチカン公會議を語る」,P16)

[29] 일본주교단 교서「平和への決意. 戰後50年にあたって」(1995年2月); 신도, 사제, 수도자에게 다음과 같이 호소하였다. "저희들은 일본교회에 속하는 모든 분들과 함께 다시 한 번 과거의 행보를 되돌아보고 그리스도의 빛 밑에 전쟁이 얼마나 죄가 많은가를 인식하고 앞으로 평화를 구축하기 위하여 온 힘을 다한다는 결의를 다짐하고자 한다." 일본가톨릭정의평화협의회「新しい出發のために：平和を愛するすべての兄弟姉妹,特にアジア太平洋地域の皆さんへ」(1995年4月); 일본주교단 교서「平和への決意. 戰後50年にあたって」가 발표됨에 따라 이 메시지를 통해서 사죄와 보속의 결의를 밝혔다. 구체적으로는 천황제 국가주의 밑에서 일본이 1894년의 청일전쟁 이래 아시아태평양지역으로 대대적으로 침략해왔다고 지적하고 일본교회도 또한 아시아태평양지역에서 피해를 입은 형제자매의 고통과 호소에 귀를 기울이기는커녕 전쟁을 올바르고 거룩한 것으로 보고 적극적으로 가담해 추진했다고 인정하고 있다. 그리고 앞으로 다루어야 할 과제로서 왜 침략전쟁을 올바르고 거룩한 것으로 간주했는지 그 신학적인 근거를 해명하는 것, 왜 천황제 국가주의h민족주의체제에 편입되고 말았는지를 분석함으로써 본연의 신앙을 구명하는 것 등을 들고 있다. 그리고 이러한 과제들은 오늘날을 살아

그러한 과정에서 1999년에 일본가톨릭중앙협의회 복음선교연구실이 편찬한 자료집 『역사로부터 무엇을 배우는 가』(부제「가톨릭敎會의 戰爭協力h神社參拜」)에는 양은 적지만 안중근과 식민통치에 관련된 기술이 실려 있다. 안중근에 관련되어서 한국에서 1993년8월21일에 봉헌된 안중근추도 미사 때 김수환 추기경이 "일본제국주의에 의한 무력침략으로 풍전등화와 같은 나라와 민족을 구하기 위하여 그가 취했던 모든 행위는 정당방위로 정의로운 행동으로 보아야 한다"고 언급한 것이 소개되고 있다.[30] 또 한국강점과 3·1운동에 대해서도 일본교회측이 비판적으로 다루어져 있다.[31]

이 자료집 헌사에는 "본서를 일본이 일으킨 전쟁으로 고난과 죽음을 겪지 않을 수밖에 없게 된 아시아태평양 지역에 사는 모든 분들게 바칩니다."로 나와 있다. 그리고 시라야나기추기경이 추천사로서 "과거에 일본천주교회가 어떻게 전시체제에 편입되었고 협력해가야 했는지, 그러한 큰 문제들을 검증하기 위한 중요한 기록과 문서를 수록한 작은 자료집"이라 언급한 것으로 알 수 있듯이 일본천주교회가 그때까지 진행해 왔던 반성과 검증작업이 반영된 것이다.

그리하여 한국강점 100주년이 되는 2010년에는 일본주교회의 회장이 담화로 "이와 같이 역사의 중요한 시점에 저희들 일본천주교회의 책임을 포함해서 일본의 식민정책이 어떠한 것이었는지, 그리고 이로 인해서 어떻게 상처를 주었는지 진지하게 되돌아보는 것이 절실하다"고 발표하였다. 따라서 일본천주교회가 안중근을 비롯해서 한국에 대한 침략의 역사를 진지하게 마주 대할 수 있는가라는 것은 바로 일본교회의 진가를 묻는 과제인 것이다.

가는 자의 신앙과 직결되는 문제이기도 함을 지적한다.

[30] 『歷史から何を學ぶか』(副題「カトリック敎會の戰爭協力·神社參拜」)P34~35, 時代背景を理解するために②「安重根,伊藤博文を射殺」; 金壽煥「安重根義士の生涯と愛國心」『福音宣敎』1994年1月號

[31] 『歷史から何を學ぶか』P36,時代背景を理解するために③「韓國倂合」
『歷史から何を學ぶか』P39,時代背景を理解するために④「3·1獨立運動」

4. 맺음말

　마지막으로 역사연구와 일본교회라는 관점에서 앞으로의 과제에 대해 언급하고 마치도록 한다.

　일본인이 자신의 근대사를 어떻게 평가하는가란 것은 일본의 현재 상황을 잘 살피고 어떠한 미래를 열어나갈 것인가란 문제와 직결되고 있다. 이것은 한국이나 북한, 중국 등 아시아 국가들과의 양호한 관계 구축과도 연계되는 과제이다. 한국이나 중국한테서 비판을 받게 되니까 어쩔 수 없이 생각하는 것이 아니라 일본인이 스스로 주체적으로 다루어야 하는 과제이다. 이러한 관점에서 보면 안중근에 대해서도 깊이 생각하고 진지하게 살피도록 노력해 나가야 할 것이다. 그것이 바로 '빛나는 일본 근대사'를 보다 객관적으로 파악하는 시도가 되는 것이다.

　먼저 역사 연구에 관련돼서 일본 학계에서는 안중근이 독실한 천주교신자였다는 사실조차 그다지 알려져 있지 않다. 그 근거로서　일본에서는 한국과 달리 가톨릭교회의 사회적 영향력이 미미한 것을 들 수 있을 것이다. 따라서 이미 한국에서 나온 연구 성과들을 번역 등을 통해서 소개하는 것이 유익하다고 본다. 비교적 쉽게 착수할 수 있어서 기대가 된다.

　또, 일본천주교회사 연구란 관점에서 볼 때 본고에서는 언급하지 못했지만 당시 일본에서 활동했던 파리외방전교회 선교사들이 보낸 서한이나 남긴 기록들 중 안중근에 관한 기술이 있을 가능성이 크다. 파리본부 문서관 등 조사를 하면 발견할 수 있을 것이다. 앞으로 안중근 관련 자료가 새로 발굴되고 검토함으로써 새로운 연구 성과가 나오기를 기대해 본다.

　다음으로 일본교회와 일본교회사의 관점에서 보자. 많은 교회 관계자들이 근대 일본천주교회사에 관해서 가지고 있는 이미지는 대체로 다음과 같다. "일본천주교회는 17세기 초부터 250여 년에 걸쳐서 매우 혹독한 탄압과 박해를 받았음에도 불구하고 기적적으로 부활했다. 그러나 그 기쁨도 잠시 이번에는 국가주의와 군국주의로 인해서 또다시 고난을 겪게 되었는데, 1945년에 일본의 패전으로 비로소 완전한 신교 자유를 누릴 수 있게 되었다." 이것은 틀리지는 않았지만 일면적인 이해에 지나지 않는다. 그래서 안중근을 제대로 평가하려고 시도하게 된다면 이러한 일면적인 교회사 이해에서 벗어나 보다 넓고 비판적인 관점에서 일본교회사, 특히 근대교회사를 파악할 수 있게 될 것이다. 앞으로는 안중근에 관해서 고찰하고 학습하는 것과 동시에 시야를 넓혀서 일본이 추진했던 식민정책이나 일으켰던 전쟁을 주제로 삼아 연구를 진행하고 문제의식을 공유하는 방향으로 나아가는 것이 현실적이자 효과가 있다고 본다. 일본교회가 청일전쟁, 노일전쟁, 대만과 조선에 대한 식민정책, 중일전쟁, 태평양전쟁 등을 그 당시 어떻게 보았고 또 어떻게 행동했는지, 그러한 주제들을 실마리로 꾸준히 고찰과 문제의식의 공유를 계속해 나가야 할 것이다. 안중근을 둘러싼 과제도 그 동일 선상에 있는 것이다.

안중근 토마스의 죽임과 죽음에 대한 이해

황종렬(대구가톨릭대 신학과 겸임교수)

1. 시작하면서

안중근은 1879년에 황해도 해주에서 태어나서 1897년에 토마스를 세례명으로 택하여 입교한 가톨릭 신자이다. 그는 자신의 존재를 걸고 1909년 10월 26일 이토 히로부미를 저격하여 그를 죽음에 이르게 하였고, 이 사건으로 하여 그는 1910년 3월 26일 일본 정부에 의하여 죽음을 맞게 되었다.

안중근이 이토 히로부미를 저격하고 100년이 지나서야 한국 가톨릭 교회가 그의 생애에 대해서 보다 더 총체적으로 이해하고 그의 정신을 이땅에, 교회와 민족 사회에 육화시키고 발화시켜 가는 데 투철한 모습을 갖추기 시작하였다. 한편으로 보면 늦었고 다른 한편으로 보면 감사한 현상이다.

한국 가톨릭 교회가 안중근에 대해서 제대로 관심을 가지지 못한 것은 단순히 한국 교회 지도자들이 친일적이었다는 데 원인이 있는 것만은 아니다. 더 결정적인 원인은 안중근이 누구인가를 충실하게 알지 못하였다는 데 있었다고 할 수 있다. 이제 안중근이 좀더 충실하게 가톨릭 교회와 민족 사회 안에서 인식될 수 있도록 다양한 연구와 문화적 소통이 이루어질 수 있어야 할 것이다.

이런 시대 상황에서 2011년 9월 28일 서울대교구 시성시복위원회가 주최하고 한국교회사연구소가 주관한 "서울대교구 시복시성을 위한 심포지엄"에서 "안중근의 시복시성 가능한가: 안중근 생애에 대한 재인식"이라는 주제로 나 자신이 신학적 응답을 시도하였다. 나의 연구에 윤리신학을 전공한 이동호 신부가 논평하였는데, 이를 통하여 우리는 안중근이 하느님의 종으로 받아들여질 수 있다는 공감대를 형성할 수 있었다.

안중근이 왜 하느님의 종이라 불릴 수 있고 그가 왜 시복시성되어야 하는가? 우리 교회는 앞으로도 이 물음에 좀더 충실하게 교회의 전통에 근거하여 답할 수 있어야 할 것이다. 그가 왜 시성시복될 수 있는가를 단순히 그의 애국 행위로 설명할 수 있는 것은 아니다. 그의 신앙 차원을 가톨릭 교회 신앙 공동체가 납득할 수 있도록 밝히고 소통시키는 일, 이 과업을 완수할 교회 내 연구와 프로그램 개발이 요청된다. 이 연구는 안중근의 이토 히로부미 저격과 그의 죽음에 초점을 맞추어서 그의 신앙 차원을 일차적으로 교회 안에서(는 물론 교회 밖 민족 사회에서도) 좀더 충실하게 공유할 수 있기 위하여 시도하였다.

나는 이 연구에서 안중근이 이토를 살해하여 죽음에 이르게 한 것과 법적 절차를 앞세운 일본 정부에 의하여 그가 살해당한 것을 성경의 일화들에 비추어 조명하고자 한다. 첫 사례로 든 유딧 사건은 겉으로 드러난 살인의 진정한 의미를 식별하는 데 중요한 전거가 되어 줄 것이다. 둘째 사례로 든 마카베오 하권 7장의 일곱 아들과 어머니가 살해당하는 사건은 자신들이 하느님의 정의에 근거하여 지켜 가려는 것을 위하여 목숨을 내주고 있다. 이런 점에서 이 기록은 안중근의 생애 마지막 시기가 갖는 증거의 성격을 좀더 분명하게 밝혀 줄 수 있기를 희망한다.

2. 안중근과 유딧의 살해

유딧의 홀로페르네스 살해

한 여자가 술에 취하여 곯아떨어진 한 남자의 목을 칼로 내리쳤다. 그리고는 같이 갔던 여자에게 그 목을 자루에 담게 한 뒤에 그 남자의 침실을 빠져나와서는 밤을 도와 멀리 사라졌다. 이 장면만 놓고 보면 이 사건은 어떤 알지 못하는 관계에서 발생한 한 남자에 대한 한 여자의 살인으로 일컬어질 수 있을 것이다. 이 사건을 알기 위해서는 그 여자와 남자가 누구였는가를 필연적으로 식별할 필요가 있다. 그 여자와 남자가 누구인가에 따라서 이 사건은 성격이 다르게 판명될 수 있다.

여기서 술에 취해 곯아 떨어졌다가 목이 잘린 남자는 아시리아의 왕 네부카드네자르의 대장군 홀로페르네스이고, 칼을 들었던 여자는 유딧이다. 홀로페르네스는 유다 배툴리아를 포위한 채 물을 차단하여 항복할 받아내려 하고 있었다. 이런 상황에서 하느님의 법에 충실하게 살아 온 과부 유딧은 적진으로 찾아가서 홀로페르네스에게 신임을 얻은 후에 여러 날을 적진에서 지내게 된다. 홀로페르네스는 유딧을 넘보며 마련한 연회 때 술에 취하여 곯아떨어지게 되는데, 이때 유딧은 홀로페르네스의 칼로 그의 목을 두 번 쳐서 여종에게 넘겨주었다. 이들은 그의 목을 자루에 담아 유다 진지로 돌아가서, 대장군을 잃은 아시리아군을 하느님의 백성이 물리치게 하였다.[1] 아래에서는 유딧의 이야기를 좀더 자세하게 전하기로 한다.

아시리아의 왕 네부크드네자르가 "킬리키아와 다마스쿠스와 시리아의 온 영토" 와 "모압 땅의 모든 주민, 암몬 자손들, 온 유다 주민" 등을 처단하기 위하여 "자기

---

1) 유딧기 1-16장.

다음으로 가장 높은 군대의 대장군 홀로페르네스"를 출정하게 하였다(유딧 1장). 홀로페르네스는 네부카드네자르의 명에 따라 병거대와 기병대와 정예 보병대를 조직하여 여러 부족을 굴복시킨 다음 "유다의 가파른 산비탈과 마주한 도탄 곁의 이즈르엘로 가서" 진을 쳤다(3장). 이에 유다는 홀로페르네스 부대와 맞서 항전하기로 결정하였다(4장). 이에 홀로페르네스는 부대를 움직여서 유다의 배툴리아를 포위하였다. 그는 배툴리아의 주민들이 먹는 물을 차단하여 항복을 받아내려 하였다. 그러자 유다 민중이 아시리아의 왕에게 협력하지 않아 죽게 되었다면서 지도자들에게 그들의 전리품이 되어 목숨을 살리는 것이 낫겠다며 결단을 촉구하였다(7장). 이런 상황에서 성읍의 수장 가운데 한 사람인 우찌야가 그들에게 말하였다. "형제들이여, 용기를 내십시오. 닷새만 더 견디어 냅시다. 그동안에 주 우리 하느님께서 당신의 자비를 다시 우리에게 돌리실 것입니다. 그분께서 우리를 마냥 내버려 두지는 않으실 것입니다. 만일 닷새가 지나도 우리에게 아무런 도움이 오지 않으면, 여러분의 말대로 하겠습니다."

그때 이스라엘의 후손 므라리의 딸 유딧이 이 소식을 들었다. "유딧의 남편은 므나쎄라는 사람으로 유딧과 같은 지파, 같은 가문 출신이었는데 보리를 수확할 때에 죽었다." 그는 "세 해 넉 달 동안 자기 집에서 과부 생활을 하였다. 그는 자기 집 옥상에 천막을 치고 살면서 허리에 자루옷을 두르고 과부 옷을 입었던 것이다." "유딧은 용모가 아름답고 모습이 무척 어여뻤다. 그의 남편 므나쎄가 금과 은, 남종과 여종, 가축과 밭을 남겼는데, 유딧은 그것들을 계속 소유하였다. 유딧에 관하여 좋지 않은 말을 하는 자는 하나도 없었다. 그가 하느님을 크게 경외하는 사람이었기 때문이다." 유딧은 백성이 물이 부족하여 용기를 잃고 수장에게 한 그 좋지 않은 말과 우찌야가 닷새 뒤에 성읍을 아시리아인들에게 넘기겠다고 맹세하면서 백성에게 한 말을 모두 들었다. 그리하여 유딧은 시녀를 보내어, 성읍의 원로 우찌야와 카브리스와 카르미스를 모셔 오게 하였다. 그들이 오자 유딧이 말하였다.

"배툴리아 주민들의 수장님들, 제 말씀을 들어 보십시오. 여러분이 오늘 백성 앞에서 하신 말씀은 옳지 않습니다. 주님께서 닷새 안에 우리에게 도움을 베풀지 않으시면 이 성읍을 적군들에게 넘기시겠다고 여러분은 말씀하셨습니다. 그렇게 말씀하심으로써 여러분은 하느님과 여러분 사이에 맹세를 내거신 것입니다. 도대체 여러분이 무엇이기에 이렇게 오늘 하느님을 시험하시고, 사람에 지나지 않으면서 어떻게 하느님의 자리에 서시는 것입니까? 지금 여러분은 전능하신 주님을 시험해 보시지만, 끝내 아무것도 알아내지 못하실 것입니다. 여러분은 사람 마음의 깊은 곳을 찾아내지도 못하시고, 그 속생각들을 알아차리지도 못하십니다. 그러면서 어떻게 그 모든 것을 만드신 하느님을 세밀히 살펴보시고 그분의 생각을 알아내시며 그분의 계획을 헤아리실 수 있다는 말입니까? 안 됩니다, 형제 여러분. 주 우리 하느님을 노엽게 해 드리지 마십시오. 하느님께서는 닷새 안에 우리를 도우실 뜻이 없으시더라도, 당신께서 원하시는 때에 우리를 보호하실 수 있는 권능을, 또 적군들 앞에서 우리를 전멸시키실 수 있는 권능을 가지고 계십니다. 주 우리 하느님의 뜻을 담보로 잡지 마십시오. 하느님께서는 사람과 달리 협박할 수 있는 대상이 아니시고, 인간과 달리 부추길 수 있는 대상이 아니십니다. 그러니 하느님에게서 구원이 오기를 고대하면서, 우리를 도와주십사고 그분께 간청합시다. 당신 마음에 드시면 우리의 목소리를 들어 주실 것입니다. … 모든 것이 그러하더라도 주 우리 하느님께 감사를 드립시다. 그분께서는 우리 조상들에게 하신 것처럼 지금 우리도 시험하고 계십니다. … 그들의 마음을 시험하시려고 그들에게 불 같은 시련을 주신 것입니다. 그분께서는 우리에게도 그냥 보복을 하지 않으십니다. 주님께서는 당신께 가까운 이들을 깨우쳐 주시려고 채찍질하시는 것입니다."

그러자 우찌야가 유딧에게 말하였다. "그대가 한 말은 진심에서 우러나온 것이니,

그대의 말을 반박할 자 아무도 없소." ...

그러자 유딧이 그들에게 말하였다. "오늘 밤 여러분은 성문 곁에 서 계십시오. 그러면 저는 시녀를 데리고 밖으로 나가겠습니다. 여러분이 이 성읍을 적군들에게 넘기겠다고 말씀하신 그 날짜 안에, 주님께서는 제 손을 통하여 이스라엘을 구하실 것입니다. 그러나 제가 무슨 행동을 하는지 알아내려고 하지 마십시오. 제가 하려는 일이 끝날 때까지는 여러분에게 이야기하지 않겠습니다." 그러자 우찌야와 다른 수장들이 유딧에게 말하였다. "평안히 가시오. 주 하느님께서 우리 적군들에게 보복하시기 위하여 그대 앞에 서서 가시기를 비오"(8장).

유딧은 기도하였다: "당신의 계약과 당신의 거룩한 집, 시온 산, 그리고 당신 자녀들이 소유한 집에 잔혹한 짓을 저지르려는 저들에게, 저의 말과 속임수가 상처와 타격을 입히게 해 주십시오. 그리하여 당신께서 모든 권세와 능력을 지니신 하느님으로서, 당신 말고는 이스라엘 겨레를 보호하실 분이 없음을, 당신의 온 백성과 모든 지파가 깨달아 알게 하십시오"(9장)

기도를 마친 유딧은 "속에 입고 있던 자루옷을 벗고 과부 옷도 치웠다. 그리고 물로 몸을 씻고 값비싼 향유를 바른 다음, 머리를 빗고 머리띠를 두르고서 자기 남편 므나쎄가 살아 있을 때에 입던 화사한 옷을 차려입었다. 또 발에는 신발을 신고 발찌를 두른 다음, 팔찌와 반지와 귀걸이와 그 밖의 모든 패물을 찼다. 이렇게 유딧은 자기를 보는 모든 남자의 눈을 호리려고 한껏 몸치장을 하였다. 그리고 나서 유딧은 포도주가 든 가죽 부대와 올리브 기름 단지를 시녀에게 주었다. 또 가죽 자루에 볶은 밀과 건포도 과자와 정결한 빵을 가득 넣고, 그릇들을 모두 싸서 그 시녀에게 주어 나르게 하였다"(10장).

유딧은 기도를 마치고 우찌야와 성읍의 원로들이 보는 앞에서 하녀와 함께 성문을 나와 아시리아인들의 전초병들 앞에 이르렀을 때, 그들이 유딧에게 물었다. "당신은 어느 편이오? 어디서 왔으며 어디로 가는 거요?" 유딧이 대답하였다. "저는 히브리 여자인데, 히브리인들이 곧 여러분에게 넘겨져 먹혀 버릴 것이기 때문에 그들에게서 도망쳐 나오는 길입니다. 저는 여러분 군대의 대장군 홀로페르네스 님 앞으로 가서 사실을 알려 드리려고 합니다. 또 그분의 부하들이 잡히거나 살해되어 한 사람이라도 목숨을 잃는 일 없이, 산악 지방으로 올라가서 그곳을 전부 정복할 수 있는 길을 그분 앞에서 보여 드리려고 합니다."

그러자 아시리아 군사들은 유딧의 아름다움에 크게 경탄하며 말하였다. "당신은 우리 주인님 앞으로 서둘러 내려오는 바람에 목숨을 구하였소. 그러니 그분의 천막으로 어서 가시오. 우리 가운데 몇 사람이 당신을 호위하여 그분의 손에 넘겨 드릴 것이오"(10장).

이렇게 해서 홀로페르네스 앞에 선 유딧이 말하였다. "온 세상의 임금이신 네부카드네자르 님의 목숨을 걸고, 또 모든 생물을 관장하라고 주인님을 파견하신 그분의 능력을 걸고 말씀 올립니다. 주인님 덕분에, 사람들만 그분을 섬기는 것이 아닙니다. 들짐승과 집짐승과 하늘의 새들까지 주인님의 힘 덕분에 네부카드네자르 님과 그분의 온 집안 밑에서 살아가게 될 것입니다. … 그들이 옳지 않은 일을 할 때마다 하느님을 노엽게 하며 짓는 죄가 그들을 덮칠 것입니다. 그리하여 주인님께서는 좌절하거나 실패하지 않으실 것입니다. 그리고 그들에게는 죽음이 들이닥칠 것입니다. 그들은 양식이 떨어지고 물도 거의 다 바닥났기 때문에, 집짐승들에게 손을 대려고 하였을 뿐만 아니라, 하느님께서 먹지 말라고 법으로 금지하신 것들까지 모두 먹기로 계획하였습니다. 그뿐 아니라 하느님께 봉헌한 다음 예루살렘에서, 곧 저희 하느님 앞에서 봉직하는 사제들을 위하여 떼어 놓은 곡식의 맏물과 포도주와 올리브 기름의 십일조로서, 일반 백성은 그 누구도 손으로 만지는 것조차 허락되지 않은 것들을 먹기로 결심하였습니다. 그들은 또 예루살렘 주민들도 그러한 짓을 하고 있기 때문에, 원로단의 허락을 받아 오라고 사람들을 그리로 보냈습니다. 그 답이 오는 대로 그들은 그것에 따라 행동할 것입니다. 그러면 그날로 그들은 주인님께 넘겨져 멸망할 것입니다. 이 여종은 이 모든 것을 알았기 때문에 그들에게서 도망쳐 나왔습니다. 온 세상 사람들이 듣기만 하여도 깜짝 놀랄 일을 주인님과 함께 하도록 하느님께서 저를 보내신 것입니다. 이 여종은 신심이 깊은 사람으로서, 밤이나 낮이나 하늘의 하느님께 예배합니다. 이제 저의 주인님, 저는 주인님 곁에 머무르겠습니다. 다만 밤에는 이 여종이 골짜기로 나가서 하느님께 기도하겠습니다. 그들이 언제 그 죄를 저지를지 그때에 하느님께서 저에게 말씀해 주실 것입니다. 그러면 제가 와서 알려 드릴 터이니 온 군대를 이끌고 나가십시오. 그들 가운데에서 주인님께 맞설 자 하나도 없을 것입니다. 주인님께서 유다 한복판을 지나 예루살렘 앞에 다다를 때까지 제가 인도하겠습니다. 그리고 예루살렘 한가운데에 주인님께서 앉으실 옥좌를 마련하겠습니다. 그러면 주인님께서는 그들을 목자 없는 양들처럼 몰게 되시고, 주인님 앞에서는 개조차 짖지 않을 것입니다. 이는 하느님께서 저의 선견을 통하여 저에게 말씀하시고 알려 주신 것으로서, 저는 이를 주인님께 알려 드리라고 보내졌습니다.”

유딧이 이렇게 말하자 홀로페르네스와 그의 모든 시종이 마음에 들어 하는 가운데 홀로페르네스가 말하였다. “우리의 손에는 힘을 주시고 나의 주군을 멸시하는 자들에게는 멸망을 가져다주시려고 너를 저 백성보다 먼저 보내셨으니, 하느님께서는 참 잘하셨다. 너는 용모가 아리따울 뿐만 아니라 말도 훌륭히 잘하는구나. 네가 말한 대로 하면, 너의 하느님은 나의 하느님이 되시고, 또 너는 네부카드네자르 임금님의 왕궁에 살면서 온 세상에 명성을 떨치게 될 것이다.”

이렇게 하여 유딧은 홀로페르네스의 진중에 머물게 되었다. 유딧은 “한밤중까지 잠을 자고 새벽녘에 일어나, 홀로페르네스에게 사람을 보내어 기도하러 나갈 수 있게 허락하도록 청하여 승낙을 받고 아시리아 진영에 사흘을 머물면서 밤에는 배툴리아 골짜기로 나가 진영에 있는 샘에서 몸을 씻었다.

이렇게 아시리아 진영에서 나흘째를 맞을 때, 홀로페르네스가 연회를 열면서 장교들은 한 사람도 부르지 않은 채 자기의 모든 개인 용무를 관리하는 내시 바고아스에게 유딧을 데려오게 하였다. 그러자 유딧은 "일어나 옷을 차려입고 온갖 여성 장신구로 치장을 하였으며, 유딧의 여종은 먼저 가서 홀로페르네스 앞 바닥에 그가 앉을 양가죽을 깔아 놓았다. 그 가죽은 식사할 때에 기대어 앉기도 하면서 날마다 쓰라고 바고아스가 준 것이었다. 이윽고 유딧이 들어가 앉았다. 그러자 유딧 때문에 홀로페르네스의 마음은 들뜨고 정신은 아뜩해졌다. 그는 유딧과 동침하고픈 강렬한 욕망에 사로잡혀, 그를 처음 본 날부터 유혹할 기회를 엿보고 있었던 것이다. 홀로페르네스가 유딧에게, '자, 술을 마시며 우리와 함께 즐겨라' 하고 말하자, 유딧이 대답하였다. '저의 주인님, 그럼 마시겠습니다. 제가 태어난 이후 오늘 저의 삶이 다른 어느 날보다도 영광을 누리게 되었습니다.' 그러고 나서 유딧은 자기 여종이 준비한 것을 받아 먹고 마셨다. 홀로페르네스는 유딧 때문에 기뻐하면서 포도주를 무척 많이 마셨다. 그가 태어난 뒤로 그렇게 마신 적이 단 하루도 없었다"(12장).

저녁때가 되었을 때 홀로페르네스의 종들이 먼저 물러나고 바고아스와 시종들까지 물러나자 천막에 유딧과 술에 취한 홀로페르네스만 남았다. 그는 술에 취하여 침상에 쓰러져 있었는데, "유딧은 여종에게 침실 밖에 서서 다른 날처럼 자기가 나오는 것을 기다리라고 미리 일러두었다. 기도하러 나가겠다고 말하였던 것이다. 바고아스에게도 같은 말을 해 두었다." 홀로페르네스의 침상 곁에서 유딧은 마음속으로 말하였다. "모든 권세의 하느님이신 주님, 이 시간 예루살렘의 영예를 위하여 제 손이 하는 일을 굽어보아 주십시오. 바로 지금이 당신의 상속 재산에 도움을 베풀고, 저희를 치러 일어선 적군들을 멸망시키려는 저의 계획을 실행할 때입니다." 그리고는 홀로페르네스의 칼을 빼들고는 그의 곁으로 다가가서 그의 머리털을 잡고, "주 이스라엘의 하느님, 오늘 저에게 힘을 주십시오." 하고 기도하고는 "그의 목덜미를 두 번 내리쳐서 머리를 잘라 내었다." 그후 "유딧은 밖으로 나가 홀로페르네스의 머리를 자기 시녀에게 넘겼다. 여종은 그것을 자기의 음식 자루에 집어넣었다"(13장). 유딧과 하녀는 그 길로 배툴리아로 돌아가서 홀로페르네스의 머리를 유다 백성과 하느님 앞에 내어 드렸다(14장).

유딧이 홀로페르네스의 칼로 그의 목을 치는 순간에 고착될 때, 그를 죽게 한 것이 살인인가 아닌가 하는 논쟁에서 벗어날 길이 없다. 하느님께서 유딧에게 허락하신 이전 생애와 이후 생애를 거울로 삼아 저 칼부림을 조명할 때 비로소 유딧이 누구이고, '겉으로 보기에 살인'이 하느님의 살림 안에서 무엇인가가 드러나게 된다. 그렇듯이 안중근이 이토를 저격하는 순간에 고착될 때, 안중근의 '겉으로 보기에 명백한 살인'이 하느님의 살림 안에서 무엇인가를 식별할 가능성이 위축되고 그러면 그럴수록 그 사건의 뜻이 왜곡되기 쉽다. 이것은 일본 정부가 일본의 사법부와 언론, 그리고 친일 세력을 통하여 궁극적으로 이루고자 하였던 바로 그것이다. 하지만 안중근이 이토를 저격하기 이전 생애와 그런 생애의 흐름 속에서 이토를 저격한 이유, 그리고 그가 저격한 이후 하느님께서 그에게 부여하신 시간과 공간 속에서 수행한 일을 통합적으로 알 때, 살인이라고 일컬었던 행위가 다시 조명되기 시작한다. 유딧이 자신의 목숨을 걸고 홀로페르네스의 칼로 그의 목을 친 이유와 적장 홀로페르네스의 목을 가지고 귀환하여 전쟁을 일으킨 군대를 물리친 것을 알 때 유딧의 칼부림을 누구도 살인으로 일컫지 않는 것과 같다. 그러면 아래에 안중근이 이토 히로부미를 쓰러뜨리기에 이르는 과정을 소개하기로 한다.

안중근의 이토 히로부미 저격

이토 히로부미는 1907년 5월 22일 이완용 내각이 들어서게 하고, 7월 18일에 대한제국 광무황제를 물러나게 한 후에, 같은 달 24일 한국정부를 통감의 지휘 아래 두는 것을 핵심으로 한 한일신협약을 강제로 맺었다. 이토 세력은 이어서 8월 1일에 군대를 해산시켰다. 안중근은 남대문에서 일본군과 한국군이 충돌하던 날 서울을 떠나 부산 초량에서 묵은 후에 배를 타고 원산에 들렀다가 간도로 갔다.

안중근은 1907년 9월과 10월에 간도에 머무는 동안 동포들의 삶을 성찰하면서 보다 더 선명하게 이토의 침략 정책에 맞서 투쟁할 것을 결의하게 되었다.[2] 이렇게 뜻을 세운 안중근은 간도를 떠나 10월 말경 해삼위에 도착하여 이곳에 결성되어 있던 청년회 임시 사찰로 선발되어 활동하였다. 그는 이범윤, 엄인섭, 김기룡 등 이 지역 한국민 지도자들을 만나서 의식을 공유하는 데 정성을 기울이면서[3] 나라의 독립을 위하여 동포들의 정신과 투신을 고취하는 데 헌신하였다.

안중근이 위에서와 같이 동포들을 설득하였을 때, "듣고 보는 사람으로 많이들 복종해 왔다"고 하였다. 그리하여 "혹은 자원해서 출전도 하고, 혹은 기계도 내고, 혹은 의금(義金)을 내어 돕기도 하"여, 안중근과 그의 동료들은 이들의 연대를 기초로 의병 항거를 펼칠 수 있었다고 하였다. 일본 정부도 안중근이 4천원 가량 군자금을 모아들였다는 것을 알고 있었다. 그와 그의 동료들이 마련한 재정을 토대로 1908년에는 직접 엄인섭 등과 함께 경흥 부근으로 진입하여 일본병들을 사살하면서 전투를 벌이기에 이르렀다.

안중근은 자신이 쓴 자서전의 10%가 넘는 지면을 할애하여 의병참모중장으로서 일본의 침략에 항거하여 벌인 전투를 회고한다. 이것은 이 전투가 그에게 그만큼 중요한 사건이었다는 것을 말할 것이다. 그는 1909년 12월 6일 감옥에서 가진 사카이 경시의 신문에 대한 9회 공술 때도 이 전투에 관하여 "두만강안에 있어서의

---

[2] "사카이 경시의 신문에 대한 안응칠의 공술 제1회," 한국국사편찬위원회편, 한국독립운동사 자료 7, 1978, 394.
[3] 사카이 경시의 신문에 대한 안응칠의 2회, 3회, 5회 공술 자료 등에 의하면, 안중근은 연해주 지역의 여러 인사들과 교류하고 있었다: 한국독립운동사 자료 7, 398-408, 413 이하 등 참조.

의병으로서의 행동"으로 진술한 적이 있다. 안중근의 공술 내용에 따르면, 그가 "의병으로서 실전에 종사한 것은 작년(1908년) 6월 5일경(음력)"이었다.

안중근과 그의 부대는 처음에는 일병 네 명을 사살하고 포로들을 생포하는 등 나름대로 전과를 거두었다. 그러나 부대 지휘자들 사이에 주도권을 다투면서 군기가 흐트러졌고, 더군다나 안중근이 포로들을 풀어주면서 부대장들과 대립하게 되었다. 안중근의 자서전에 따르면, 그는 소규모 병력으로 이동하면서 포로 문제를 어떻게 처리할 것인가와 관련하여 숙고하다가 포로들에게 평화를 위하여 헌신할 것을 설득한 후에 이들에게 총기까지 돌려주어서 돌아가게 하였다. 그러자 장교들이 불만을 토로하기 시작하였다. 안중근은 이때 만국공법의 포로 규정을 들어 이들을 설득하는데, 이 사건에 관하여 직접 이렇게 진술한다.

> 그 사람들은 천번 만번 감사하면서 돌아갔다. 그 뒤에 장교들이 불평하며 내게 말하기를 "어째서 포로로 잡은 적들을 놓아 주는 것이오" 하므로 나는 대답하되 "현재 만국 공법에 사로잡은 적병을 죽이는 법은 없다. 어디다가 가두어 두었다가 뒷날 배상을 받고 돌려보내 주는 것이다. 더구나 그들이 말하는 것이 진정에서 우러나오는 의로운 말이라, 안 놓아주고 어쩌겠는가" 하였더니 여러 사람들이 말하되 "저 적들은 우리 의병들을 사로잡으면 남김없이 참혹하게도 죽이는 것이요, 또 우리들도 적을 죽일 목적으로 이곳에 와서 풍찬노숙해 가면서 그렇게 애써서 사로잡은 놈들을 몽땅 보낸다면, 우리들이 무엇을 목적하는 것이오" 하므로 나는 대답하되 "그렇지 않다. 그렇지 않다. 적들이 그같이 폭행하는 것은 하느님과 사람들이 다 함께 노하는 것인데, 이제 우리들마저 야만의 행동을 하고자 하는가. 또 일본의 4천만 인구를 모두 죽인 뒤에 국권을 도로 회복하려는 계획인가. 저 쪽을 알고 나를 알면 백 번 싸워 백 번 이기는 것이다. 이제 우리는 약하고 저들은 강하니, 악전(惡戰) 할 수는 없다. 뿐만 아니라, 충성된 행동과 의로운 거사로써 이등의 포악한 정략을 성토하여 세계에 널리 알려서 열강의 동정을 얻은 다음에라야, 한을 풀고 국권을 회복할 수 있을 것이니, 그것이 이른바 약한 것으로 강한 것을 물리치고 어진 것으로써 악한 것을 대적한다는 그것이다. 그대들은 부디 많은 말들을 하지 말라" 하고 간곡하게 타일렀다. 그러나 여러 사람들의 의논이 들끓으며 따르지 않았고 장교 중에 부대를 나누어 가지고 멀

리 가버리는 사람도 있었다. 그 뒤에 일본 병정들이 습격하므로 충돌하기 4, 5시간 동안, 날은 저물고 폭우가 쏟아져서 지척을 분간키 어려웠다. 장졸들이 이리저리 분산하여 얼마나 죽고 살았는지조차 진단하기 어려웠다.[4)]

안중근과 엄인섭 등의 부대는 일본 군인과 상인들 포로 문제로 안중근과 갈등을 겪었고, 이것이 이들의 단합을 깨트린 원인 가운데 하나가 되었으며, 이것은 결과적으로 전투에서 패하게 된 중요한 이유 가운데 하나로 작용하였다고 할 것이다.

안중근은 위의 공술에서 언급한 것처럼 일본군의 기습으로 그의 부대원들과 떨어진 채 산속을 헤매다가 두 부하 손모 김모를 만나게 된다. 이들은 고락을 함께 하며 일본군을 피하여 마침내 두만강을 건너게 되었다. 그는 출전한 이후 한 달 보름 동안 겪은 일들을 생각하면서 "그 동안의 백 가지 고초는 붓 한 자루로 적을 수가 없다"고 했을 만큼 적군과 주림과 추위를 겪어야 하였다. 이런 상황에서 안중근은 손모 김모 부하에게 대세를 받기를 권하여 이렇게 말하였다:

두 형은 내 말을 믿고 들으시오. 세상에 사람이 만일 천지간의 큰 임금이요 큰 아버지인 천주님을 신봉하지 않으면 금수만도 못한 것이오. 더구나 오늘 우리들은 죽을 지경을 면하기가 어렵게 되었으니, 속히 천주 예수의 진리를 믿어, 영혼의 영생을 얻는 것이 어떻소. 옛글에도 아침에 도를 들으면 저녁에 죽어도 좋다 하였소. 형들은 속히 전일의 허물을 회개하고 천주님을 믿어 영생하는 구원을 받는 것이 어떻소.

안중근은 이렇게 말하고 나서 "천주가 만물을 창조해 만드신 도리와, 지극히 공변되고, 지극히 의롭고, 선악을 상벌하는 도리와, 예수 그리스도가 세상에 내려오셔서 구속하는 도리"를 설명하여 권하였다. 그러자 두 사람이 모두 천주교를 믿겠다 하

---

4) 『안응칠역사(安應七歷史)』, 74-6. 이 작품은 이은상이 번역하여 안중근의사숭모회가 1990년에 펴낸 「안중근의사자서전」에 실려 있다.

여 안중근은 교회의 규칙대로 대세(代洗)를 주고 예를 마쳤다. 안중근은 세례를 받고 나서 청계동 본당에서 빌렘 신부의 복사를 하면서 사람들에게 신앙을 전하는 데 열심이었는데, 지금 의병 항거 과정에서 죽음에 직면한 상황에서 의병 동료이자 부하 두 사람에게 신앙을 설득하여 입교하도록 길을 열어 주었던 것이다.

안중근은 연추 지역으로 돌아갔다가 다시 블라디보스톡에 도착하여 연해주 여러 지역을 넘어서 수청(水淸) 지역까지 돌면서 교육을 하기도 하고 사회 조직을 결성하기도 하였다. 그는 이런 시도들을 통해서 의병 항거를 재개하고자 하였다. 그 자신도 연추 지역에서 결성된 일심회의 평의원으로 참여하기도 하였다. 하지만 패전 체험을 한 안중근은 의병부대를 다시 일으키지 못한 채 1909년을 맞게 된다.

이런 상황에서 안중근은 1909년 3월초에 김기룡과 강기순, 정원계, 박봉석, 유치홍, 조순응, 황길병, 백규삼, 김백춘, 김천화, 강계찬과 함께 그의 표현으로 "정천(正天) 동맹"을 맺으며 단지 결의를 하게 된다.[5] 이들은 왼손 무명지 끝마디를 자르고 태극기에 "大韓獨立(대한독립)"을 혈서하였다.[6] 안중근은 자신이 취지서를 썼다고 하였는데,[7] 1914년 8월 23일자 『권업신문』에 실린 「만고의사 안중근전」에 의하면, 그 취지는 이러하였다.

우리 2천만 동포가 일심단체(一心團體)하여 생사를 불고한 연후에야 국권을 회복하고 생명을 보전할지라. 그러나 우리 동포는 다만 말로만 애국이니 일심단체이니 하고 실지로 뜨거운 마음과 간절한 단체가 없으므로 특별히 한 회를 조직하니 그 이름은 동의단지회라. 우리 일반 회우

---

5) 미조부치는 "단지동맹"이라 일컫고 안중근은 "정천동맹"이라 부른다: 1909년 12월 20일에 있었던 "미조부치의 안응칠 제8회 신문조서," 안중근 신문기록, 신운용편역, 안중근의사기념사업회, 채륜, 2010, 136 이하. 단지 시기에 관하여 신운용, 안중근과 한국근대사, 채륜, 2009, 164 이하 참조.
6) 백규삼은 후에 안중근의 잘린 손가락과 그가 혈서한 대한독립기를 안정근에게 전달하였다: 신운용, 안중근과 한국근대사, 169.
7) 미조부치의 안응칠 제8회 신문조서, 138.

가 손가락 하나씩 끊음은 비록 조그마한 일이나 첫째는 국가를 위하여 몸을 바치는 빙거요, 둘째는 일심단체하는 표라. 오늘날 우리가 더운 피로써 청천백일지하에 맹세하오니 자금위시(自今爲始)하여 아무쪼록 이전 허물을 고치고 일심단체하여 마음을 변치 말고 목적을 도달한 후에 태평동락을 만만세로 누리옵시다.[8]

안중근은 정천동맹 이후 여전히 "각처로 왕래하며, 교육에 힘쓰고, 국민의 뜻을 단합하고, 신문을 구독하는 것으로써 일을 삼았다"고 하였다. 그런 가운데 1909년 9월을 맞아 안중근은 새롭게 의병 활동을 조직할 계획을 갖고 연추를 떠나 1909년 10월 19일에 해삼위에 도착하였다. 그는 이치권의 집에 머물면서 이토가 만주를 방문한다는 소문을 듣고 『원동보』와 『대동공보』에서 이와 관련한 기사를 보았다. 그는 즉시 대동공보사 김만식과 정재관 등을 통하여 이토가 하얼빈에 온다는 것을 확인하고는 이석산에게서 강제로 경비를 빌렸다. 다음날인 20일 안중근은 우덕순을 만나 자신이 머물던 집으로 함께 와서 이토 저격 계획을 알리고 "나라를 위하여 진충하면 어떤가" 하며 이 일을 같이 도모할 것을 요청하여 동의를 얻었다.[9]

안중근과 우덕순은 21일 아침 8시 50분에 블라디보스톡을 떠나 하얼빈으로 가던 중 오후 9시 25분에 포그라니치나야에 도착하였다. 그는 기차가 정차하는 동안 역 근처에서 한의원을 하던 유경집을 찾아가서, 가족을 오게 하여 만나러 가는데 러시아어 통역이 필요하다는 이유로 그의 아들 유동하를 데려가고자 한다는 뜻을 표하였다.[10] 안중근은 실제로 정대호라고 하는 인물에게 가족을 데려오게 하였으나 만나지는 못하고 가족이 온 사실만 알고 있었다.[11] 유동하는 하얼빈으로 약을 사러 갈 일이 있었던 상황이어서 안중근은 쉽게 동의를 얻을 수 있었고, 유경집에

---

8) 『만고의사 안중근전』 윤병석 역편, 안중근전기전집, 국가보훈처, 1999, 525.
9) 미조부치의 안응칠 제9회 신문조서, 152.
10) 미조부치의 안응칠 제9회 신문조서, 157.
11) "첫째 날의 공판," 안중근 우덕순 조도선 유동하 공판기록-안중근사건 공판속기록, 31-2.

게 김성백을 소개받아 하얼빈에서 묵을 곳까지 얻게 되었다. 이들은 서로 다른 좌석을 이용하여 21일 밤 10시 30분경 뽀그라니치나야역을 떠나서 22일 밤 9시 15분에 하얼빈에 도착하였다.[12]

안중근은 저격 장소를 결정하기 위하여 24일 아침 9시경 우덕순과 조도선 두 사람하고 하얼빈역을 떠나 12시 13분에 채가구역에 도착하였다. 여기서 그는 조도선을 통해서 러시아인 역무원에게서 특별기차가 24일 밤이나 25일 아침에 "하얼빈 쪽에서 장춘 쪽으로 통과하여 갈 것"이고 이는 "일본 대신을 영접하기 위한 기차"라는 말을 전해 들었다.[13] 안중근은 유동하에게 오후 1시쯤 전보를 쳐서 자신들이 채가구에 도착한 것을 알리고 일이 있으면 연락하도록 하였다. 이날 저녁 유동하가 러시아어로 전보를 보내왔으나, 유동하도 조도선도 모두 러시아 글을 잘 모르는 관계로 내용을 정확하게 파악하기 어려웠다. 이런 상황에서 안중근은 우덕순과 채가구에서 지낸 다음 우덕순에게 채가구에 머물게 하고 돈을 만들어 보겠다면서 25일 오전 10시경 하얼빈으로 떠났다.[14] 그런데 안중근은 하얼빈역에서 26일 아침에 이토가 하얼빈에 온다는 것을 『원동보』를 통하여 확인하게 되었다.[15]

26일 아침 7시경 김성백의 집에서 나온 안중근은 하얼빈역 근처 다방에서 차를 마시며 기다리다가 9시경에 열차가 도착한 것을 보고 음악대의 주악이 울려퍼질 때 역으로 나왔다고 하였다.[16] 이후 이토를 저격하기까지 상황을 안중근 자신이 재판 첫날 이렇게 진술하였다.

이토는 기차에서 내려 많은 사람에게 둘러싸여 각국의 영사단이 있는 쪽으로 가고 있었다. 하지

---

12) 미조부치의 안응칠 제9회 신문조서, 156-8.
13) "첫째 날의 공판," 신운용역편, 안중근 자료집 10권: 「안중근 우덕순 조도선 유동하 공판기록: 안중근사건 공판속기록」, 채륜, 2010 41.
14) "첫째 날의 공판," 안중근 우덕순 조도선 유동하 공판기록-안중근사건 공판속기록, 42-4.
15) "첫째 날의 공판," 안중근 우덕순 조도선 유동하 공판기록-안중근사건 공판속기록, 46-7.
16) "첫째 날의 공판," 안중근 우덕순 조도선 유동하 공판기록-안중근사건 공판속기록, 51-3.

만 이토가 누구인지 짐작도 가지 않았다. 자세히 보니 군복을 입고 있는 사람들은 러시아인이고 사복을 입고 있는 것이 이토라고 생각하여 병대의 앞을 통과함에 따라 나도 병대의 뒤에 붙어 따라갔다. 영사단은 러시아 병대의 다음에 열 지어 있었지만 이토가 군대의 전면을 통과하여 다음에 있는 외국 영사단의 전면에 이르러 두세 사람과 악수하고 다시 되돌아가는 것을 보았기 때문에 병대 사이에서 쏘았다. 역시 누가 이토인지 알 수 없었다. 때문에 돌아와서 맨 앞에 가는 사람을 겨누어서 군대의 속에서 쏘았다. 하지만 그것이 과연 이토인지 모르기 때문에 잘못되어서는 안 되기에 그 뒤에서 계속 따라 오고 있는 두세 사람을 겨누어 두세 발 정도 쏘았다. 그와 동시에 러시아 헌병이 와서 붙잡혔다.[17]

안중근은 세 발을 더 쏜 뒤에 "만일 무죄한 사람을 잘못 쏘았다 하면 일은 반드시 불미할 것이라 잠깐 정지하고 생각하는 사이에," 러시아 헌병에게 붙잡히면서 총을 땅에 내던지고[18] "하늘을 향하여, 큰 소리로 대한만세를 세 번" 외쳤다고 하였다.[19] 1909년 10월 26일 오전 9시 30분경이었다.

안중근은 브라우닝 7연발 권총을 사용하여 모두 여섯 발을 쏘았다. 이중 세 총알이 이토의 가슴과 복부에 명중하였는데, 그는 특히 흉강에 출혈이 심하여 10여 분 만에 사망하였다. 안중근이 그를 쏘고 난 후에 발사한 세 총알은 카와카미 도시히코 하얼빈 총영사와 궁내대신 비서관 모리 타이지로와 남만주철도주식회사 이사 타나카 세이지로에게 부상을 입혔다.[20]

안중근이 이토 히로부미를 저격한 것은 그의 의병 투쟁 시기의 절정을 이루기도 하고 이 시기의 마지막 사건을 구성하기도 한다. 이 시기에 안중근은 조국의 독립을 위하여 의병 부대에 들어가서 총을 들었다. 이토 히로부미를 저격한 것을 제대

---

17) "첫째 날의 공판," 안중근 우덕순 조도선 유동하 공판기록—안중근사건 공판속기록, 53.
18) 미조부치의 안응칠 제1회 신문조서(1909년 10월 30일), 13.
19) 안응칠역사, 99.
20) 미조부치 타카오 검찰관이 1910년 2월 10일에 열린 4차 공판에서 펼친 논고 중에서: 안중근 우덕순 조도선 유동하 공판기록—안중근사건 공판속기록, 175, 178.

로 이해하기 위해서는 안중근이 이토를 저격하기 위하여 처음으로 총을 구하고 처음으로 총을 쏜 것이 아니라는 사실을 알아야 한다. 그는 1907년 여름에 북간도로 간 이후 연해주 지역 연추와 블라디보스톡을 중심으로 활동하면서 내내 의병 활동을 위한 계몽자요 의병대 지도자로서, 곧 의병참모중장으로서 일본 지배 세력에 맞서 독립 투쟁을 펼친 인물이었다. 그런 그가 한 의병장으로서 총을 사용하는 무력 투쟁으로는 마지막 시도로서, 하얼빈역에서 이토를 저격하여 자신의 온 존재를 나라의 독립을 위하여 내어주었다. 이를테면 자기 자신이 군인으로서 목숨을 바쳐 전쟁을 수행하고 있었기 때문에 "이토를 죽인다는 것은 단지 한국독립과 동양평화를 위한 기회를 얻기 위한 것"이고, "따라서 나쁜 일을 했다는 생각은 없다"고 말하였다. 하지만 그는 이토 이외에 "죄 없는 사람을 부상시킨 것은 진실로 유감으로 생각한다"고 말하였다.21) 안중근은 이 사건을 끝으로 총을 들고 수행하였던 의병 항거기를 마치고, 무기를 내려놓고 새로운 존재 상태에서 자신이 수행할 마지막 사명을 향하여 나아갔다. 감옥에 갇힌 수인으로서, 하늘의 뜻에 귀기울여서 일본과 청국과 한국 민인들 사이의 형제의 연대를 실천하여 동아시아 삼국의 독립과 평화를 이루고 이를 토대로 세계 평화에 기여할 것을 설득하는 새로운 사명을 향하여.

3. 안중근과 일곱 아들과 어머니의 죽음과 증거

일곱 아들과 어머니의 순교

유딧의 경우 홀로페르네스의 목을 잘라 귀환하면서 자기의 목적을 이루었다. 그러나 안중근은 이토 저격으로 도리어 자신의 목숨을 내주어야 하는 상황에 직면하였다. 여기에서 안중근의 저격은 유딧이 홀로페르네스를 죽인 것과는 또다른 맥락

---

21) "첫째 날의 공판," 안중근 우덕순 조도선 유동하 공판기록—안중근사건 공판속기록, 57.

을 형성하게 된다. 이런 점에서 안중근은 마카베오 하권 7장이 전하는 일곱 아들과 한 어머니의 순교와 맥이 닿아 있다고 말할 수 있다. 먼저 이 이야기를 소개하면 다음과 같다.

그때에 어떤 일곱 형제가 어머니와 함께 체포되어 채찍과 가죽 끈으로 고초를 당하며, 법으로 금지된 돼지고기를 먹으라는 강요를 임금에게서 받은 일이 있었다. 그들 가운데 하나가 대변자가 되어 이렇게 말하였다. "우리를 심문하여 무엇을 알아내려 하시오? 우리는 조상들의 법을 어기느니 차라리 죽을 각오가 되어 있소." 그러자 임금은 화가 나서 냄비와 솥을 불에 달구라고 명령하였다. 그것들이 바로 달구어졌을 때, 남은 형제들과 어머니가 함께 지켜보는 가운데 그 대변자의 혀를 잘라 내고 머리 가죽을 벗기고 손발을 자르라고 지시하였다. 그리고 완전히 불구가 되었지만 아직 숨이 붙어 있는 그를 불 곁으로 옮겨 냄비에 집어넣으라고 명령하였다. 냄비에서 연기가 멀리 퍼져 나갈 때, 나머지 형제들은 고결하게 죽자고 어머니와 함께 서로 격려하며 이렇게 말하였다. "모세께서 백성에게 경고하시는 노래에서 '주님께서는 당신의 종들을 가엾이 여기시리라.' 하고 분명히 밝히신 것처럼, 주 하느님께서 우리를 지켜보시고 우리에게 참으로 자비를 베푸실 것이다."

첫째가 이런 식으로 죽자 그들은 둘째를 조롱하려고 끌어내었다. 그들은 머리 가죽을 머리카락째 벗겨 내고 물었다. "네 몸의 사지가 잘려 나가는 형벌을 받기 전에 이것을 먹겠느냐?" 그는 조상들의 언어로 "먹지 않겠소." 하고 대답하였다. 그래서 그도 첫째처럼 고문을 당한 끝에, 마지막 숨을 거두며 말하였다. "이 사악한 인간, 당신은 우리를 이승에서 몰아내지만, 온 세상의 임금님께서는 당신의 법을 위하여 죽은 우리를 일으키시어 영원한 생명을 누리게 하실 것이오."

그 다음에는 셋째가 조롱을 당하였다. 그는 혀를 내밀라는 말을 듣자 바로 혀를 내밀고 손까지 용감하게 내뻗으며, 고결하게 말하였다. "이 지체들을 하늘에서 받았지만, 그분의 법을 위해서라면 나는 이것들까지도 하찮게 여기오. 그러나 그분에게서 다시 받으리라고 희망하오." 그러자 임금은 물론 그와 함께 있던 자들까지 고통을 아무것도 아닌 것으로 여기는 그 젊은이의 기개에 놀랐다. 셋째가 죽은 다음에 그들은 넷째도 같은 식으로 괴롭히며 고문하였다. 그는 죽는 순간이 되자 이렇게 말하였다. "하느님께서 다시 일으켜 주시리라는 희망을 간직하고, 사람들의 손에 죽는 것이 더 낫소. 그러나 당신은 부활하여 생명을 누릴 가망이 없소." 그 다음에는 다섯째가 끌려 나와 고초를 당하였다. 그는 임금을 바라보며 말하였다. "당신도 죽을 몸인데 사람들에게 권력을 휘두르며 당신 마음대로 하고 있소. 그러나 우리 민족이 하느님께 버림받았다고 생각하지는 마시오. 두고 보시오. 그분의 위대한 능력이 어떻게 당신과 당신 후손을 괴롭히는지 당신이 보게 될 것이오." 그 다음에 그들은 여섯째를 끌어내었다. 그는 죽을 때가 되자 이렇게 말하였다. "헛된 생각을 하지 마시오. 우리는 지금 우리 하느님께 죄를 지은 탓으로 고난을 당하고 있소. 그래서 이렇게 엄청난 일들이 벌어진 것이오. 그러나 감히 하느님과 싸우려 한 당신이 벌을 받지 않으리라고는 생각하지 마시오."

특별히 그 어머니는 오래 기억될 놀라운 사람이었다. 그는 일곱 아들이 단 하루에 죽어 가는 것을 지켜보면서도, 주님께 희망을 두고 있었기 때문에 용감하게 견디어 냈다. 그는 조상들의 언어로 아들 하나하나를 격려하였다. 고결한 정신으로 가득 찬 그는 여자다운 생각을 남자다운 용기로 북돋우며 그들에게 말하였다. "너희가 어떻게 내 배 속에 생기게 되었는지 나는 모른다. 너희에게 목숨과 생명을 준 것은 내가 아니며, 너희 몸의 각 부분을 제자리에 붙여 준 것도 내가 아니다. 그러므로 사람이 생겨날 때 그를 빚어내시고 만물이 생겨날 때 그것을 마련해 내신 온 세상의 창조주께서, 자비로이 너희에게 목숨과 생명을 다시 주실 것이다. 너희가 지금 그분의 법을 위하여 너희 자신을 하찮게 여겼기 때문이다."

안티오코스는 자기가 무시당하였다고 생각하며, 그 여자의 말투가 자기를 비난하는 것이 아닌가 하고 의심스러워하였다. 막내아들은 아직 살아 있었다. 임금은 그에게 조상들의 관습에서 돌아서기만 하면 부자로 만들어 주고 행복하게 해 주며 벗으로 삼고 관직까지 주겠다고 하면서, 말로 타이를 뿐만 아니라 약속하며 맹세까지 하였다. 그러나 그 젊은이는 전혀 귀를 기울이지 않았다. 그래서 임금은 그 어머니를 가까이 불러 소년에게 충고하여 목숨을 구하게 하라고 강권하였다. 임금이 줄기차게 강권하자 어머니는 아들을 설득해 보겠다고 하였다. 그러나 어머니는 아들에게 몸을 기울이고 그 잔인한 폭군을 비웃으며 조상들의 언어로 이렇게 말하였다.

"아들아, 나를 불쌍히 여겨 다오. 나는 아홉 달 동안 너를 배 속에 품고 다녔고 너에게 세 해 동안 젖을 먹였으며, 네가 이 나이에 이르도록 기르고 키우고 보살펴 왔다. 얘야, 너에게 당부한다. 하늘과 땅을 바라보고 그 안에 있는 모든 것을 살펴보아라. 그리고 하느님께서, 이미 있는 것에서 그것들을 만들지 않으셨음을 깨달아라. 사람들이 생겨난 것도 마찬가지다. 이 박해자를 두려워하지 말고 형들에게 부끄럽지 않게 죽음을 받아들여라. 그래야 내가 그분의 자비로 네 형들과 함께 너를 다시 맞이하게 될 것이다."

어머니가 말을 마치기도 전에 젊은이가 말하였다. "당신들은 무엇을 기다리는 것이오? 나는 임금의 명령에 복종하지 않겠소. 모세를 통하여 우리 조상들에게 주어진 법에만 순종할 뿐이오. 히브리인들을 거슬러 온갖 불행을 꾸며 낸 당신은 결코 하느님의 손에서 벗어나지 못할 것이오. 우리는 우리의 죄 때문에 고난을 당하고 있소. 살아 계신 주님께서는 꾸짖고 가르치시려고 우리에게 잠시 화를 내시지만, 당신의 종들과 다시 화해하실 것이오. 그러나 당신은 악랄하고 모든 사람 가운데 가장 더러운 자요. 그러니 하늘의 자녀들을 치려고 손을 들고 헛된 희망에 부풀어 공연히 우쭐대지 마시오. 당신은 모든 것을 지켜보시는 전능하신 하느님의 심판에서 벗어난 것이 아니오. 우리 형제들은 잠시 고통을 겪고 나서 하느님의 계약 덕분에 영원한 생명을 누리게 되었소. 그러나 당신은 주님의 심판을 받아 그 교만에 마땅한 벌을 짊어질 것이오. 나는 형들과 마찬가지로 조상들의 법을 위하여 몸도 목숨도 내놓았소. 그러면서 하느님께서 우리 민족에게는 어서 자비를 베푸시고 당신에게는 시련과 재앙을 내리시어 그분만이 하느님이심을 고백하게 해 주시기를 간청하오. 또한 우리 온 민족에게 정당하게 내렸던 전능하신 분의 분노가 나와 내 형제들을 통하여 끝나기를 간청하고 있소."

화가 치밀어 오른 임금은 다른 어느 형제보다 그를 더 지독하게 다루었다. 모욕에 찬 그의 말에 격분하였던 것이다. 그리하여 그는 주님을 온전히 신뢰하며 더럽혀지지 않은 채 죽어 갔다. 마지막으로 그 어머니도 아들들의 뒤를 이어 죽었다.

위에서 본 것처럼, 셀레우코스 왕조의 안티오코스가 유다를 지배하면서 백성에게 법으로 금지된 돼지고기를 먹도록 강요하였다. 이것은 단순히 돼지고기를 먹는가 먹지 않는가 하는 기호의 문제가 아니다. 이 명령에 따른다는 것은 이민족 왕의 명령을 하느님의 법 앞에, 궁극적으로는 자신들이 법으로 지켜 온 것을 존중할 줄 모르는 이민족 왕을 하느님 앞에 놓는다는 것을 의미하였다. 이 명령에 불복한다는 이유로 끌려 나온 아들들과 어머니는 첫째부터 일곱째까지 차례로 죽음을 당하였다. 마지막에는 이들의 어머니까지 하느님의 정의를 노래하면서 죽음을 당한다. 안티오코스에게 요구받은 것을 행하는 것은 현상적으로 볼 때 전혀 어려운 일이 아니다. 안티오코스가 요구하는 이 별것 아닌 듯 보이는 행위를 하면 그들은 살아날 수 있었다. 그러나 종교적 신념을 강제로 내려놓게 하려는 안티오코스의 폭압을 하느님의 정의와 자비에 대조시키면서 항거하는 가운데 이들은 모두 죽음을 맞는다.[22] 우리는 이들을 하느님의 의를 위하여 목숨을 바친 순교자라고 부르며 믿음의 모델로 기억하고 있다.

안중근의 죽음과 증거

안중근이 이토 히로부미를 저격한 후 곧바로 체포되어 갇히게 된다. 그는 감옥에서 어떻게 지냈을까? 감옥에 갇힌 상태에서 전반적으로 어떤 대우를 받았는지 그 자신이 이렇게 증언한다.

> 매주일에 한 번씩 목욕을 시켜 주고, 날마다 오전 우호 두 차례씩 감방에서 사무실로 데리고 나와 각국 상등 담배와 서양 과자와 차를 주기 때문에 배불리 먹기도 했다. 또 아침 점심 저녁 세 끼니에 상등 쌀밥을 주었고 내복으로 상등품 한 벌을 갈아 입히고 솜이불 네 벌을 특별히 주었으며, 밀감 배 사과 등 과일을 날마다 두서너 차례씩 주는 것이었다. 날마다 우유도 한 병씩 주었는데 이것은 원목씨가 특별히 대접하는 것이었고, 구연 검찰관은 닭과 담배 등을 사 넣어 주었는데, 이같이 특별히 대우해 준 것에 대해서는 감사해 마지 못하며 이루 다 적지 못한다.[23]

사카이 경시는 구라치 경무국장의 지시에 따라 안중근에게 자서전을 쓸 수 있도록 권하여 이를 마칠 수 있게 하였고, 비록 완성할 수 있도록 사형 집행 시기를 더 늦추어 주지는 않았으나 동양평화론을 저술할 기회를 주기도 하였다. 이런 일은 1970년대 김지하조차도 당시 박정희 독재 정권에서 누리지 못한 특별한 대우였다. 이런 가운데 미조부치는 물론 사카이 경시와 소노키 통역관 등 여러 관헌들은 끊임

---

22) 2 마카 7장.
23) 『안응칠역사』, 104-5.

없이 안중근을 직접 회유하는 것은 물론 안중근의 동생들을 통하여 그를 돌아서게 하고자 하였다. 안중근이 일본과 이토의 정책을 오해하여 그를 죽게 하였다고 자복하면 살려 줄 뿐만 아니라 그의 출세는 물론 그의 집안의 영화까지도 보장해 주겠다는 것이었다.[24]

이런 입장은 미즈노와 카마다 변호사를 통해서도 안중근에게 전달되었다. 5차 공판 때 미즈노와 카마다 변호사는 안중근 오해론을 피력하면서 안중근이 사형을 받지 않게 변론하였다. 카마다 변호사는 안중근이 오해하여 "세계적으로 위대한 인물" 이토를 저격하였다고 진술하였다. 그러면서 이것은 살인죄이나,[25] 정치적 견지에서 이루어진 죄[26]라는 전제하에 재판권을 일본이 행사하는 것의 부당성을 중심으로 안중근의 무죄를 주장하였다.[27] 미즈노 변호사 역시 이 사건은 한국 형법을 적용해야 한다고 보면서 이런 사례를 처벌할 규정이 없으므로 무죄임을 주장한다.[28]

미즈노와 카마다 변호사는 공판 전에 안중근을 먼저 면회하고 나오다가 그를 면회하러 온 안병찬 변호사를 만났을 때, 이렇게 권유한 적이 있다: "오늘 우리들이 들어가서 피고를 만나 변호에 대한 그의 의견을 들으려 하니 피고가 이르기를 당신들이 나를 위해 변호한다는데 나는 물을 것이 있다. 당신은 대답하겠는가? 묻노니 '이들이 우리나라에 대하여 행사한 죄가 큰가? 내가 이등을 죽인 죄가 큰가?' 우리들은 대답할 수 없어 다만 오해에서 나왔다는 것으로 권고하였지만 끝내 듣지 않았다. 당신이 오늘 들어가 만나면 역시 이것으로 권고하라."[29]

안중근은 일본 관헌들의 후대와 오해 인정에 따른 형벌 면제 제안에도 불구하고

24) 박은식, 『안중근』, 윤병석 역편, 안중근전기전집, 국가보훈처, 1999, 300-5.
25) 안중근 우덕순 조도선 유동하 공판기록-안중근사건 공판속기록, 183.
26) 안중근 우덕순 조도선 유동하 공판기록-안중근사건 공판속기록, 189.
27) 안중근 우덕순 조도선 유동하 공판기록-안중근사건 공판속기록, 187-8.
28) 안중근 우덕순 조도선 유동하 공판기록-안중근사건 공판속기록, 201.
29) 박은식, 『안중근』, 308.

151일에 걸쳐서 자신의 저격 이유를 처음부터 끝까지 지켜갔다. 그 대가는? 그것은 그의 죽음이었다. 이를테면 안중근은 자신의 저격 이유, 곧 조국의 독립과 동양의 평화를 지키기 위하여 자신의 목숨을 내어주었다. 조국의 독립과 동양의 평화와 목숨의 이 교환이 어느 한 순간에 이루어진 것이 아니다. 그것은 151일이라는 시간적 흐름과 감옥과 재판정, 그리고 교수대로 이어지는 공간적 흐름 속에서 발생하였다. 이 사실을 직시할 수 있어야 한다. 이렇게 할 때, 안중근의 죽음은 단순히 살인에 대한 죄로서 받아야 할 어떤 처벌 행위가 아니라는 것이 보다 더 선명하게 드러나게 될 것이다. 일본 정부가 여순 지방법원 조직을 통하여 관철시킨 것은 한국의 독립과 동양의 평화를 파괴하는 세력으로서 실제로 수행해 온 한국과 만주 등에서 시작한 동양과 세계 침략과 지배를 감추기 위한, 혹은 그와 같은 지배 정책을 고수하기 위한 불의행(不義行)이었던 것이다.

안중근은 이토를 죽인 것이 개인의 원한에 의한 것이 아니라는 것을 분명하게 밝히고, 개인적으로는 그의 명예를 헐뜯거나 손상시킬 의사가 없다는 것을 명시적으로 보여준다. 이것은 개인 생명을 앗은 것에 대한 참회의 성격을 갖는다고 할 수 있는데, 이런 상태에서 그는 조국의 독립과 동양의 평화를 위하여 자신이 수행한 일이 잘못된 판단에 따른 잘못된 일이었다고 인정하기를 끝까지 거부하였다. 마카베오서가 전하는 일곱 형제와 어머니가 법을 어길 것을 거부하며 죽음을 맞았던 것처럼, 안중근은 자신이 오해하여 이토를 저격하였다는 것을 인정하기를 끝까지 거부하여 그 대가로 자신의 목숨을 내준 것이다.

안중근 당대에 안중근이 저격 이후 생애 마지막 시기에 얼마나 많은 유혹에 직면하였는지를 알았던 인물들이 있었다. 박은식은 말한다:

충신의사와 난신적자는 다만 일념지간(一念之間)에 있으니 만일 시세를 잘 알지 못하고 마음을 든든히 먹지 못하면 사람들은 이 일념의 차이에서 순임금인가 도척인가 사람인가 짐승인가

알기 어렵다. 강개한 사람들이 혈분에 격하여 결사적인 행동을 할 수도 있지만, 만약 그것이 늦어지고 또 오래 가며 외래의 유인을 끊임없이 받게 된다면 일념의 차도라도 생기지 않는다고 보증하기 어렵다. 뿐만 아니라 급진자는 곧 물러나기 쉬운 것이니 더욱 위험하다. 안중근의 행사가 격렬함에서 나왔다고 하여 혹은 그가 용맹은 넘쳐나나 참고 견딤이 부족하지 않을까 우려하였다. 감옥에 200일간 오래 갇혀 있었는데 일인들이 여러 가지로 권유하였다. 개인의 화복으로 공갈하였을 뿐만 아니라 국가의 이해로 교묘하게 말하였다. 안중근은 여기에서 일념의 차도 없지 않았는가!"[30]

김택영 역시 안중근이 불의와 타협하지 않고 지켜 간 저 항심을 높이 평가하여 이렇게 말하였다:

"비록 그의 성공은 하늘의 도움이라 할 수 있다지만 그가 체포되어 200여 일 동안에 뜻을 굽혀 생을 도모하지 않은 사실은 실로 얻기 어려운 일이다.[31]

바로 이런 토대 위에서 박은식은 안중근을 이렇게 평가한 것이리라 보인다: "안중근은 역사(행적)에 근거하면 몸을 바쳐 나라를 구한 지사라고 말할 수 있고 또한 한국을 위하여 복수한 열협(烈俠: 義烈士)이라고도 말할 수 있다. 그러나 나는 이러한 것이 안중근을 다 설명하기는 부족하다고 생각한다. 안중근은 세계적인 안광(식견)을 가지고 스스로 평화의 대표로 나선 사람이다."[32]

만 30이 넘은, 우리 나이로 서른 둘에 그토록 건장하고 확고한 정신력을 갖고 있는 청년 안중근이 마카베오 하권이 전하는 일곱 아들과 어머니와 같이, 불의에 타협하여 사는 것이 아니라, 하느님의 정의에 비추어 옳은 것을 지키기 위하여 죽음을 택하였다. 그는 이보다 앞서, 유딧이 그러하였던 것처럼, 자신의 목숨을 걸고 이토를

---

30) 박은식, 『안중근』, 305.
31) 김택영, 『안중근전』, 안중근전기전집, 455.
32) 박은식, 『안중근』, 277-8.

248

저격하여 의를 설득하고 그리하여 하느님의 살림에 근거하여 서로 살리는 나라 관계와 민인들의 관계를 새롭게 설정하고 그 새로운 관계에서 발생할 축복을 노래할 때를 열고자 하였다. 바로 이런 맥락에서 안중근이 이토를 저격한 것을 단순한 살인이라고 말하지 않고 오히려 자기의 목숨을 걸고 하느님의 정의와 평화를 증거한 행위의 시작이라고 일컬을 수 있으리라고 본다.

4. 안중근이 하느님의 종이라 불릴 수 있는 이유

안중근은 자신이 왜 이토 히로부미를 저격했는지 밝히면서 동양 평화를 위하여 옥에 갇히고 죽음을 받아들인 자로서 자신의 존재 이유를 여러 경로를 통하여 천명한다. 첫째, 미조부치가 1909년 10월 30일부터 시작한 검찰관 신문 과정에서 그의 삶과 존재 이유가 피력되었다. 둘째는 사카이 경시가 1909년 11월 26일부터 시작한 신문 때이다. 셋째는 1909년 12월 13일부터 쓰기 시작한 안응칠역사를 통해서이다. 넷째는 1910년 2월 7일부터 14일까지 열린 "팔일 재판" 과정에서이다. 다섯째는 1909년 11월 6일 안중근이 쓴 "한국인 안응칠소회"와 "이등박문 죄악"을 통해서이다. 여섯째는 1910년 2월 17일 안중근이 관동도독부 고등법원장 히라이시를 면담한 내용을 기록한 청취서를 통해서이다.33) 일곱째는 안중근이 2월 17일경 집필하기 시작하여 끝내지 못한 동양평화론을 통해서이다. 여덟째는 안중근이 자신을 면회온 이들과 나눈 면담 내용과 유언 등을 통해서, 그리고 아홉째는 안중근의 감옥 생활을 지켜 본 두 일본인 변호사와 구리하라 간수, 그리고 소노키 통역 등에 의한 증언, 끝으로 사형판결을 받은 후 안중근이 감옥에서 쓴 글씨들을 통해서도 그의 저격 이유와 나라의 독립과 동양과 세계의 평화에 대한 열망을 추적할

---

33) "청취서−살인범 피고인 안중근"은 21세기와 동양평화론, 국가보훈처/ 광복회, 1996, 51−7에 소개되어 있다.

수 있다.

이렇게 다양한 경로를 통하여 안중근은 자신의 존재 이유가 무엇인가를 밝혔는데, 우리 교회는 지금까지 소수 관심있는 이들 이외에는 이런 사실을 제대로 알지도 못하고, 이런 내용을 그의 신앙과 통합하여 전하며 나누지 못해 왔다고 할 수 있다. 이제 추모와 기념 사업은 보다 더 내실있게 안중근의 영을 복음적으로 동반하면서 그의 생명 사랑과 평화를 위한 실천을 이어 살 수 있도록 매개하는 방향으로 나아가야 할 것이라 믿는다.

이런 토대 위에서 안중근의 신앙 세계를 그의 생애를 재인식하는 한 핵심 인자로 규명하고자 시도하였다. 그리하여 위에서 소개한 자료들을 근거로 그의 신앙을 추적하면서 이토 히로부미를 저격한 사건을 유딧이 홀로페르네스를 죽인 것과 대조하고, 안중근이 동양평화를 위하여 죽음을 받아들이는 것을 마카베오서에 소개된 일곱 아들과 어머니의 순교와 연결지어 성찰하였다.

안중근이 감옥에서 직접 쓴 안응칠 역사에는 물론, 그가 마지막으로 남긴 편지 여섯 통에는 그의 신앙 세계와 교회에 대한 신뢰, 그리고 세계와 조국의 복음화에 대한 열망이 잘 나타나 있다. 안중근이 이토를 저격하고 죽음을 맞기까지 자신의 전생애를 신앙인으로서 어떻게 이해하였는가를 그가 선택한 그의 처형일에서 특히 선명하게 확인할 수 있다. 안중근에게 마지막 성사를 주었던 빌렘 신부는 안중근의 마지막을 기억하면서 "토마스는 3월 25일 처형되기를 원했다"고 썼다. 실제로 안중근은 1910년 2월 17일에 히라이시 고등법원장을 만난 자리에서 이미 자신의 사형을 3월 25일에 집행할 것을 요청하였는데, 그는 이 날이 "내가 믿는 천주교의 기념스러운 날"이라고 말함으로써 자신이 이 날을 택한 이유를 알 수 있게 하였다.[34] 1910년 사순시기 가운데 "성 금요일"로, 빌렘 신부의 표현을 빌자면, " 갈바리오의 희

---

34)『안응칠역사』, 115와 청취서, 57.

생," 곧 예수 그리스도의 수난을 기념하는 날이다.[35] 바로 이날 안중근은 자신이 조국의 독립과 동양의 평화를 위하여 그의 표현으로 "성단"에 오르기를 택하면서 자신의 죽음을 예수 그리스도의 수난에 참여하는 것으로 이해하였음을 말해 주고 있는 것이다.

5. 맺으면서

한 사람의 삶의 투신을 이해하면 그의 죽음을 이해할 수 있고, 그의 죽음을 이해하면 그의 삶을 이해할 수 있다. 이런 관점에서 삶과 죽음의 상호 대조 관계에 근거하여 안중근 토마스의 삶과 죽음에 대해서 좀더 깊이 이해할 수 있는 기회를 여는 데 이 연구의 한 목적이 있다.

---

35) 빌렘 신부가 고향 로렌 지방의 지인들에게 쓴 1912년 3월 19일자 편지.

일제강점기의 안중근傳記들에 기술된
안중근의거와 천주교신앙

윤선자(전남대 교수)

1. 머리말

전기(傳記)는 그 전기가 저술·간행된 시점의 해당 인물에 관한 담론구조를 간직하고 드러낸다. 따라서 전기를 분석함으로써 그 전기가 저술·간행된 시기의 해당 인물에 대한 인식과 이미지, 담론이 만들어지고 소비되는 방식, 또 그것이 가진 의미를 이해할 수 있다.[1]

1909년 10월 26일 하얼빈 역에서 이토 히로부미(伊藤博文)를 처단한 安重根의 義擧와 의거를 단행한 안중근은 많은 이들에게 관심의 대상이 되었다. 그래서 의거 직후부터 한국과 중국, 일본은 물론 세계 여러 나라의 언론매체들이 안중근과 안

---

1) 정용욱, 「홍보, 선전, 독재자의 이미지 관리—1950년대 이승만의 전기」, 『세계정치』28-2, 2007년 가을 · 겨울, 13-14.

중근의거를 보도하였다.[2] 그런데 안중근이 일제에 의하여 처형당한 다음날인 1910
년 3월 27일자 신문에 프랑스인 천주교 선교사가 안중근의 친척과 함께 안중근 전
기를 편찬 중이라는 기사가 실렸다.[3] 그리고 1910년 4월 15일 발간된『近世歷史』를
시작으로 많은 안중근전기들이 저술·간행되었다.

　전기를 저술하기 위해서는 대상 인물에 대한 자료 수집이 먼저 해야 할 일이다. 안
중근은 旅順 獄中에서『安應七歷史』라는 제목으로 자신의 일생을 정리하였고,[4]
『東洋平和論』이라는 제목 아래 자신의 이상을 정리하려 하였으나 마무리하지 못
하였다.[5] 이 작품들은 안중근의 순국 직후 일제에 압수되었고, 활용이 불가능하였
다.[6] 안중근전기 저자들은 안중근의거의 이유를 설명하고자 안중근의 이력에 관심
을 쏟았다. 그리하여 언론매체들에 언급된 내용들,『安重根事件公判速記錄』,[7] 안
중근 관련 인물들의 증언을 토대로 안중근전기를 저술·간행하였다. 그러나 그렇게
하여 저술·간행된 안중근전기들은 물론 관련 논술들도 탄압대상이 되어 압수되고
'불온문서'로 유포가 금지되었다.[8]

　1946년 4월 朴性綱이, 1910년 3월 28일 滿洲日日新聞社에서 발행한『安重根事
件 公判速記錄』을 그대로 한글 번역하여『獨立運動先驅 安重根先生 公判記』로

---

2) 이상일,「안중근의거에 대한 각국의 동향과 신문논조」,『한국민족운동사연구』30, 한국민족운
　동사학회, 2002 참조.
3) "天主教會牧師 法國人 李輔德氏는 安重根의 親戚 某와 安의 傳記를 編纂 中이라더라."('傳記
　編纂',『황성신문』1910.3.27.)
4)『安應七歷史』는 1909년 12월 13일 저술을 시작하여 1910년 3월 15일 탈고되었다. 책 첫머리에
　"1909년 舊 11월 1일 12월 13일 始述", 마지막에 "1910년 경술 음 2월 초 5일 양 3월 15일 여
　순 옥중 대한국인 안중근 畢書"라고 명기되어 있다.(安重根,「안응칠역사」: 윤병석 역편,『安重
　根傳記全集』, 국가보훈처, 1999, 64·130)
5)「序」와 본문 중「前鑑 一」만 쓰고「現狀 二」,「伏線 三」,「問答 四」는 목차만 제시하고(安重根,『東洋
　平和論』: 윤병석 역편,『安重根傳記全集』, 국가보훈처, 1999, 186) 미완인 채 사형당하였다.
6) 윤병석,「안중근의사의 하얼빈의거의 역사적 의의」,『한국학연구』21, 인하대학교 한국학연구
　소, 2009, 346.
7) 滿洲日日新聞,『安重根事件公判速記錄』, 大連:滿洲日日新聞社, 1910.
8) 윤병석,「안중근의사의 하얼빈의거의 역사적 의의」, 346.

京鄕雜誌社에서 출간하였다.9) 그리고 1969년 최서면이 일본 도쿄[東京]의 고서점에서 『安重根自敍傳』이라 표제된 日譯本을 입수하였다.10) 이 전기는 1970년 2월 26일부터 3월 21일까지 15회에 걸쳐 '60年만에 發見한 安重根義士獄中自傳'이라는 제목으로 『한국일보』에 연재되었고, 같은 해 안중근의사숭모회에서 『안중근의사 자서전』이라는 제목으로 간행되었다. 이후 1979년 9월 1일 金正明이 일본 국회도서관 헌정연구실 『七條淸美 관계 문서 목록』중에서 「安重根傳記及論說」을 발견했는데, 그 표제 속에『安應七歷史』,『安重根傳』,『東洋平和論』이라는 제목이 붙은 필사본이 있었다.11) 안중근의사숭모회는 이때 발견한 『安應七歷史』를 한글로 번역하여『안중근의사 자서전』이라는 제목으로 1979년 12월에 간행하였다.12)

그리고 이러한 자료들에 천주교신자로서의 안중근이 강조되어 있기에13) 안중근/안중근의거와 천주교신앙과의 관계를 적극적으로 기술한 전기들도 저술·간행되었다.14) 이에 본고는 안중근이 직접 저술한 『안응칠역사』·『동양평화론』등을 접할 수 없었던 시기에 저술·간행된 안중근전기들에서 안중근/안중근의거와 천주교신앙의

---

9) 박강성, 『안중근선생 공판기』, 경향잡지사, 1946.

10) 崔書勉, 「安重根自傳」,『外交時報』1970년 5월호, 東京:外交時報社, 53-70 ; 윤병석, 「해제 안중근전기전집(安重根 傳記 全集)」, 윤병석 역편, 『安重根傳記全集』, 국가보훈처, 1999, 37.

11) "나는.....이번에 일본국립국회도서관 헌정자료실 소장문서 중 「七條淸美관계문서목록」에서 「安重根傳記及論說」이 있는 것을 발견했다. 이같은 표제 속에『安應七歷史』,『安重根傳』,『東洋平和論』의 제목이 붙은 필사본이 나왔다."('金正明 교수의 評價와 분석',『동아일보』1979.9.18. ; "『東洋平和論』이.....지난 1일 일본국회도서관 헌정자료실에서 발견된 이 새로운 자료는 「七條淸美관계문서목록」가운데 「安重根傳記 및 論說」이라는 책자 속에서『安應七歷史』,『安重根傳』과 함께 수록돼 있다."('安重根의사 최후의 著述 「東洋平和論」日서 발견',『경향신문』1979.9.1 ; 윤병석, 『안중근전기전집』, 34.

12)『安應七歷史』는 이은상이 한글로 번역하였다.(노산 이은상, 「발간사」,『안중근의사 자서전』, 안중근의사숭모회, 1979.12.14.) 여기에『安應七歷史』한문본, 안중근의사 공판기 한글 번역문, 『대한매일신보』기사 등을 합하여 간행하였다.

13) 물론 애국계몽운동가, 의병장으로서도 형상화되어 있다.(황재문,「안중근의 문학적 형상화 양상 연구:주체-타자 관계에 대한 분석을 중심으로」,『국문학연구』15, 2007, 194)

14) 津留今朝壽,『天主教徒「安重根」: 私の中の安重根 日本と韓國』, 東京:自由國民社, 1996 ; 박노연,『安重根과 平和』, 을지출판공사, 2000 ; 황종렬,『안중근 토마스』, 대구가톨릭대학교출판부, 2013 등은 책 제목에 안중근/안중근의거와 천주교신앙의 긴밀한 관계를 드러냈다.

관계가 어떻게 기술되었는가를 분석해 보고자 한다.[15] 그것은 안중근이 저술한 기초 자료를 접할 수도 없었고 안중근에 대한 연구도 없었던 시기에 저술·간행된 안중근전기들은 안중근/안중근의거의 사상적 기반을 어떻게 이해하였는가를 파악할 수 있는 것이기 때문이다.

그동안 안중근 전기들에 대해서는 윤병석 교수와 황재문이 전체적으로 검토하였고,[16] 한시준이 박은식·정원 저술의 안중근 전기를 비교하였다.[17] 왕원주가 정원 저술의 안중근 전기 분석을 시도하였고,[18] 윤선자가 정원 저술과 섭천예 저술을 비교 분석하였다.[19] 최영옥이 김택영 저술의 안중근 전기를 분석하였고,[20] 김종철이 김택영과 박은식이 저술한 안중근 전기를 비교하였다.[21] 그러나 전기 자체의 흐름과 논조가 어떤지에 관심을 두었기에 천주교가 어떻게 수록되었는지 이유는 무엇인지를 분석하지 못하였다. 본고는 이러한 점에 관심을 두고자 한다.

2. 그리스도교인 저술의 안중근전기

프랑스인 천주교 선교사 李輔德이 안중근의 친척과 함께 안중근전기를 편찬 중

---

15) 이들 자료가 공개된 이후 저술·간행된 안중근전기들에 대해서는 後稿에서 분석하고자 한다.
16) 윤병석, 「안중근의사 전기의 종합적 검토」, 『한국근현대사연구』9, 1998 ; 윤병석, 「해제 안중근 전기 전집(安重根 傳記 全集)」, 윤병석 역편, 『安重根傳記全集』, 국가보훈처, 1999 ; 윤병석, 「안중근 전기의 종합적 검토」, 『1세기만에 보는 희귀한 안중근 전기』, 국학자료원, 2010 ; 황재문,「안중근의 문학적 형상화 양상 연구:주체-타자 관계에 대한 분석을 중심으로」,『국문학연구』15, 2007.
17) 韓詩俊, 「中國人이 본 安重根 -朴殷植과 鄭沅의 『安重根』을 중심으로-」, 『충북사학』11·12, 2000 ; 한시준, 「안중근에 대한 중국학계의 연구성과와 과제」, 『한국근현대사연구』59, 2011년 겨울.
18) 王元周, 「안중근과 중국 -청위(程清)의 저서 『安重根』을 중심으로」.
19) 윤선자, 「중국인 저술 '안중근 전기' 연구」, 『교회사학』9, 수원회사연구소, 2012.
20) 최영옥,「김택영의 안중근 형상화 검토-『安重根傳』의 이본 검토를 중심으로-」,『동양한문학연구』35, 동양한문학회, 2012.
21) 김종철, 「김택영(金澤榮)의 〈안중근전(安重根傳)〉 입전(立傳)과 상해(上海)」,『한중인문학연구』41, 2013.

이라는『황성신문』1910년 3월 27일자 기사는[22]『대한매일신보』3월 29일자에 '프랑스인 천주교 선교사가 안중근전기를 편집 중'으로,[23] 미국 하와이에서 간행된『신한국보』4월 19일자에는 '프랑스인 천주교 선교사가 안중근의 친속과 안중근전기를 편찬 중'으로 언급되었다.[24] 4월 23일에는 한 일본인이 안중근의 역사, 안중근 의거의 이유, 안중근 재판의 공판 전말 등을 수록한 책자를 발간·판매하는데 안중근과 이토 히로부미의 사진이 포함되어 있다는 기사가『황성신문』에 게재되었다.[25] 같은 내용이 미국 샌프란시스코에서 간행된『신한민보』5월 18일자에도 수록되었다.[26] 5월 11일에는 安明根이 안중근전기를 편찬 발간한다는 說이 있다고『황성신문』에 게재되었고,[27] 같은 내용이『신한민보』6월 22일자에 수록되었다.[28] 안중근전기의 편찬·편집자로 프랑스인 천주교 선교사, 安明根, 일본인까지 거론되었다는 것은 그만큼 안중근과 안중근의거에 많은 사람들이 관심을 집중하고 있었으며, 많은 안중근전기들이 저술되고 있었다는 것을 말한다.

이 신문기사들과 관련하여 현재 확인 가능한 안중근전기 중 관심이 가는 것은, 첫 머리에 '大韓隆熙四年四月十五日(明治四十三年)'라고 쓰여 있는『近世歷史』이다. 1910년 4월 15일 국내에서 간행된 최초의 안중근전기로 통감부 경찰이 압수하

---

22) '傳記編纂',『황성신문』1910.3.27.
23) "천주교회목사 법국인 모씨는 안중근씨의 전기를 편집하는 중이라더라."('안씨전기편집',『대한매일신보』1910.3.29.)
24) "천주교회목사 법국인(프랑스인) 모씨는 안중근 씨의 친속 안모와 같이 안씨의 전기를 편찬 중이라더라."('안전편찬',『신한국보』1910.4.19.)
25) "日本人이 故伊藤公 殺害ᄒ던 安重根의 公判 顚末과 行凶ᄒ 理由와 安重根의 歷史를 編纂 發刊 發售ᄒᄂ딕 該冊子中에 故伊藤公과 安重根의 寫眞을 揷畵ᄒ얏다더라."('安犯歷史發刊',『황성신문』1910.4.23.)
26) "어떤 일인 하나가 안중근씨가 이등을 죽인 목적과 안씨의 역사를 쓰고 안씨와 이등의 사진을 박혀서 책을 판다더라."('안씨의 사적',『신한민보』1910.5.18.)
27) "安重根의 從弟 安明根氏는 去七日에 入京ᄒ얏다ᄂ딕 該氏가 其從兄 歷史를 編纂發刊ᄒ다ᄂ 說이 有ᄒ야 某處에서 其眞假를 調査ᄒ다더라."('編纂與否調査',『황성신문』1910.5.11.)
28) "안의사의 종제 안명근씨는 그 종형 의사의 역사를 편찬 발간한다 하므로 일본관리는 그 진가를 정탐하는 중이라더라."('그것까지 방해하나',『신한민보』1910.6.22.)

여 日譯 필사하였다는데[29] '大韓隆熙四年四月十五日(明治四十三年)'가 이 전기를 저술한 날짜인지 日譯 필사한 날짜인지 알 수 없으나 상당히 빠른 시기에 저술된 전기로 의미가 있다. 이 전기는 와다 카나에(和田香苗)가 가지고 있었는데 히라카와 키이치(平川綺一)가 1966년에 간행된 자신의 논문[30]에 전재하였다고 한다.[31]

1995년 9월 12일 한일근세사연구가 崔書勉은 일본 외무성 외교사료관에서 『不逞事件ニ依ツテ得タル朝鮮人ノ側面觀』라고 표제한 비밀보고서에서 이 전기를 발견하였는데 8절지 83장 분량이었다. 조선총독부 警務總長 아카시 겐지로(明石元二郎)가 1911년 7월에 작성한 보고서는, 이 전기를 "凶徒 안중근의 행동을 기술한 사본이 불령분자들 사이에 애독되고 있으며 불손하게도 '近世歷史'라는 제목을 달고 있다. 흉도의 의중을 헤아리게 하는 자료"라고 덧붙였다.[32] 그런데 이 책을 천주교신자들도 애독하였다고 하였다.[33]

단지동맹의 시기가 잘못 기술되어 있고, 일부 과장된 듯한 서술도 있지만, 국채보상운동 참여·일본 순사와의 충돌·1907년 송별회 장면·일본 포로를 석방한 일 등은 다른 전기들에서는 잘 나타나지 않은 일화들이 소개되어 있는[34] 이 전기의 가장 큰 특징은 안중근을 '천주교신자'로 크게 부각시킨 것이다. 그래서 안중근 가계 내의 인물 또는 드망즈(Demange, 安世華) 신부를 중심한 천주교회 인물이 저술하였으

---

29) 윤병석 역편, 『안중근전기전집』, 413-432에 일어 역문이, 433-441에 한글 번역문이 수록되어 있다.
30) 平川綺一, 「伊藤博文ノ暗殺をめぐって」, 『工學院大學研究論叢』5, 工學院大學, 1966, 128-134.
31) 신운용, 「한국가톨릭계의 안중근기념사업 전개와 그 의미」, 『역사문화연구』41, 한국외국어대학교 역사문화연구소, 2012, 48의 각주 22.
32) '安重根의사 최초傳記 발견', 『동아일보』1999.9.13.
33) "이것은 흉행자 안중근의 행동을 기술한 사본으로 불령자 간에 애독된 것이다……각 교도의 强情도 역시 이 사본을 본받는데 있다."(日本 外交史料館, 『不逞事件ニ依ッテ得タル朝鮮人ノ側面觀』, 『內外地』第1卷 : 신운용, 「한국가톨릭계의 안중근기념사업 전개와 그 의미」, 49에서 재인용)
34) 황재문, 「안중근의 문학적 형상화 양상 연구:주체−타자 관계에 대한 분석을 중심으로」, 198.

리라 추측하기도 한다.[35]

　　이 전기에는 안중근이 17세에 천주교에 입교하였고, 어려움에 처하면 천주를 배신하는 사람들이 많다는 데에 분개하였고, 父親喪을 치른 후 천주께 기도를 올렸다고 기술되어 있다.[36] 17세에 세례를 받았다는 것은 『대한매일신보』·『황성신문』·『신한국보』에 수록되었기에,[37] 『安重根事件公判速記錄』에도 언급된 내용이기에, 안중근전기 저술자라면 충분히 파악할 수 있는 내용이다. 한편 의병전쟁을 치르는 과정에 성모 마리아가 나타나 땅에 쓰러진 안중근을 어루만지고 깨우쳤으며,[38] 그런 중에도 함께 한 의병들이 천주교 신앙을 받아들이도록 천주교 교리를 설명하였다고 했다.[39] 그리고 旅順감옥에서는 '靈性이 높아서' 음식과 잠자리를 평소와 같

---

35) 최서면은 "이 전기가 안 의사 순국 직후 나온 것임에도 가족사와 천주교신앙 등에 관해 매우 깊이 있고 사실적으로 기술한 점 등으로 보아" 안중근 가계 내의 인물일 것이라 추정하였다.(「安重根 의사 최초 傳記 발견」, 『동아일보』 1995.2.13.) 한편 신운용은 "천주교회 목사 법국인 모씨는 안중근씨의 전기를 편집하는 중이라더라"(『대한매일신보』 1910.3.29.)는 신문기사와 『近世歷史』에 수록된 40일 봉재기간 등 천주교 규율 내용, "각 교도의 强情도 이 사본을 본받는데 있다"는 일제자료(日本 外交史料館, 「不逞事件ニ依ッテ得タル朝鮮人ノ側面觀」, 『內外地』第1卷) 등을 토대로 안중근의 구명운동을 펼친 드망즈(Demange, 安世華) 신부를 중심한 천주교회 세력의 작품일 가능성이 높다고 하였다.(신운용, 『한국가톨릭계의 안중근기념사업 전개와 그 의미』, 49-50)

36) "17세에 天主敎의 세례를 받은 뒤로는 행동에 있어 천주교 교리를 잘 지켰다. 그는 한국 천주교 역사에서 평소 열심인 신자도 難를 맞아 官의 협박을 받으면 살기 위해 천주를 배반하고 살 길만을 찾는 사례를 볼 수 있으니 慨惜한 일이라고 하였다.....부친이 세상을 떠난 뒤였다.....3개월 묘 밑에서 侍墓를 하면서 지성으로 천주께 기도를 올렸다."(作者不明, 『近世歷史』: 윤병석 역편, 『안중근전기전집』, 434[415]) 이하 [ ] 안의 숫자는 원문 수록 쪽수를 의미.

37) "천주교 선교사 법국인에게 법어를 배우고 천주교에 입교하여 17세에 세례를 받았다 하며"(「안중근씨의 공판」, 『대한매일신보』 1910.2.12.) ; "十七歲에 天主敎에 入ㅎ야 洗禮를 受ㅎ고 同時에 佛人宣敎師에게 若干佛語를 學習ㅎ얏다ㅎ고"(잡보:「安重根의 公判(一)」, 『황성신문』 1910.2.13.) 같은 내용이 『신한국보』에도 실렸다. "十七세에 천주교회에 들어가 세례를 받고 법국(프랑스) 선교사에게 약간 법어(프랑스어)를 배웠다 하고"(「安重根氏 公判 第一報」, 『신한국보』 1910.3.8.)

38) "전투에 밀리기 시작하여.....드디어 안중근씨는 쓰러져 인사불성이 되었다. 그때 홀연히 한 줄기 빛이 하늘에서 비치더니 성모 마리아가 나타나시어 등을 어루만지며 '여보게! 일어나라. 지금은 죽을 때가 아니다. 이 재를 넘으면 네 동지들을 만나게 될 것이다'라고 하시더니 사라졌다."(作者不明, 『近世歷史』: 윤병석 역편, 『안중근전기전집』, 435[418])

39) "안중근씨의 뒤를 따르는 자는 불과 두 명에 지나지 않게 되자 그들을 돌아보며 '자네들과는

이 할 수 있었고,[40] 사형 판결이 내려진 이후 예수께서 돌아가신 날 죽기를 법원에 부탁하였고, 감옥 안에서 洪 신부 주례의 천주교 의식을 하였으며, 판결을 받은 때가 봉재기간이었기에 천주교신자로서의 절개를 지키고 기도를 올렸다고 했다. 또한 두 동생에게는 냉담신자들의 신앙심을 고양시킬 것을 부탁했다고 서술하였다.[41] 즉 저자는 안중근이 의병전쟁 중에는 물론 판결을 받고 사형당하기까지 천주교신자로서의 자세를 지켰고 의무를 다하였다고 평가하였다. 그랬기에 천주교신자들이 이 책을 애독하였고, 안중근과 같은 신앙인의 자세를 본받고자 하였을 것이다. 물론 천주교신앙이 안중근의거에 어떠한 영향을 미쳤는지, 천주교신앙과 의거의 관계를 명쾌하게 설명하지 못한 점은 한계라고 해야 할 것이다.

안중근의거가 일어났을 때 재미동포들은 미주 본토인 샌프란시스코에서 국민회 북미지방총회의 기관지인 『신한민보』(新韓民報, The New Korea), 하와이 호놀룰루에서는 국민회 하와이지방총회의 기관지인 『신한국보』를 각각 발행하고 있었는데[42] 1911년 8월 호놀룰루 신한국보사에서 裒汕子 洪宗杓(1880-1951)의 『大東偉人 安重根傳』이 간행되었다.[43] 표지 뒷면에 丹脂한 왼손을 가슴에 올린 안중근의

죽음의 길까지도 같이 걸어왔는데 아직 자네들이 천주를 모르고 있으니 참으로 애석한 일이다. 천주교 교리에 따라 같은 신앙을 갖자'고 했더니 둘 다 이에 따랐다."(作者不明, 『近世歷史』; 윤병석 역편, 『안중근전기전집』, 436[419])

40) "안중근씨는 靈性이 높아 보통을 넘는 터이므로 음식을 먹는 것이나 뇌성같이 코를 골면서 자는 것이나 평상시와 다름없이 호탕한데 모두 놀랐다."(作者不明, 『近世歷史』; 윤병석 역편, 『안중근전기전집』, 437[421])

41) "두 동생에게.....오직 하나 중대한 것을 부탁하니 그것은 우리 주 예수께서 돌아가신 날 죽기를 바란다고 하여 법원에 청하여 그렇게 되도록 허가를 받았다. 프랑스인 홍 신부가 3월 7일 旅順에 도착하여 천주교의 예절에 따른 의식을 감옥 안에서 행했다.....안중근씨는 '평소의 소원을 오늘 이루었으니 또 무슨 원이 있겠습니까' 홍 신부에게 감사의 뜻을 표했다.....40여 일 봉재기간 천주교신자로서의 절개를 지키고 기도만을 올리니 안중근씨의 지성은 하늘에 이른 듯 그 용모를 바로 볼 수 없을 만큼 성스러워 보였다. 3월 25일.....두 동생에게 타이르기를 '....냉담해서 교회를 멀리하고 있는 신자들에게 신앙심을 높이도록 하라'고 하였다."(作者不明, 『近世歷史』; 윤병석 역편, 『안중근전기전집』, 433~440[429~430])

42) 한상권, 「안중근 의거에 대한 미주 한인의 인식」, 『한국근현대사연구』33, 2005 여름, 82.

43) 국민회 시베리아지방총회에서도 1913년 안중근전기를 간행하려 했다.("본년 5월 28일에 개

사진이 수록되어 있고, 안중근의 생애·의거·재판 등이 기술되어 있다. 한글로 쓰여진 16면 분량의[44] 이 전기는 안중근을 한국의 독립과 동양평화를 위하여 헌신애국한 '大東[45]偉人'으로 예찬 논술하였다.[46]

천주교에 관한 기술로는 안중근이 부친 안태훈을 천주교에 입교하게 하였고,[47] 신부를 청하여 섬회를 행하고[48] 예수가 십자가에 못박힌 날에 처형당했는데 그 이유는 안중근이 예수를 모범이라 생각한 때문이라고 하였다.[49][50] 안중근이 안태훈을 입교하게 하였다고 잘못 기술하였고, 안중근의거와 천주교신앙을 연결하여 설명하지도 않았다. 홍종표[51]는 1904년 7월 하와이에 도착하였고, 이후 미주에서 여

회하여 6월 7일에 폐회한 동 지방[시베리아] 총회 결안.....제8조. 안의사 전기를 간행하며 유족을 구조하기 위하여 의사기념표를 제조방매케 할 ㅅ"('이갑이 황사용에게 보낸 보고 제1호, 1913.6.28., 『미주국민회자료집』제18권 대한인국민회 하와이·시베리아·만주지방총회, 경인문화사, 2005, 383)

44) 표지에는 "建國紀元 四千二百四十四年 一月 日"로, 책 마지막 쪽에는 "建國紀元 四千二百四十四年 八月 日"로 기록되어 있다. 왜 1월과 8월로 다른지 알 수 없는데 윤병석 교수는 8월에 간행되었다고 한다. 윤병석 역편, 『안중근전기전집』, 470-478에 국문 전문이, 479-490에 한글 직해문이 수록되어 있다.

45) 헌종대 洪敬謀가 저술한 『大東掌攷』에서 서명에 등장한 '大東'이라는 제명은 한말 근대교육 실시와 함께 많은 교과서에 채택되었다.(박걸순, 「朴殷植의 歷史認識과 大東史觀」, 『국학연구』 11, 국학연구소, 2006, 70-71.)

46) 윤병석, 「안중근 전기의 종합적 검토」, 174.

47) "안태훈이 방황할 때에 중근이 그 부친을 인도하여 천주교에 나아가 구세주의 십자가에 바치니"(哀汕子 洪宗杓, 『大東偉人 安重根傳』: 윤병석 역편, 『안중근전기전집』, 481[472]) 안중근이 부친 안태훈을 천주교로 이끌었다는 것은 사실과 다르다.

48) "3월 하순에 이르러 刑期가 가까운지라 장군이 그 종제 명근을 명하여 평일에 경애하던 신부를 청하여 섬회를 행하고 하얼빈 강머리에 장사함을 유탁.....조용히 의에 나아가 해를 받으니 이때는 건국기원 4243년 3월 25일이요 구세주가 십자가에 못박히던 날이다."(哀汕子 洪宗杓, 『大東偉人 安重根傳』: 윤병석 역편, 『안중근전기전집』, 489[478]-490)

49) "3월 하순에 이르러 刑期가 가까운지라 장군이 그 종제 명근을 명하여 평일에 경애하던 신부를 청하여 섬회를 행하고 하얼빈 강머리에 장사함을 유탁.....조용히 의에 나아가 해를 받으니 이때는 건국기원 4243년 3월 25일이요 구세주가 십자가에 못박히던 날이다."(哀汕子 洪宗杓, 『大東偉人 安重根傳』: 윤병석 역편, 『안중근전기전집』, 489[478]-490)

50) "이는 박애주의가 풍부한 인걸이 골고다에 흘린 피가 진실로 나의 모범이라 하여 고상한 믿음에 뜻을 결단함이더라."(哀汕子 洪宗杓, 『大東偉人 安重根傳』: 윤병석 역편, 『안중근전기전집』, 481[472])

51) 1911년 11월 27일자와 12월 4일자 『신한민보』에 "'홍종표'에서 '홍洪언焉'으로 개명한다는 광

러 언론매체의 편집자와 기고자로 활동하였다. 또한 1907년 기독교 감리회의 학습을 받고 그 다음해에 세례를 받았으며, 1909년 하와이 한인기독청년회에 입회하였다.[52] 즉 홍종표는 그리스도교신자였지만 안중근의거와 천주교와의 관련성을 언급하지 않았고 '장군으로서의 안중근'을 형상화하였다.[53] 홍종표가 "교회를 중심으로 한 이민사회에서 다른 이민자들과 마찬가지로 기독교에 입교"하였다는 최기영의 언급은[54] 그 이유를 추측하게 한다. 즉 현실적인 이유에서 그리스도교에 입교한 홍종표는 그리스도교신앙과 민족의식을 조화시키지 못하였기에 안중근의거와 천주교신앙의 관계를 서술하지 않았다고 생각된다. 1916년 로스앤젤레스 리 일이 『신한민보』에 수록한 『安重根傳』광고[55]는 홍종표의 『大東偉人 安重根傳』을 지칭하는 것 같다.

1914년 6월부터 8월까지 러시아 연해주에서 간행된 『권업신문』에 檀仙의 『만고의수 안중근젼』이 10회에 걸쳐 연재되었다.[56] 『만고의수 안중근젼(十)』이 수록된 이후 『권업신문』이 발행 금지된[57] 때문인지 하얼빈의거, 옥중투쟁, 순국 관련 논급이 없는데 『만고의수 안중근젼』 저술은 계속되었던 것 같다. 1914년 8월 1일 한인 망명객에 대한 러시아의 퇴거령으로 桂奉瑀(1880-1959)가 北間島의 汪淸縣 蛤蟆塘으로 옮겨 교회와 소학교에서 일하다 1916년 11월에 일제 경찰에 검거되어 국

고가 실려 있다.(改名廣告', 『신한민보』1911년 11월 27일, 12월 4일)
52) 최기영,「미주지역 민족운동과 洪焉」, 『한국근현대사연구』60, 2012. 7. 15.
53) 황재문,「안중근의 문학적 형상화 양상 연구」, 198-200.
54) 최기영,「미주지역 민족운동과 洪焉」, 15.
55) "하르빈 정거장 풍설이 비비한데 一성 벽력 세계를 진동하는 힙사 그 뉘뇨. 려순 구언덕 명월이 고고한데 유유영혼한 고국을 잊지 못하는 의사 그 뉘요. 만천하 사람들 천추에 공경하는 안중근공이라. 태백광로 우리 선생님 통쾌 림리한 필법으로 공의 慷慨한 일생을 그려내었나니 이것이 귀중한 안중근전이라. 공의 유풍을 흠앙하는 우리 동포들은 기회를 잃지 마시고 사보시오. 또한 한국통사도 여전히 발매하옵니다. 라성 리일 고백."(안중근전, 『신한민보』 1916.10.5.)
56) 윤병석 역편, 『안중근전기전집』, 492-509에 전문이, 510-528에 한글 직해문이 수록되어 있다.
57) '在海蔘威 排日朝鮮人의 恐惶, 勸業會는 해산, 李鍾浩는 命退', 『매일신보』1914.9.16.

내로 구인되었는데[58] 그때 간행준비가 거의 된 『안중근전』의 원고를 압수당하였다.[59] 그리고 1916년 7월 안중근전 발간을 위해 블라디보스톡에 가서 하루 머문 사실에 대하여 집중 추궁을 받았다.[60]

한글로 저술된 이 전기는 編章을 나누어 활동의 정신적 덕목을 중시하는 분류 방식의 기술을 하였다. 그리하여 '대종교가의 안중근'[61]이라는 제목 아래 안중근을 도마라는 세례명을 받은 천주교신자의 측면에서도 기술하였다.[62] 桂奉瑀는 예수교의 위대함을 설명하고 지구상의 모든 제왕장상과 영웅호걸이 예수교신자라고 하였다. 이어 안중근이 홍석구 신부로부터 세례를 받고 계명을 잘 지켰으며,[63] 잘못된 변호를 한 일본인 변호사들에게도 천주를 믿으라 했다고 하였다.[64] 프랑스 신부의

---

58) 리영일, 「리동휘 성재선생」, 『한국학연구』5별집, 인하대학교 한국학연구소, 1993, 204−207 ; 조동걸, 「北愚 桂奉瑀의 생애 및 연보와 著述」, 『한국학논총』19, 국민대학교 한국학연구소, 1997, 134−135.

59) 윤병석, 「계봉우의 민족운동과 한국학」, 『한국학연구』22, 인하대학교 한국학연구소, 2010, 428−429.

60) 계봉우, 『꿈속의 꿈』하권, 175−178 : 반병률, 「러시아혁명 전후 시기 계봉우(桂奉瑀)의 항일 민족운동, 1919~1922 : 기독교 민족주의자에서 사회주의자로」, 『한국학연구』25, 인하대학교 한국학연구소, 2011, 15.

61) '만고의ᄉ 안중근전 3', 『권업신문』1914년 7월 12일, 갑인 윤 5월 20일 제119호(윤병석 역편, 『안중근전기전집』, 514−515)

62) 계봉우는 안중근을 큰 尙武家, 대종교가, 대교육가, 大詩家, 大여행가, 事君以忠 · 事親以孝 · 交友以信 · 臨戰無退한 인물로 항목을 편재하여 서술하였다.

63) "예수교는 평등주의며 진화(進化)주의며 부강(富强)주의며 단합(團合)주의며 자유주의며 중혼(重魂)주의며 겸선(兼善)주의며 박애주의니라. 그러므로 동서지구상에 제왕장상(帝王將相)과 영웅호걸이 다 여기서 나아오고 여기서 뛰놀고……하나님께서 가시밭길 가운데서 이스라엘 족속의 인도자 모세를 택하듯 다마식에서 외방사람의 구원자 보라를 부르듯, 공이 열일곱 살에 천주교에 들어가 신부 홍석구(洪錫九)에게 영세를 받고 모든 가족과 더불어 계명(誡命)을 정성껏 지켜 진리를 자세히 연구."(檀仙, 『만고의ᄉ 안중근젼』: 윤병석 역편, 『안중근전기전집』, 514)

64) "두 동생을 대하여 서로를 믿는 사람들을 잘 믿도록 권면하라고 유언할 때에 일본 변호사들이 무슨 말을 하는지 알고자 왔거늘 공이 웃으며…… 일본 변호사들이 부끄러움을 머금고 대답하되 우리가 온 것은 공이 천국에 올라가실 날이 멀지 아니하므로 그 마음을 위로하고자 하여 온 것이고 우리는 먼 후일에 하늘에 올라가 공에게 보이려 하노라 하거늘 공이 가로되 그대들은 다만 세상법률만 알고 천국법률은 알지 못하니 천국에 들어가고자 하거든 마땅히 천주를 믿고 그 법률을 잘 지키라 함은 겸선주의니라. 조용히 형벌을 받는 당장에 3분 동안 기

명령에 무조건 순종하여 국민의 의무를 하지 못하는 교우, 천국의 영생만 미신하고 교육을 반대하여 영웅준걸이 될 만한 청년자제를 몽매무지케 하는 교우, 남의 종 되기를 거부하지 않는 교우, 나라에 큰 이익을 전혀 돌보지 않고 자기의 이익만 밤 낮 생각하는 교우를 안중근이 한숨짓고 통곡하고 탄식하였다며 했다. 그리하여 계봉우는 국민의 의무를 다하는 신자, 안중근과 같은 종교인이 되어야 한다고 강조하였다.[65] 계봉우가 형상화하고자 한 안중근은, 예수를 믿되 맹목적으로 순종하지는 않는 전통적인 덕목을 지키는 인물이었다.[66] 계봉우는 안중근이 민족과 교회를 조화한 진정한 한국인이요 종교인이었다고 결론지었다.

한편 간도에서는 천주교신자들이 신부의 명령으로 자신에게 협력하지 않았다고 안중근이 안타까워 하였다는데[67] 다른 전기들에서는 찾기 어려운 내용이다. 1913 년 8월 10일 안정근으로부터 안중근 전기 편찬에 필요한 사료들을 넘겨받았기에 이러한 내용도 수록할 수 있었을 것이다.[68] 계봉우는 보안법이 시행되면서 국권수호를 위한 한국인의 자유와 인권이 유린되는 사태를 살피고는 개신교신자가 되었다.[69] 그리고 만주 북간도와 러시아 연해주에서 교회 설립, 민족 교육, 집필 활동을 통하여 동포사회를 조직하고 민족의식 고취 항일활동을 전개하였다.[70] 그랬기에

도하고.”(檀仙, 『만고의ᄉ 안중근젼』: 윤병석 역편, 『안중근전기전집』, 514–515)

[65] “누구든지 예수를 믿고자 하거든 공과 같은 종교가가 되어라. 또 누구든지 종교가가 되어 남을 위하여 피를 흘리고자 하거든 공과 같이 죽어라. 공은 영생의 면류관을 썼나니라. 공은 에덴동산의 生命果를 받았느니라. 공은 영원무궁토록 영화스러운 寶座에 예수와 함께 앉았으니라.”(檀仙, 『만고의ᄉ 안중근젼』: 윤병석 역편, 『안중근전기전집』, 515)

[66] 황재문, 「안중근의 문학적 형상화 양상 연구: 주체–타자 관계에 대한 분석을 중심으로」, 207.

[67] “공은 생각하기를 이곳은 우리의 활동무대라 하여 두 달 동안을 애쓰고 일하거자 하나 하늘이 時勢를 허락지 아니하사 신부 명령하에 제 나라 정신이 마구 없어진 천주교인들은 同情을 표하는 자 한 사람도 없고”(檀仙, 『만고의ᄉ 안중근젼』: 윤병석 역편, 『안중근전기전집』, 517)

[68] 윤병석, 「안중근의사 전기의 종합적 검토」, 121–123.

[69] 계봉우, 『꿈 속의 꿈(上)』, 133–134 : 윤병석, 「李東輝와 桂奉瑀의 民族運動」, 『한국학연구』 6·7, 인하대학교 한국학연구소, 1996, 296.

[70] 반병률, 「러시아혁명 전후 시기 계봉우(桂奉瑀)의 항일민족운동, 1919~1922 : 기독교 민족주의자에서 사회주의자로」, 15–16.

계봉우는 국권상실의 시기에 교회가 어떠한 역할을 해야 하는지를 고민하였고, 그래서 신앙과 민족의식을 잘 조화한 안중근을[71] 본받으라고 강조하였다고 생각된다.

3. 김택영·박은식 저술의 안중근전기

1910년 金澤榮(1850-1927)이 通州[72]에서 『安重根傳』을 저술하였는데 이 전기는 1만부가 간행 유통될 만큼 많은 사람들에게 읽혔다. 김택영은 안중근의거를 듣고 '聞義兵將 安重根 報國讐事'(1909)라는 시를 지었고, '擬祭安海州文'(1910)이라는 안중근을 위한 祭文을 지었으며, '嗚呼賦'(1910)에서는 안중근의 기상이 늠름하였음을 기술하였다. 그리고 1910년에 『安重根傳』을 저술하였는데, 안중근의거를 "천하에 廣大俊節을 세운 것이고......자고로 충신의사의 죽음에는 늘 그 뜻을 이루지 못했거늘 지금 안중근의 죽음에는 그 뜻마저 이룬 것이다"라고 평가하였다.[73] 이 전기는 1912년에 간행된 김택영의 첫 문집인 초간본 『滄江稿』에 수록되었다.[74] 따라서 작자불명의 『近世歷史』와 같은 해에 저술되었지만 김택영의 『安重根傳』은 간행 시기가 늦다.

김택영은 『滬報』에 의거하여 『安重根傳』을 저술하였다는데[75] 『滬報』에는 안중근과 천주교의 관계가 한 번 언급되어 있다. 안중근의 본명이 安應七이고 加特力

---

71) 윤선자, 「安重根의 愛國啓蒙運動」, 『역사학연구』15, 2000, 전남사학회(현 호남사학회), 96-97.
72) 上海 인근으로 上海圈에 속하는 공간이다.(김종철, 「김택영(金澤榮)의 〈안중근전(安重根傳)〉 입전(立傳)과 상해(上海)」, 25)
73) 윤병석, 「안중근 전기의 종합적 검토」, 167-168.
74) 최영옥,「김택영의 안중근 형상화 검토-『安重根傳』의 이본 검토를 중심으로-」, 366.
75) 윤병석 역편, 『안중근전기전집』, 450. 『滬報』는 1907년 4월 2일 상하이에서 창간된 『神州日報』인데 안중근에 대하여 사진과 삽화까지 51편의 기사가 실렸다. 이 기사들에 대해서는 독립기념관 한국독립운동사연구소, 『중국신문 안중근의거 기사집』, 2010, 170-206(번역문), 90-115(원문) 참조.

教徒(卽 耶蘇教)인데, 가톨릭교도라는 것은 안중근이 체포되었을 때 십자가를 품에 안았기 때문이라고 전해지며, 그러나 한성의 로마교 大信正(이는 神甫라고 한다)은 그를 교도로 인정하지 않고 전보를 보내 변명했다는 것이었다.[76) 그런데 『安重根傳』에는 안중근이 14세에 어머니를 따라 천주교에 입교하였고, 천주교 입교는 일본인의 전횡을 모면하기 위한 하나의 방편이었을 뿐 敎律에 구애되지 않고 사냥을 좋아하였으며[77), 서북간도 지역을 다닐 때 일본인에게 저지당할까 염려하여 선교사와 함께 했다고 기술되어 있다.[78) 즉 『滬報』에 언급된 천주교 관련 내용이 『安重根傳』에는 없다. 『滬報』는 가톨릭교와 예수교를 구분하지 못하였고, 多默이 토마스라는 천주교 세례명이라는 것도 알지 못하였다. 그러나 京城의 천주교 대표자가 안중근을 천주교신자로 인정하지 않고 전보를 보내 변명했다는 내용을 수록함으로써[79) 한국천주교회에서 활동 중이던 서양인 선교사들에게 부정적인 시각을 보였다. 즉 김택영이 언급한 안중근과 천주교의 관계에 대한 자료는 그가 두루 접한 신문들에서 확보하였을 것이다.[80) 한편 『安重根傳』에 언급된 안중근의 입교 나이와 이유, 어머니를 따라 입교하였다는 것은 모두 사실과 다르다. 그렇지만 김택영은 안중근과 천주교의 관계를 인정하였고, 『안중근전』에 그렇게 기술하였다.

1911년 김택영은 『安重根外傳』을 저술하였고[81), 1914년에는 黃玹의 기록과 朴

---

76) '如是我聞 : 자객 안중근 총설', 『神州日報』1909.11.22 : 독립기념관 한국독립운동사연구소, 『중국신문 안중근의거 기사집』, 201[111].

77) 金澤榮, 『安重根傳』, 『滄江稿』, 1910 : 최영옥, 「김택영의 안중근 형상화 검토-『安重根傳』의 이본 검토를 중심으로-」, 369.

78) 金澤榮, 『安重根傳』, 『滄江稿』, 1910 : 최영옥, 「김택영의 안중근 형상화 검토-『安重根傳』의 이본 검토를 중심으로-」, 371.

79) 경성교구장 뮈텔 주교는 일본 요코하마 텐슈도 뮈가비르(Mugabure, 1850-1910) 주교로부터 이토 암살자가 천주교신자인지를 묻는 1909년 10월 28일자 전보를 받고 "결코 아님"이라는 답전을 했다.(『뮈텔주교일기』1909.10.28)

80) 김택영은 통주의 출판사에 근무하였으므로 『神州日報』는 당시 상해에서 발행되는 신문들을 두루 보았을 가능성이 컸다.(최영옥, 「김택영의 안중근 형상화 검토-『安重根傳』의 이본 검토를 중심으로-」, 366)

81) 안중근의 일화들을 모은 것 : 「安重根外傳」, 『滄江稿』1, 권11, 1912년(국립중앙도서관본) : 김종

殷植의 辨正에 의해 1910년에 저술한 『安重根傳』의 일부 내용을 수정하였다. 이어 1914년에 수정한 『安重根傳』의 오류를 바로잡아 11면 분량의 『安重根傳』을 1916년에 간행하였다.[82] 그리고 제목 아래 작은 글씨로 "丙辰年. 처음 庚戌년 報에 의거하여 이 傳을 지었다. 근래 安烈士의 벗 박은식이 기록한 한 편을 얻어 고찰하니, 사실과 어긋나는 점이 매우 많아 고쳐 쓴다"라고 하였다.[83] 그런데 1916년에 수정 간행된 『安重根傳』에서 천주교 관련 내용은 모두 삭제되었다.

따라서 그 이유가 무엇인지 궁금한데, 유교질서를 회복해야 현실문제를 해결할 수 있다고 여긴 때문이라는 주장이 있다.[84] 그런데 1910년 『안중근전』에 언급한 안중근과 천주교 관련 내용은, 현실문제를 해결하는데 천주교가 역할을 한 것이라고 평가하기 어렵다. 일본인의 전횡을 모면하기 위해, 일본인에게 저지당할까 천주교에 입교하였고 선교사와 함께 했다는 것이 결코 김택영이 생각했던 현실문제 해결방법은 아니었을 것이기 때문이다. 또한 김택영이 참고하였다는 '한 편'을 기록한 박은식도 유학자의 입장을 견지하였지만 박은식의 『安重根傳』에는 천주교 관련 내용이 상당하다. 그러므로 다른 설명이 필요하다.

1910년 김택영이 『安重根傳』을 저술할 당시 활용한 주요 자료는, 『滬報』에 의거하여 저술하였다는 그의 기록에서 확인할 수 있듯이 신문기사들이었을 것이다. 그런데 신문기사들에는 안중근과 천주교의 관계가 종종 언급되었다. 따라서 1910년 저술 당시는 신문기사의 그러한 내용들이 반영된 것이라 생각된다. 한편 당시에도 김택영은 안중근과 천주교의 관계에 부정적인 시각을 가지고 있었다. 김택영이 1910년에 저술한「安烈士重根懺悔辨」에 안중근과 천주교의 관계는 상당히 부정적으로 기술되어 있다. 고해성사는 천주교의 상례이고, 멀리서 온 신부가 고해성사의

　　　철, 「김택영(金澤榮)의 〈안중근전(安重根傳)〉 입전(立傳)과 상해(上海)」, 27-28.
82) 김종철, 「김택영(金澤榮)의 〈안중근전(安重根傳)〉 입전(立傳)과 상해(上海)」, 28.
83) 金澤榮, 『安重根傳』: 윤병석 역편, 『안중근전기전집』, 450[444]
84) 최영옥,「김택영의 안중근 형상화 검토-『安重根傳』의 이본 검토를 중심으로-」, 363.

禮를 권하기에 거절할 수 없어서 받은 것뿐이라고 하였다. 김택영은 안중근이 일본의 압제를 모면하기 위한 방편으로 서양의 힘에 기대기 위해 천주교에 거짓으로 이름을 걸어 놓았다고 보았다.[85] 1910년의『安重根傳』에 기술한 안중근의 입교 이유와 같은 서술이다. 즉 김택영은 1910년『安重根傳』을 저술할 때도 천주교와 안중근의 관계에 부정적이었는데, 당시 활용한 신문들에서 언급되었기에 천주교 관련 내용을 기술하였다고 생각된다. 따라서 1916년에 김택영이 자신의 1910년『안중근전』을 수정하면서 천주교 관련 내용을 삭제한 이유는, 김택영이 '고찰하였다는 박은식의 '기록 한 편'에서 찾아야 할 것이다. 연구자들은 '기록 한 편'이 1916년에 간행된 滄海老紡室의『安重根傳』이라고 보는데, 박은식은 1915년에『韓國痛史』를 상해에서 출판하였고, 그 책에 안중근의거가 기술되어 있는데 천주교에 대한 언급이 전혀 없다.[86] 그러므로 1916년에 김택영이 보았다는 박은식의 기록 한 편은 1916년에 간행된『韶濩堂集』에 수록된 수정본『安重根傳』일 가능성도 있지만, 1915년 6월에 간행된『韓國痛史』[87]일 가능성도 있다. 그리고 후자일 경우 김택영의 1910년『안중근전』에 천주교 내용이 없는 이유는, 김택영이 평소 지녔던 천주교에 대한 부정적인 인식, 거기에 천주교 관련 내용을 전혀 언급하지 않은『韓國痛史』의 영향일 것이다.

　1912년 朴殷植(1859-1925)이 중국 北京에서 한문으로『安重根傳』을 저술하였고, 『東西洋偉人叢史』에 수록되었다.[88] 당시 박은식은 중국인들이 안중근을 숭배하

85)『滄江稿』卷8,「安烈士重根懺悔辨」; 최영옥,「김택영의 안중근 형상화 검토-『安重根傳』의 이본 검토를 중심으로-」, 383.
86) 朴殷植,『韓國痛史』, 1915, '第五十六章 安重根狙擊伊藤博文'.
87)「韓國痛史序」,『韓國痛史』, 民國4年 6月, 상해 : 大同編譯局印行本 ; 裵京漢,「中國亡命시기 (1910-1925) 朴殷植의 언론활동과 중국인식 :『향강잡지』,『국시보』,『사민보』의 분석」,『동방학지』121, 연세대학교 국학연구원, 2003, 250.
88) "曾刊行東西洋偉人叢史斯安重根義士傳"(滄海老紡室 稿,『安重根』; 윤병석 역편,『안중근전기전집』, 204)

니 안중근전기를 간행하면 수만부가 팔릴 것이라 기대되는데 자금문제로 간행 준

비도 하지 못함을 안타까워 하였다.[89]

　　박은식은『安重根傳』에서 안중근과 천주교의 관계를, 안태훈이 동학농민전쟁 때

사용한 나라양곡 때문에 천주교에 입교하였고, 안중근도 그로 인하여 천주교신자

가 되었다고 했다.[90] 그리고 안중근이 의병전쟁 중 패퇴하는 중에도 의병들에게 세

례를 주었고,[91] 일본인 변호사들에게는 그들의 행동이 올바르지 못했고 자신은 천

국법률을 지켰으므로[92] 천국에 갈 것이며 천국에서도 한국독립을 위해 진력하겠

다고 했다고 서술하였다.[93] 그러나 홍석구 신부의 여순감옥 면회 내용이 없고, 안

---

89) "북경에 있을 때 안의사전을 지었는데 중국인사들이 안군을 숭배하는 정으로써 만약 이 傳을
　　인쇄하여 간행한다면 수만부가 팔릴 것도 용이할 테지만 낭패를 당한 나머지 처리 자금을 구
　　하지 못하여 아직 착수하지 못했다고 하니 불만족스럽고 탄식할 따름입니다."(박은식이 홍콩
　　에서 미국의 안창호에게 보낸 四三六九년 12월 편지 :백암박은식선생전집편찬위원회 편,『白
　　巖朴殷植全集』제5권 시문, 2002, 136) '4369년'이 언제인지 모르겠다. 안창호에게 보낸 또다
　　른 편지에는 '天祖 降世 4370년'이라 되어 있다.(141) 박은식이 서간도에서 북경으로 옮겨간
　　것은 1912년 5월이었다.(裵京漢,「中國亡命시기(1910-1925) 朴殷植의 언론활동과 중국인식 :
　　『향강잡지』,『국시보』,『사민보』의 분석」,『동방학지』121, 233)
90) "재상 가운데 나라양곡을 개인사리로 점유한 것이 있었는데 안태훈이 그 곡식의 일부를 군비
　　로 사용하였다. 난이 평정된 후 재상의 핍박이 급하니 안태훈은 불란서 천주교당으로 들어갔
　　다......안중근도 천주교인이 되었다."(滄海老紡室 稿,『安重根』: 윤병석 역편,『안중근전기전
　　집』, 280)
91) "안중근을 따라나선 자는 단 2명뿐이었다......두 사람을 보고 말하기를 '사람이란 의에서 태
　　어나 의에서 죽는다. 우리들은 나라를 위하여 진력하고 이 의에 죽는 것이니 무엇이 한스럽
　　겠는가! 오늘 육체로 인간세상을 위해 일한다는 것은 그 능력을 잃었지만 영혼으로 천국의
　　일을 구함이 좋지 않은가?'고 하여 세례를 주고 함께 기도하였다."(滄海老紡室 稿,『安重根』:
　　윤병석 역편,『안중근전기전집』, 292-293)
92) "사형 받을 때 변호사 두 사람이 와서 참관하니......안중근이 말하기를 '당신들이 내가 천국에
　　가는 것을 축원하니 감사하다 하겠다. 나는 천국법률을 준수하고 나라를 위해 의에 죽으니
　　영혼이 천국에 올라가는 것은 지당한 것이다. 하지만 당신들은 본래 천국법률에 어둡고 세상
　　의 법률도 공정히 지킬 수 없으니 천국에서 당신들을 허락하겠는지 알 수 없다. 만약 훗날 서
　　로 만난다면 천국의 법을 믿고 배우며 公理를 지키도록 힘써야 할 것이다'고 하였다."(滄海老
　　紡室 稿,『安重根』: 윤병석 역편,『안중근전기전집』, 308-309)
93) "안병찬에게 감사하여 말하기를, '....국가 독립을 회복하였다는 소식이 천국에 전해오면 나
　　는 춤추며 만세를 부르겠습니다......사형받는 날 두 동생이 최후의 면회를 청하니 안중근이
　　유언을 말하기를 '내가 천국에 가도 우리 국가를 회복하기 위하여 진력할 것이다....대한독립
　　의 소리가 천국에 이르는 것이 나의 마지막 소원이다'고 하였다."(滄海老紡室 稿,『安重根』:

중근의거와 천주교신앙과의 관계를 고민한 흔적도 찾아볼 수 없다.

1911년 6월 서간도로 망명한 박은식은[94] 국내·만주·북경 등에서 자료를 얻을 수 있었고, 안중근과 친한 사이였기에 안중근의 동생들로부터도 자료를 확보하여 정확하고 풍부한 사실들을 안중근전에 수록할 수 있었다.[95] 따라서 안중근과 천주교의 긴밀한 관계도 충분히 파악할 수 있었을 것인데 안중근의거와 천주교신앙과의 관련성을 기술하지 않았다. 그것은 박은식이 유교문화에 뿌리를 둔 애국계몽운동가였기 때문이다.[96] 안중근의거는 한국을 위한 복수가 아니라 동양평화와 세계평화를 위한 것이었고, 동양평화·세계평화에 대한 안중근의 인식은 천주교를 통하여 형성되었다. 그러나 한국·중국에서 선교하고 있던 천주교 선교사들의 모국이 제국주의국가들이었기에 천주교신앙과 민족의식을 슬기롭게 조화한 안중근/안중근의거를 유학자 박은식으로서는 기술할 수 없었다고 생각된다.

박은식은 『安重根傳』에 대한 중국인들의 序를 모았는데 周浩의 序는 1912년 5월,[97] 潘湘纍의 序는 1913년,[98] 高冠吾의 序는 1914년에 작성된[99] 것에서 확인할 수 있듯이 상당한 시간이 걸렸다. 그랬기 때문인지 박은식은 1913년 1월 20일 중국 혁명당 계통의 정치잡지 『民國彙報』[100]에 白山浦民이라는 이름으로 『三

윤병석 역편, 『안중근전기전집』, 309-310)

94)「與島山安昌浩書」, 1913.1 : 裵京漢, 「中國亡命시기(1910-1925) 朴殷植의 언론활동과 중국인식 : 『향강잡지』·『국시보』·『사민보』의 분석」, 230.

95) 김종철, 「滄江 金澤榮과 白巖 朴殷植의 上海에서의 入傳 活動」, 44.

96) 김종철, 「滄江 金澤榮과 白巖 朴殷植의 上海에서의 入傳 活動」, 49-53.

97) 周浩의 '안중근 서'를 보면 "중화민국 2년 2월 주호가 申江 여행 중에 쓰다"라고 하였다.(滄海老紡室 稿, 『安重根』: 윤병석 역편, 『안중근전기전집』, 269) 즉 1912년에 탈고된 『安重根傳』을 읽고 서를 썼다는 것이다.

98) 潘湘纍, 「安重根序」, 滄海老紡室 稿, 『安重根』: 윤병석 역편, 『안중근전기전집』, 275[227].

99) 高冠吾, 「安重根序」, 滄海老紡室 稿, 『安重根』: 윤병석 역편, 『안중근전기전집』, 273[226].

100) 중국 혁명당 계통의 정치잡지로 『三韓義軍參謀中將 安重根傳』가 수록된 1913년 1월 20일 창간되었다.(윤병석, 「해제: 『삼한의군참모중장안중근전』」, 『1세기만에 보는 희귀한 안중근 전기』, 17)

韓義軍參謀中將 安重根傳』[101]을 게재하였다. 『安重根傳』을 축약하고 약간의 수정을 하였다. 그런데 이 전기에 수록된 천주교 기록은 안태훈이 동학군에게서 얻은 군량미의 상환 문제로 천주교에 입교하였고, 안중근은 아버지 때문에 천주교신자가 되었다는 것뿐이다.[102] 『安重根傳』에 수록된 천주교 내용들 대부분이 삭제된 것은 전체 원고가 축약된 때문이기도 하고 게재지 『民國彙報』가 혁명당 계통의 잡지였기 때문일 것이다.

1914년 말에서 1915년 초 박은식은 『安重根傳』에 중국인들의 序, 選錄, 附錄을 합하여 『安重根』이라는 제목으로 上海 大同編譯局에서 간행하였다. 저자를 滄海老紡室로 명기한[103] 이 책에는 안중근과 鄭大鎬, 劉東夏, 禹德淳, 이토 히로부미와 안중근을 재판한 일본인 재판장·검찰관·변호사·법원장·경찰청장, 日關東都督府地方法院, 그리고 대한독립문 사진들도 실려 있다.[104] 이 사진들은 1910년 3월 38일 발행된 『安重根事件公判速記錄』에 수록된 사진들과 같은 것이 많다.[105]

4. 박은식 저술 안중근전기의 變形轉載

1917년 12월 러시아 블라디보스톡 신한촌 韓人新報社에서 玉史 編書의 한글

---

101) 윤병석 역주, 『1세기만에 보는 희귀한 안중근 전기』, 300-289에 한문 전문이, 29-52에 국역문이 수록되어 있다.

102) "동학군 토벌시에 재상이 公穀으로 사놓은 것을.....안태훈이 뺏어서 군량으로 썼다. 난이 평정되자 상환하라 핍박하여 급히 천주교에 들어갔다.....이로 말미암아 안중근도 천주교인이 되었다."(白山浦民, 『三韓義軍參謀中將 安重根傳』, 「第一章 家政之遺傳」: 윤병석 역주, 『1세기만에 보는 희귀한 안중근 전기』, 33[298]).

103) 윤병석 역편, 『안중근전기전집』, 203-261에 한문 전문이, 262-359에 한글 직해문이 수록되어 있다.

104) 윤병석 역편, 『안중근전기전집』, 212-220, 223.

105) 滄海老紡室 稿의 『安重根』에 수록되어 있는 사진들 중 『安重根事件公判速記錄』에 수록되어 있는 사진과 쪽수는 다음과 같다. 溝淵 검찰관(107쪽), 謙田 변호사(129쪽), 眞鍋 재판장(185쪽), 관동도독부지방법원(120쪽) 유동하(141쪽).

『愛國魂』이 石版으로 간행되었는데 하권에『만고의ᄉ 안즁근젼』[106]이 있다. 그런데 1918년 7월의 재판 간행본에 '해삼위에서 1918년 6월에 檀玉生'이 쓴 '머리말'에 의하면『만고의ᄉ 안즁근젼』은 "겸곡선생이 편술한 전기에서" 옮긴 것이다.[107] 그러나 박은식의 글을 그대로 번역한 것은 아니고 일부 오류는 바로잡았다.[108] 그런데 初刊이 1917년 12월인데, 檀玉生의 머리말이 1918년 6월이니 初刊에는 머리말이 없었을 것이다. 玉史는 한인신보사 주필이었던 金河球로 추정된다.[109] 일제의 정보기록에 1917년 800부가 초판 간행 보급되었다고 한다.[110]

천주교 관련 내용을 보면, 안태훈이 "마지못해" 천주교에 입교하였고,[111] 안중근이 의병전쟁 중 함께 산길을 헤매던 두 명의 의병에게 위로를 하였다고 하여[112] 박은식의『安重根傳』과 차이를 보인다. 그리고 북간도에서는 신부의 명령으로 천주교신자들이 안중근을 멀리하였다고 한 서술은[113] 박은식의『安重根傳』이 아니라

---

106) '애국혼 목록'에는 '안즁근젼'이라 되어 있고, 본문에 '만고의ᄉ 안즁근젼(萬古義士安重根傳)'이라 되어 있다. 윤병석 역편, 『안중근전기전집』, 362-396에 국문 전문이, 397-412에 국문 직해가 수록되어 있다.

107) "이 책은 남이 편술한 것을 그대로 옮긴 것이니......안중근은 겸곡선생의 편술한 전기에서 간단하게 추리고"(「머리말」, 『애국혼』: 윤병석 역편, 『안중근전기전집』, 398)

108) 황재문, 「안중근의 문학적 형상화 양상 연구:주체-타자 관계에 대한 분석을 중심으로」, 203.

109) 윤병석, 「해제 안중근 전기 전집(安重根 傳記 全集)」, 41.

110) 일본외무성사료관 문서, 「在魯不逞鮮人報告」, 鈴本總領事가 외무대신에게 보낸 공문, 기밀 제37호, 1918년 10월 1일 : 윤병석, 「안중근 전기의 종합적 검토」, 165.

111) "이 싸움에 쓴 군량은 어느 참판의 公穀을 취한 것이니 그 후에 참판이 관청의 세력을 믿고 독촉이 심하여 진사공은 마지못해 천주교에 들어가고 의사도 이로부터 천주교인이 되었더라."(玉史 編書, 『만고의ᄉ 안즁근젼』, 『愛國魂』하권 : 윤병석 역편, 『안중근전기전집』, 401[368])

112) "의사는 두 사람에게 위로하는 말로 사람은 의에서 나고 의에서 죽나니 우리 무리가 이제 나라를 위하여 힘을 다하다가 여기서 죽은들 모슨 한이 있으리오. 저세상 사람들은 육신을 위하여 일을 하나 우리는 영혼으로써 천국사업을 구하리라 하며 인하여 엎드려 하나님께 간절한 기도를 올리더라."(玉史 編書, 『만고의ᄉ 안즁근젼』, 『愛國魂』하권 : 윤병석 역편, 『안중근전기전집』, 404[375])

113) "의사는 서울서 떠나 북간도에 당도하고 사회와 교육을 많이 권면하고 배일사상을 크게 고동하여 심지(어) 천주교 목사는 의사를 멀리 하라고 그 교인들에게 신칙한 일이 있었더라."(玉史 編書, 『만고의ᄉ 안즁근젼』, 『愛國魂』하권 : 윤병석 역편, 『안중근전기전집』, 403[373])

檀仙의『만고의수 안중근젼』에 있는 내용이다.[114] 안중근이 사형당함을 예수의 골고다 사형당함과 같다고 하였는데, 이 역시 박은식의『安重根傳』이 아니라 哀汕子 洪宗杓의『大東偉人 安重根傳』에서 비슷한 내용을 찾을 수 있다.[115] 안중근의 죽음을 예수의 죽음에 비견한 玉史도 그리스도교신자일 개연성이 크다. 저자는 예수의 죽음이 포악하고 간악한 인간들에 의한 죽음이었지만 인류를 구원하는 것이었기에, 안중근의 죽음도 잘못된 재판에 의한 것이고 국가를 구하기 위한 죽음이라는 것을 강조하였다. 뿐만 아니라 안중근의 사형을 결정한 것이 잘못이라는 것은 안중근의거가 올바른 것이고, 천주교신앙을 토대로 단행되었다는 서술이다.[116]

중국인들에 의해서도 안중근전기가 저술되었는데 梅縣 葉天倪 撰의『安重根傳』[117]은 1919년경 저술되었고, 1919년 이후 간행되었으리라 추정된다.[118] 섭천예는 안중근을 '세계 위인'이라 평가하였고, 안중근의거는 아시아 평화를 위한 계책이고 세계평화를 위한 계책이라고 의미 부여를 하였다. 안중근 의거 이후 국망한 것은 안중근 의거 때문이 아니라 당시의 상황과 시세 때문이었다는 것이다. 섭천예의 이러한 평가는 백산포민의『삼한의군참모중장 안중근전』의 평가와 같다.[119]

천주교 관련 내용은 중국인들의 序를 다수 게재한 滄海老紡室의『安重根傳』과

---

114) 각주 62 참조.
115) 각주 47 참조.
116) 안중근을 예수와 비견한 것은, 예수의 사상과 안중근의 사상을 대응시킨 것이라기보다는 예수와 같은 최상급의 영웅성을 안중근에게 부여한 것이라는 주장(황재문,「안중근의 문학적 형상화 양상 연구:주체-타자 관계에 대한 분석을 중심으로」, 203), 예수가 제시한 사랑의 하느님을 '평화의 하느님'으로 안중근이 재해석한 것이라는 주장(신운용,「한국가톨릭계의 안중근기념사업 전개와 그 의미」, 46)도 있다.
117) 윤병석 역주,『1세기만에 보는 희귀한 안중근 전기』, 286-204에 한문 전문, 55-145에 한글 번역문이 수록되어 있다.
118) 윤선자,「중국인 저술 '안중근 전기' 연구」, 257. 윤병석은 1914년 말에서 1915년 초 사이에 대동편역국에서 창해노방실의『안중근』이 간행될 무렵으로 추측하였다.(윤병석,「해제:『삼한의군참모중장안중근전』, 185)
119) 윤선자,「중국인 저술 '안중근 전기' 연구」, 266-267, 269.

매우 비슷하다.[120] 즉 안태훈과 그 가족들의 천주교 입교는 관리들의 시기 때문이었는데, 안중근은 천주교 교리를 수용하면서 지식과 사상이 높아지고 국가주의와 세계주의가 충만하여 민족운동으로 나갔다고 하였다.[121] 또한 안중근이 함께 어려움에 처해 있던 두 명의 의병들에게 천주교를 설교하고 세례를 주었으며,[122] 천국에 가서도 나라를 위해 최선을 다하겠다고 말했다고 하였다.[123] 민족운동을 하게 된 동기가 국가주의와 세계주의를 함양한 때문인데, 그것은 천주교에 입교하여 지식과 사상이 풍부해진 때문이라고 천주교의 역할을 부각시켰다. 즉 안중근의 민족운동이 천주교 수용으로 시작되고 성장하고 실현되었다는 것으로, 안중근의거와 천주교신앙의 관계가 적극적으로 기술되었다.

양명학자 李建昇(1858-1924)도 西間島에서 한문으로 9쪽 분량의 『安重根傳』을 저술하였다.[124] 황재문은 경술국치 후 곧바로 서간도에 망명한[125] 이건승이 만주 회인현에 정착한 1910년 12월 이후 저술하였다고 하였고,[126] 조광은 1919년으

120) 윤선자, 「중국인 저술 '안중근 전기' 연구」, 259.

121) "그 아버지는 이로 인해 조정의 고관에게 시기를 받아 드디어 가족을 이끌고 천주교에 입교해 피난하였다. 안중근은 점점 교리에 배어 들어가서 지식은 날로 풍부해지고 사상도 날로 높아갔고 국가주의와 세계주의가 머리에 충만할 즈음 나라 일을 위한 운동에 전진했다.(梅縣葉天倪 撰, 『安重根傳』: 윤병석 역주, 『1세기만에 보는 희귀한 안중근 전기』, 64[275])

122) "안중근이 기유 6월.....두 사람에게 말하기를 '무릇 사람은 의에 살고 의에 죽는 것이다. 우리들이 나라를 위해 힘을 다하고 여기에서 죽는다면 진실로 의에 합당한 것이니 더 무슨 유감이랴. 한갓 육체를 귀중하게 여겨서 세상 사람들의 부림에 이바지하는 것은 매우 어리석은 것이다. 어찌 그 영혼을 고쳐서 뒤에 천국에서 오는 즐거움을 바라지 않는가'하였다. 그래서 세례를 주고 같이 기도하였다."(梅縣葉天倪 撰, 『安重根傳』: 윤병석 역주, 『1세기만에 보는 희귀한 안중근 전기』, 78-79[260-261])

123) "형을 받는 날에 두 아우가 최종 면회를 청하니 안중근이 다시 말하기를, '나는 천국에 가서도 마땅히 우리나라를 위해 온 힘을 다하고 대한국민임을 알리겠다...'"(梅縣葉天倪 撰, 『安重根傳』, 「成仁 第九」:『안중근전』: 윤병석 역주, 『1세기만에 보는 희귀한 안중근 전기』, 109[229])

124) 윤병석 역편, 『안중근전기전집』, 458-462에 한문 전문이, 463-468에 국역문이 수록되어 있다.

125) 1910년 12월 7일 悔仁縣 興道村에 도착하였다.(안영길, 「耕齋 李建昇의 삶과 문학」, 『우리文學硏究』39, 우리문학회, 2013, 124)

126) 황재문,「안중근의 문학적 형상화 양상 연구:주체-타자 관계에 대한 분석을 중심으로」, 205.

로 보았는데 이유는 설명하지 않았다.[127] 전통적인 傳 양식을 취한『安重根傳』은 간행되지 못하고 이건승의 자필 유고『耕齋堂收草』에 수록되었다.[128] 이건승은 홍도촌에서 박은식과 처음 만나 교유하면서 박은식의 역사서에 관심을 가졌고, 김택영과도 많은 서찰을 주고받았다.[129] 그러므로 이건승의『安重根傳』은 유교지식인 박은식·김택영의 시각과 비슷한 점이 많다.[130] 천주교 관련 내용으로 안태훈의 천주교 입교 동기가 동학농민전쟁 때 군량으로 사용한 곡물 때문이었고, 그때 안중근도 천주교신자가 되었다 서술[131]뿐이다. 신천이라는 지명을 명기한 외에 박은식의 안중근전기에 수록된 내용과 같다.

박은식의『安重根傳』은 안중근 순국 10주년인 1920년『독립신문』에 국한문으로 번역 수록되었다.[132]『독립신문』은 안중근을 '亞洲第一義俠'이라며, 중국에서 간행된 지 오래인 박은식의『安重根傳』이 영웅호걸의협을 연구하는 좋은 재료이고 동아시아 정세를 파악할 수 있는 책이라고 소개하였다.[133] 그리고 83호(6월 10일)부터 86호(6월 24일)까지 4회에 걸쳐 '安重根傳'이라는 제목으로 게재하였다.[134] 그

127) 조 광, 「安重根 연구의 현황과 과제」,『한국근현대사연구』12, 200봄, 182.
128) 윤병석 역편,『안중근전기전집』, 457. 이건승은『安重根傳』을 포함하여 7편의 傳을 저술하였다.(안영길,「耕齋 李建昇의 삶과 문학」,『우리文學硏究』39, 우리문학회, 2013, 134)
129) 안영길,「耕齋 李建昇의 삶과 문학」,『우리文學硏究』39, 우리문학회, 2013, 134.
130) 윤병석,「안중근 전기의 종합적 검토」, 169.
131) "안태훈이 동학난 토벌 때 재상이 모아둔 곡물이 신천에 있어 이를 빼앗아서 군량으로 충당하였다. 난이 평정되자 재상이 다그침이 심히 급하였는데 그는 천주교에 입교, 그 다급함을 완화시켰고 이때 안중근도 천주교인이 되었다."(李建昇,『安重根傳』: 윤병석 역편,『안중근전기전집』, 463[458])
132) '安重根傳',『독립신문』1920.6.10 · 17 · 22 · 24.
133) "此書는 白巖 朴殷植 先生의 著述로 中國에서 發刊된 지 임의 數年이라....實로 近世에 英豪義俠을 硏究하는 好材料요 東亞風雲의 關係를 詳示한 良史이다. 同時에 倍達民族을 爲하야 大韓國을 爲하야 우리를 爲하야 神聖한 血로 祖國江山을 물디리고 正義의 彈으로 世界萬國을 놀내인 亞洲第一義俠 安重根氏의 略歷이라."('安重根傳',『독립신문』1920.6.10.)
134) 83호(1920년 6월 10일)에 羅南山의「安重序」, 84호(6월 17일)에 第一章 重根의 出世와 高冠吾의「安重序」, 85호(6월 22일)에 第二章 重根의 幼年과 第三章 重根의 尙武主義와 曾鏞의「安重序」, 86호(6월 24일)에 第四章 重根의 義俠과 周 浩의「安重序」와 潘湘礫의「安重序」를 게재하였다.

런데 6월 하순 『독립신문』이 정간되면서[135] 『安重根傳』연재도 중단되었고 12월 18일 속간된 이후에도 연재가 계속되지 않았다. 따라서 『독립신문』에 소개된 천주교 내용은 "亂이 定한 後에 該宰相이 勒索을 急히 하는지라 泰勳은 不得已 法國人 天主敎堂에 入함에 敎人 等은 其盛名을 聞하고 歡迎하니 重根은 此時로부터 天主敎人이 되었다"[136]라는 것뿐이다.

1920년에는 長沙 鄭沅의 『安重根』(46쪽 분량)[137]이 중국 상해에서 간행되었다. [138] 長沙 鄭沅이 程淯의 「安重根傳」과 24명 중국인들의 「題辭」등을 모으고, 「略史」등을 저술하여 묶은 것으로[139] 滄海老紡室 稿의 『安重根』과 제목·구성이 비슷하다.[140] 上篇, 中篇, 下篇, 부록으로 구성되어 있는데 상편에 程淯의 「安重根傳」, 중편에 「略史」·「機關」·「行刺」·「送獄」·「公判」·「就義」가 있다. 중편은 곧 長沙 鄭沅이 저술한 안중근전기이다. 상편과 중편 사이에 '安重根 伊藤博文'의 흉상 사진이 있는데[141] 사진이 타원형으로 재단되어 있을 뿐 滄海老紡室 稿 『安重根』에 수록된 사진들과[142] 같다.

程淯의 「安重根傳」은 안중근이 자객의 신분으로 죽었지만 자객으로 보아야 하는지 한탄하였다. 그러나 정육·채원배 등 長沙 鄭沅의 『安重根』에 글을 실은 26명의 중국인들은 안중근 의거를 '자객행위'로 파악하면서 안중근이 이토 히로부미를

---

135) "本報가 지난 六月 下旬에 不幸히 停刊의 厄運을 當한 後로....本報의 續刊을 斷行하는 今日 ('本報續刊에 臨하야', 『독립신문』 1920.12.18.)

136) '安重根傳(三)', 『독립신문』 1920.6.22.

137) 윤병석 역편, 『안중근전기전집』, 530-555에 한문 전문이, 556-613에 국역문이 수록되어 있다.

138) 한시준, 윤병석, 김춘선, 왕원주 등 연구자들은 모두 安定根의 '血淚語'를 근거로 長沙 鄭沅의 『安重根』이 1920년에 출판되었으리라고 주장한다.(윤선자, 「중국인 저술 '안중근 전기' 연구」, 255-256)

139) 윤병석 교수도 같은 주장을 하였다.(윤병석 역편, 『안중근전기전집』, 529쪽) 그러나 그 이유가 무엇인지는 설명하지 않았다.

140) 윤선자, 「중국인 저술 '안중근 전기' 연구」, 261.

141) 長沙 鄭沅, 『安重根』: 윤병석 역편, 『안중근전기전집』, [539].

142) 滄海老紡室 稿, 『安重根』: 윤병석 역편, 『안중근전기전집』, [212, 215].

죽인 것은 결과적으로 한국의 국망을 촉진시킨 것으로 설명하였다. 즉 안중근의거에 부정적인 평가를 하였다.[143)]

천주교 관련 서술로, 程淯의 「安重根傳」에는 안중근의 부친이 천주교를 믿었고,[144)] 안중근이 감옥에서 韓人 洪某 신부를 면회하고 실질적인 독립을 위해 노력할 것을 전해달라고 부탁했다고 기술되어 있다.[145)] 물론 洪某 신부는 한국인이 아니라 프랑스인 홍석구 신부이고, 洪某 신부에게 부탁했다고 서술한 내용은 정근·공근에게 유언한 내용으로 잘못된 서술이다. 「略史」·「機關」·「行刺」·「送獄」·「公判」·「就義」로 구성된 중편에는 안중근이 아버지의 遺傳을 이어받아 천주교신자가 되었고 열심히 믿었으며,[146)] 17세에 세례를 받았다고 되어 있다.[147)] 또한 홍 신부를 만나 한국인들에게 평화적인 수단으로 독립을 지킬 것을 전해달라고 했다는데[148)] 이는 程淯의 「安重根傳」과 비슷한 내용이다. 다만 程淯은 '실질적인 독립'이라 하여 독립의 형태를, 정원은 '평화적인 수단으로 독립을 지킬 것'이라 하여 독립의 수단을 강조하였다는 차이가 있다.

---

143) 윤선자, 「중국인 저술 '안중근 전기' 연구」, 263.

144) "부친 태훈은 천주교를 신앙하며"(程淯, 「安重根傳」, 『安重根』上篇, 1 : 윤병석 역편, 『안중근전기전집』, 558[532])

145) "천주교신부 한인 洪某가 그를 위하여 친히 참세(懺洗)를 하였다. 안중근이 그의 손을 잡고 결별을 하며 '2천 5백만 동포에게 항상 평화롭고 정당한 수단으로 조국의 실질적인 독립을 유지하여야 한다고 전해주시오'라고 하였다."(程淯, 「安重根傳」, 『安重根』上篇, 3 : 윤병석 역편, 『안중근전기전집』, 560[533]).

146) "안군의 부친은 천주교 신도로서 그 신앙이 매우 돈독하여 예수의 진정한 뜻을 수행하였다.·····안군의 사상신앙은 부친의 유전(遺傳)을 이어받아 부친과 다를 바가 없었다.·····빈궁한 향촌에서 생활하면서 교육훈련을 받지 못했으나 천주교는 열심히 믿었다."(「略史」, 『安重根』中篇, 1 : 윤병석 역편, 『안중근전기전집』, 582[540])

147) "안중근이 제1차의 심문에 대하여 다음과 같이 말하였다. '·····천주교 선교사로부터 프랑스어를 배웠다. 고향인 신천지방에서 공부하면서 17세에 천주교의 세례를 받았다.'"(「公判」, 『安重根』中篇, 16-17 : 윤병석 역편, 『안중근전기전집』, 598[547-548])

148) "안중근은 홍신부에게 최후의 결별을 하면서, '마땅히 평화수단으로 한국의 독립을 보호해야 한다는 것을 모국의 동포들에게 전해주기 바란다'고 말하였다.·····홍 신부는 안중근의 참회의식을 거행한 후 12일에 대련을 출발하여 한국으로 돌아갔다."(「就義」, 『安重根』中篇, 20 : 윤병석 역편, 『안중근전기전집』, 601[549])

5. 맺음말

　안중근의거가 일어난 이후 많은 사람들이 안중근의거가 왜 일어났는지, 안중근은 누구인지에 많은 관심을 집중시켰다. 수없이 많은 신문보도들은 사람들의 그러한 관심을 반영하여, 많은 소식을 수록하였는데, 그중에는 안중근이 천주교신자이고 사형선고를 받은 이후 천주교 성직자가 여순감옥을 방문하였다는 내용들도 있었다. 안중근전기들은 신문들에서 잠깐씩 언급되었던 안중근의 삶과 의거를 총체적으로 이해하려는 목적에서 저술, 간행되었다. 안중근이 직접 저술한 『안응칠역사』『동양평화론』은 일제가 패망한 이후에도 한참 동안이나 구하기 어려웠다. 그러므로 그런 조건에서 저술, 간행된 안중근전기들은 의미가 크다.

　해방 이전 저술·간행된 안중근전기들은 저자·편역자에 따라 셋으로 구분된다. 첫째 그리스도교신자들이 저술한 『近世歷史』, 홍종표의 『大東偉人 安重根傳』, 계봉우의 『만고의ᄉ 안즁근젼』이다. 『近世歷史』는 천주교신자들도 본받고자 할 만큼 모범적인 천주교신자로 수록되어 있고, 『大東偉人 安重根傳』과 『만고의ᄉ 안즁근젼』에도 그의 죽음이 예수의 죽음에 비견될 만큼 긍정적으로 기술되어 있다. 그러나 안중근의거와 천주교신앙의 관계를 명쾌하게 서술하지는 못하였다는 한계가 있다. 즉 안중근의거의 사상적 토대로서의 천주교를 정연한 논리로 풀어내지 못한 것이다.

　김택영과 박은식은 유학자의 입장에서 안중근의 삶을 기술하였다. 그랬기에 김택영은 초간본에 안중근과 천주교의 관계를 언급하였지만 부정적인 시각을 보였고 수정본을 만들면서는 그조차도 삭제해버렸다. 그리하여 천주교신앙이 안중근의 삶과 안중근의거의 사상적 토대였음에도 그 사실 자체를 부정하고 왜곡하는 결과를 낳았다. 박은식은 역사학자로서 많은 자료들을 얻어 안중근과 천주교의 관계를 부정하고 전기에 언급하였다. 그러나 그 역시 유학자, 儒敎求新論의 입장에서 안중근의 삶과 의거를 이해하고자 하였기에 천주교신앙과 안중근의거의 관계를 설명하지 못한 아쉬움을 남겼다.

박은식의 안중근전기는 많은 사람들에게 읽혔고, 활용되었다. 玉史 編書의『愛國魂』에 수록된『만고의亽 안중근젼』은 박은식의 저술을 축약·편술한 것이고, 중국인 섭천예의『安重根傳』, 長沙 鄭沅의『安重根』에 수록된 程淯의「安重根傳」과 長沙 鄭沅의「略史」등도 박은식의 저술을 적극 활용한 것이다. 양명학자 이건승의 시각도 박은식과 비슷하다. 그러므로 이들이 활용 변형전재한 안중근전기들에 언급된 천주교의 의미는 제대로 분석될 수 없었다.

해방 이전, 1910년부터 1920년까지 한국·중국·러시아·미국 등에서 10명이 11편의 안중근전기를 저술하여 대부분 간행하였다. 그들이 안중근전기를 저술한 목적은 안중근의거의 가치와 소중함을 알리기 위해서였다. 그리고 안중근의거가 귀중하고 의미있다는 것을 주장하기 위해 그 의거를 단행한 안중근의 삶을 추적하였다. 그러나 안중근이 천주교 입교 이후 종교심성과 민족의식을 조화롭게 인식하였고, 그 위에 동양평화를 추구하였으며 의거를 단행하여 동양평화를 실천하고자 했다는 설명을 이끌어내지는 못하였다.

대구가톨릭대학교 안중근연구소 연혁

1. 전사

	안중근의사 장녀 안현생 여사 효성여대 재직 자료가 안중근 의사 순국 100주년 특별전 준비 중 발굴되었다. 효성여자대학의 사령원부에는 1953년 4월 1일부터 1956년 3월 31일까지 3년 동안 문학과에서 불문학 강의를 하였음
2010. 03. 26.	국립대구박물관에서 추모 100주년 미사 및 학술 심포지엄, 특별전 개최
2010. 05. 06.	시민회관에서 안중근의사 추모음악회 개최
2010. 10. 26.	'안중근의사 추모비' 제막식이 중앙도서관 앞에서 열림

2. 연혁

2011. 01. 01	안중근연구소 설립(대구가톨릭대 역사교육과 이경규 교수 소장 임명)
2011. 04. 18 ~ 2011. 05. 31	'안중근의사 특별전'을 중앙도서관 로비 및 연구소에서 개최
2011. 05. 11	'안중근연구소 개소 및 기념관 개관식' 초청특강–'안중근의사의 생애와 사상'(김호일 전 안중근의사기념관장)
2011. 05. 13	'안중근 의사 동상 제막식'
2011. 11. 18	제1회 안중근연구소 학술발표회–'신앙으로 본 안중근' 기조강연–'신앙으로 본 안중근'(이경규 안중근연구소장) '안중근 토마스의 죽임과 죽음에 대한 이해'(황종렬 두물머리 복음화연구소장): 토론(송창현 대구가톨릭대 교수) '한국의 안중근연구에 대한 비판적 검토'(신운용 박사):토론(김정숙 영남대 교수) '신앙으로 본 안중근의사'를 주제로 교내백일장 개최.
2012. 5. 21	초청특강–'안중근의사와 유묵'(이갑규 한국국학진흥원 교수)
2012. 10. 17~21	이경규 안중근연구소장 서울 안중근 의사 기념관 제3기 아카데미 자문교수로서 하얼빈과 여순지역 답사와 학술교류활동에 참여함
2012. 10. 24	초청간담회–'황은실(안중근 의사 외손) 여사를 통해 본 안중근 의사의 일생'

2012. 12. 15	제2회 안중근연구소 학술발표회-'애국계몽운동과 안중근' 기조강연-'애국계몽운동과 안중근'(이경규 안중근연구소장) '안중근 현실인식과 교육 · 계몽활동의 성격'(김형목 한국독립운동사연구소 선임연구위원):토론(권대웅 대경대 교수) '안중근의 국채보상운동 참여와 활동'(이동언 한국독립운동사연구소 책임연구위원):토론(이윤갑 계명대 교수)
2012. 12. 31	안중근연구소 전시실 재정비 안중근연구소 리플렛 제작 안중근연구소 홈페이지 개설
2013. 03. 26	안중근의사 순국 103주년 추모식
2013. 05. 03	안중근의사 상본 제작 안사모(안중근을 사랑하는 대구가톨릭대 학생 모임) 결성
2013. 05. 07	본교와 국채보상운동기념사업회 MOU 체결 초청특강-'안중근 동양평화론의 재조명'(김영호 국채보상운동기념사업회 회장)
2013. 10. 08	본교와 안중근의사숭모회 MOU체결 초청특강-'안중근의사의 위대한 삶'(안응모 숭모회 이사장)
2013. 10. 24	제3회 안중근연구소 학술발표회-'의병운동과 안중근' 기조강연-'안중근과 의병운동'(이경규 안중근연구소장) '안중근의 동의회 조직과 의병 활동'(박환 수원대 교수): 토론(김일수 성균관대 동아시아역사연구소 연구원) '연해주의병의 편성과 항일전'(박민영 한국독립운동사연구소 선임연구원): 토론(권대웅 대경대 교수)
2014. 02. 21	권상규 지음, 구본욱 · 이경규 옮김, 『안중근 전기』 발간
2014. 03. 26	안중근의사 순국 104주년 추모식
2014. 05. 21	본교와 독립기념관 MOU체결 '대한민국의 성공요인과 앞으로의 과제'(김능진 독립기념관장)
2014. 10. 24	본교와 대구지방보훈청 MOU체결 안중근연구소 국제학술발표회-'안중근의 가톨릭 신앙과 유묵' 서예 퍼포먼스(율산 리홍재 선생) 기조강연-'옥중육필을 통한 안중근 사상의 일단'(김호일 전 안중근의사기념관장) '안중근의 가톨릭 신앙'(원재연 덕성여대 역사문화연구소 연구교수): 토론(송창현 대구가톨릭대 교수) '일제강점기의 안중근전기들에 기술된 안중근의거와 천주교 신앙'(윤선자 전남대 교수): 토론(한건 부산가톨릭대 교수) '일본 및 일본천주교회의 안중근 인식'(미야자키 요시노부 나가사키외국어대학 강사): 토론(이동언 한국독립운동사연구소 책임연구원) '중국 및 중국천주교회의 안중근 인식'-유병호(대련대 한국연구원 교수): 토론(이경규 안중근연구소장)

2014. 11. 05	국채보상운동기념사업회(신동학 상임대표) · 이상화기념사업회(박동준 회장) · 안중근연구소(이경규 연구소장) MOU체결 대구시민학교인 민립의숙 개설. 이경규 안중근연구소장 '대구와 안중근' 시민강좌
2015. 03. 26	안중근의사 순국 105주년 추모식 및 삼행시 공모 시상
2015. 04. 26	제1회 안중근의사 유묵휘호대회
2015. 04. 26	초청특강-'민족의 영웅 안중근'(노수문 안중근 홍보대사) 초청공연-'조마리아 여사 편지, 최후의 유언'(김차경 홍보대사)
2015. 04. 28	안중근연구소 구미 형일 초등학교와 나라사랑 교육지원 협정
2015. 10. 08	안도용 선생(안중근의사 증손자) 안중근연구소 방문 및 동상참배
2015. 10. 28	초청특강-'안중근의사의 유묵과 그 이상'(이경규 안중근연구소장)
2016. 03. 10	안중근의사 유족 안기영 여사 부부, 한춘희 여사 부부 안중근연구소 방문 및 동상참배
2016. 03. 23	안중근의사 순국 106주년 추모식
2016. 05. 16	안중근연구소 광복회 대구광역시지부(김명환 지부장) · 대구광역시 해설가회(이창환 회장) · 녹동서원(김상보 종회장) · 모명재(두진국 종회장)와 MOU체결 안중근의사 '동양평화론 홍보대사 교육'(강사:노수문 · 이경규 · 진병용 대구가톨릭대 창조경제대학원장 협조:정연환 윤일회장,조길석 광복회 대구지부 관리팀장)
2016. 10. 06	황은주 여사(안중근의사 외손녀)초청 학생간담회
2016. 11. 09	제2회 안중근의사 유묵휘호대회
2016. 12. 09	안중근의사기념관 2016년 국제학술회의 주제-'안중근재판의 불법성 재검토와 동북아 평화'의 발표논문 도노히라 '죽지 않고 있는 사망자와 마주본다'에 대해 이경규 안중근연구소장 토론
2017. 03. 20	이경규 안중근연구소장 추모식 관련 평화방송 전화인터뷰
2017. 03. 24	안중근의사 순국 107주년 추모식
2017. 03. 25	안중근의사 추모특강-'안중근의사의 유묵과 동양평화론'(이경규 안중근연구소장), 추모미사-장신호 보좌주교 및 사제단

▲ 안중근연구소 개소식

▲ 안중근의사 순국기념 추모식

▲ 국내 학술회의

▲ 이경규 연구소장 안중근아카데미 지도교수로
여순감옥 방문

▲ 황은실 여사 대구대교구청 예방

▲ 국제학술회의 기념 서예퍼포먼스 후 기념촬영

▲ 국제학술회의

▲ 독립기념관과 MOU체결

▲ 전공연계 대련대학 안중근연구자 유병호 교수와
간담회

▲ 안중근의 유묵에 관한 특강 후 기념촬영

▲ 동양평화론 홍보대사 교육 후 기념촬영

▲ 황은주 여사 초청간담회

▲ 교내추모식 후 기념촬영

▲ 계산성당 안의사의 유묵과 사상 특강과 추모미사후 기념촬영

【집필진 소개】

이동언
선인역사문화연구소장, 전 독립운동사연구소 책임연구위원

김형목
독립운동사연구소 책임연구위원

박환
수원대 사학과 교수

김영호
한국학중앙연구원 석좌교수

신운용
안중근평화연구원 책임연구원

김호일
전 안중근기념관장

이경규
대구가톨릭대 역사교육과 교수

원재연
덕성여대 역사문화연구소 연구교수

유병호
중국 대련대학 한국학연구원 교수

미야자키 요시노부
나가사키외국어대학 강사

황종렬
대구가톨릭대 신학과 겸임교수

윤선자
전남대 사학과 교수